元銀行員と
現役ファイナンシャルプランナーが書いた

[新訂] 住宅ローンの教科書

改訂版

加藤孝一
池上秀司

チナ出版

はじめに

バブルが崩壊して30年。住宅ローンを取り巻く環境は激変しています。かつては住宅金融公庫主体で資金計画は立案されていましたが、金利低下と共に規制緩和され、さまざまな住宅ローン商品が開発されてきました。

さらに、**住宅金融公庫**が**住宅金融支援機構**と組織変更したのを機に、国と金融機関共同によるフラット35が登場しました。かつての住宅金融公庫融資は全国一律の条件でしたが、フラット35は金融機関ごとに金利や手数料が異なり、各金融機関が特徴を出しています。もちろん、一般の住宅ローン商品も各行品揃えやサービスの拡充を加速し、住宅ローン利用者の資金調達方法は多様化しています。

また、近年はＩＴ環境の発達により、消費者はインターネットを活用し、大量の情報を容易に取得することが可能になりました。インターネット上には金融機関や住宅販売企業のホームページはもちろんのこと、ファイナンシャルプランナーや消費者がＳＮＳに投稿したりと、日々大量の情報が放出されています。住宅ローンは身近な話題であるため、新聞、雑誌、単行本などでも容易に取り上げられます。

住宅ローン利用者にとって、マイホーム購入は一生で一番高額の買い物であり、多額の借入れを長期間にわたって返済するので、納得する商品選びと自己責任での判断を要します。そのため多くの不安を抱えることとなり、必然的に慎重にならざるを得ません。

２０２３（令和５）年以降、海外を起因とするコストプッシュ型インフレにより物価上昇が続いています。さらに円安の進行、日銀の金融政策の変更（マイナス金利の解除）もあり、２０２４（令和６）年になってからは住宅ローン金利に関する情報が過剰にあふれています。中には過度な金利上昇に言及する情報、不正確な情報もあり、消費者の不安はより大きくなっています。

結果として消費者は迷い、振り回され、購入意欲はそがれることとなりますが、それこそが景気回復の足かせとなっているのではないでしょうか。このような消費マインドを低下させる情報提供は、購入を検討している方たちの人生設計にとってマイナスであることはもちろんのこと、日本経済再生にとっても悪影響を与えているといえます。

本書ではメディア発信の情報がはたして正しいのか、実例と実数をもって検証するとともに、幾多ある情報に振り回されず結論を出せる物事の考え方をお伝えします。本書を読んでいただければ、本当のリスクは何であるのかご理解いただけるものと考えています。私たちは、客観的な根拠とできるだけ具体的な数字を提示することによって、住宅ローンを利用される方々にヒントをつかんでいただき、安心してマイホーム購入に踏み出していただきたいという思いで筆を執りました。

さらにもう一方の視点、人生設計の中で住宅購入の意味や意義、ライフプランニングにおいて住宅ローンをどう位置付けるのかといった観点も考えていきます。私たちは何のために働いているのでしょうか？　何のためにマイホームを購入するのでしょうか？　これは個人の価値観によるところが大きく、さまざまな考えがあって当然ですが、「老後のため」というのは想定される答えの一つです。私たちが日々汗を流して仕事をする理由の一つは、少しでも平穏で安心できるセカンドライフを送るためともいえます。そのため、人生で一番高い買い物である住宅購入は老後を考える、人生を考えるということにもつながります。

よりよいセカンドライフを送るために、住まいの問題は避けて通れません。高齢者の賃貸住宅提供拡充に行政は取り組まざるを得ない状況となっています。徐々に改善されてきているとはいえ、高齢者が賃貸住宅を利用する際の家賃支払い（財源確保）や保証人といった問題は依然として残っていますし、加齢に対応可能な居住空間を確保できるのかといった点も考えなくてはいけません。

一方で、持ち家であってもずっと安泰ということではなく、そこで生活する家族の人数の変化や経年劣化に対する耐久性、メンテナンスなども考慮する必要があります。国は２００９（平成21）年より「長期優良住宅の普及の促進に関する法律」を施行し、良質な住宅の担保に努めています。場合によっては住み替えといった選択も考えられるでしょう。

しかし、一つ確実にいえることは「家賃は無限、住宅ローンは有限」ということです。確かに住宅ローンは、非常に長い返済です。40歳で35年返済を開始すれば、完済は75歳。35歳で開始すれば70歳。確かに一般的な定年を超えることになりますが、一方で家賃はどうなるのでしょうか。35年では終わりません。これは来るべき高齢化社会では、非常に大きな問題です。住宅ローンの支払い以上に家賃の支払いが生涯生活設計に影響を及ぼすことは容易に考えられます。すなわち、住宅購入とはそのまま「老後を考える」ということに直結しています。

住宅購入ではお金の話が話題になりやすいのですが、「夢のマイホーム」という言葉が示すとおり、住宅取得は自分のためだけでなく家族のためともいえます。そう、これは数字では表すことのできない価値です。「柱の傷はおととしの　5月5日の背比べ」という歌があるように、お子さんの成長の軌跡を確認することもできます。また、七五三や入学、卒業といった記念のときに、玄関で家族総出の記念撮影をしたという経験をされた方もいらっしゃるでしょう。このように、住宅購入とは自分の老後、家族の生活の根幹にかかわる重大要素であり、ライフプランニングの中で住宅購入をどのように位置づけるかということが大きな課題といえます。

本書は住宅ローンの商品概要から実際の手続や審査、プランニング、種々の不安の解消について、長年バンカーとしてその最前線で実務に携わってきた加藤孝一と、ファイナンシャルプランナーとして住宅展示場での相談対応から接客手法を構築してきた池上秀司のノウハウを余すところなく記述しています。マイホーム購入を検討されている一般消費者の方たちはもちろんのこと、住宅販売や融資業務に従事されている方たちのよりどころとしてご活用いただき、安心して住宅ローンをご利用いただく一つの光になれば幸いです。

2024（令和6）年6月

目　次

1時間目　住宅取得とは

2時間目　住宅ローンの商品概要

3時間目 申込み手続と審査

4時間目 コンサルティング 金利上昇不安の解消と返済プランの構築

5時間目 税金関連

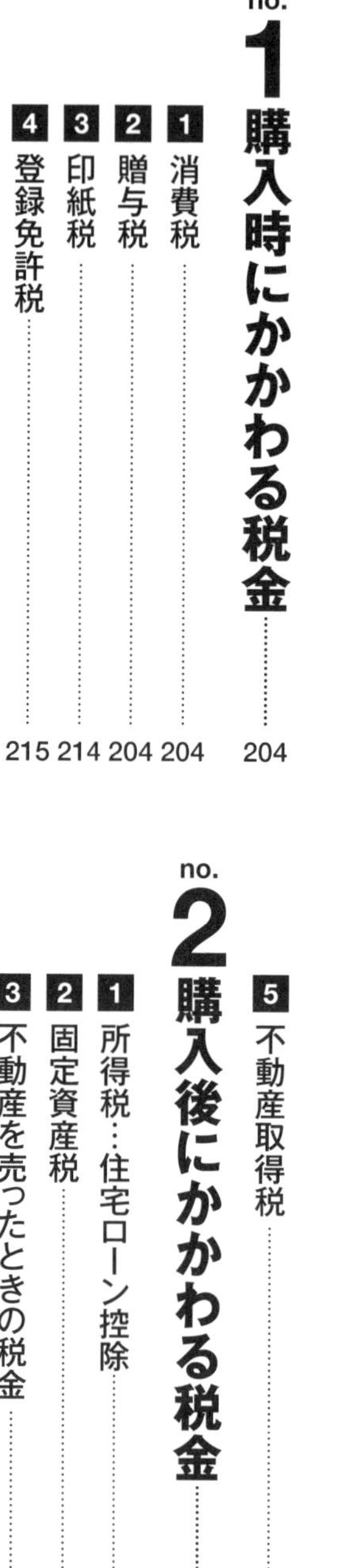

6時間目 団体信用生命保険

7時間目 物件と金融機関の選び方

8時間目 住宅ローン計算方法

DTP：タイプフェイス

1 時間目

住宅取得とは

no.1 自宅を購入する意味

1 なんのために自宅を購入するか

私たちはなんのために働いているのでしょうか？ それぞれさまざまなご意見があるかと思いますが、その理由の一つは、現役世代に子育てをしながら豊かな生活ができ、最終的にはもっと先である老後も豊かに暮らしたいからではないでしょうか。これからの社会においては労働環境の変化も見込めますが一般的には加齢に伴い労働収入は減少すると考えられるでしょう。さらに、今後の高齢化社会では公的年金だけでは生活が成り立ちにくくなることも考慮すれば、現役時代に日々の生活をしながら老後の備えをする必要があります。その中で、一番多い負担は「**住宅費**」です。収入の先細る老後には住宅費を少なくしたい、欲をいえば「なくしたい」。その上で快適な居住空間を確保していきたいものです。

一生賃貸で暮らすという選択は数ある選択の一つではありますが、**一生家賃を支払うことを余儀**

なくされます。10万円の家賃でも50年間積み重なれば単純計算で6000万円にもなり、それだけの負担をする覚悟が必要です。定年後の収入減にはかなり大きな負担となるでしょう。そのころになれば疾病・介護といった事態の可能性も見込まれ、さらなる支出の増加も想定されます。国も黙っているわけにいかず高齢者向け賃貸住宅の整備は徐々に進んできていますが、誰もが借りやすい環境というには程遠いというのが現状です。このようないくつかある老後の不安を解消する方法の一つが、自宅を購入するということになるでしょう。

自宅を現金で購入するという選択肢もありますが、それができる資金力を持っている方は少数です。多くの方が住宅ローンを利用します。この住宅ローンには返済期限があり長くても35年。**平均では約20年で返済が終わっています**。住宅ローン返済が終われば、日々のやりくりは非常に楽になります。購入後もきちんとしたメンテナンスを施していけば**快適な居住空間を確保**できます。

なにより、自宅は**資産として残すことができます**。一戸建ての場合、建物は減価償却によって価値が減少していきますが、土地はゼロにはなりません。「駅に近い」といった利便性は、時間が経過しても毀損される価値ではありません。自宅を保有していれば、将来売却した資金を元に老後の生活を再構築することが可能です。一方、賃貸住まいであれば家賃は一円も戻ってきません。家賃自体では将来の資産形成は不可能です。

現役世代であっても、住宅ローンと家賃では異なる点があります。借主の死亡、疾病、ケガといった事態で収入減というのはある程度予想されます。その際、住宅ローンに関してはそのリスクを回避する策がいくつか用意されています。

一般的な金融機関の住宅ローンでは**団体信用生命保険という生命保険が住宅ローンに附帯されています**。借主が死亡（もしくは所定の高度障害）した場合、残りの住宅ローン返済を遺族がする必要はありません。この団体信用生命保険の保険金で住宅ローンは清算されます。一家の大黒柱を失いますが、雨風をしのぐ住まいは残るのです。**賃貸住宅市場に団体信用生命保険というしくみはありません**ので、こういった事態への備えを別途考える必要があるでしょう。

住宅ローン返済中の不安はまだあり、病気やケガで仕事ができなくなることを多くの方が危惧されています。住宅ローンの場合、前述の死亡・高度障害に加え、「所定の三大疾病（がん・心筋梗塞・脳梗塞）状態になったら保険金によって住宅ローンを清算する」という**三大疾病保障付き住宅ローン**によりリスク回避が可能です。

この三大疾病保障付き住宅ローンは金融機関により負担する保険料が異なりますが、通常の住宅ローン金利に＋０・２％〜０・３％というのが一般的です。最近ではこの分野の商品開発が盛んで、三大疾病に加え5つの重度慢性疾患も保障する保障範囲を拡大した「八大疾病保障付き住宅ローン」や、八大疾病以外の日常生活での病気やケガまでも保障する住宅ローンも誕生しています。保険料負担も金融機関によりさまざまで、保障範囲を拡大しても追加の保険料負担が生じない金融機関もあるほどです。金利以外に比較検討するべき項目といえるでしょう（**２３９ページ**）。

賃貸住宅市場にはこういったしくみはありませんし、「賃貸住宅に住んでいれば病気にならない」ということもありませんので、別途自助努力が必要です。

このように、住宅ローンを利用するということは、夢のマイホームを手に入れるということだけでなく、老後の生活、死亡、疾病・ケガといった日々のリスクから家族を守るということにつながります。住宅ローンによって**「人生のリスクヘッジ」**ができるのです。

2 誰のために、いつ購入するのか

住宅購入を考える時期は、ご家族のライフプランによってさまざまですが、お子さんのことを考えて一歩踏み出すというケースが多いようです。「子ども部屋のことを考えると賃貸では手狭」「幼稚園に入って落ち着いたから、このエリアに長く住もう」など理由はさまざまですが、かわいいわが子のために快適な住まいを準備したいという親心は尊重したいものです。お子さんの成長と住まいは大変密接ではないでしょうか。

日々の生活は夢のあることばかりではなく、マイナスな部分も無視できません。ご家族で誰が亡くなるのかということは予測がつきませんが、平均寿命から考えれば多くのご家庭でご主人が先に亡くなるというのはご理解されていることでしょう。２０２２（令和４）年の厚生労働省の調査では、男性の平均余命は81・47歳、女性は87・57歳だそうです。住宅ローンの申込みは一般的には男性（ご主人）が多く、住宅ローン返済が終わっていれば（いなくても）、将来奥様やお子さんが金銭的に特段の負担をすることなく自宅を受け渡すことが可能です。ですから、自宅とは家族のために購入するとも考えられるでしょう。

自宅を購入する時期ということに関しても、ご家族によって考え方はさまざまです。もちろん、人生についての考え方は人それぞれなので、「家は買いたくない」「買う必要がない」という方にまで購入を勧めることはしませんが、もし「欲しいな」と考えているのであれば、「できるだけ早く」ということをご提案します。理由の一つは一生涯での住宅費を削減できる可能性が高いからです。これについては後述します。

また、住宅ローンには審査があり、その際、団体信用生命保険への加入のために直近の健康状態の申告（告知）をします。既往症によっては**団体信用生命保険**に加入ができず、住宅ローン審査に通らないということもあります。マンションの広告などで「ローンキャンセル物件」という文言を目にすることがありますが、それらの一定量は、この団体信用生命保険に加入ができず住宅ローン審査に通らないということが原因です。ですから、元気で若いうち（病気やケガをしていない間）に住宅ローンを利用するということも大切な要素です。

住宅購入とは、単純な金銭面の問題以上にそのご家庭の暮らし方そのものであり、より前向きな人生設計の柱となる要素といえます。

住宅ローンの不安 no.2

1 返済中の不安

住宅ローンは長い返済となることから、その間に収入が減少したり、支出が増加したりして返済ができなくなるのではという不安があります。住宅ローンに対する不安に関して、住宅金融公庫（現・住宅金融支援機構）が調べたデータを参考にしてみましょう（**図1－1**）。不安要素の第1位は「返済額が増えたら（44％）」です。第2位は「住宅ローン返済以外の支出が増えたら（24％）」となっています。第1位と第2位で68％。3分の2を超えています。ですから、住宅ローンに対する不安は、まずこの第1位と第2位をクリアすることが至上命題でしょう。なお、第1位の「返済額の増加」とはすなわち「**金利上昇**」であり、第2位の「住宅ローン返済以外の支出」とはお子さんの「**教育費**」のことです。第3位の収入減というのは、リストラであるとか、病気やケガで仕事ができなくなってしまった場合、

図 1-1 住宅ローン返済について気になること

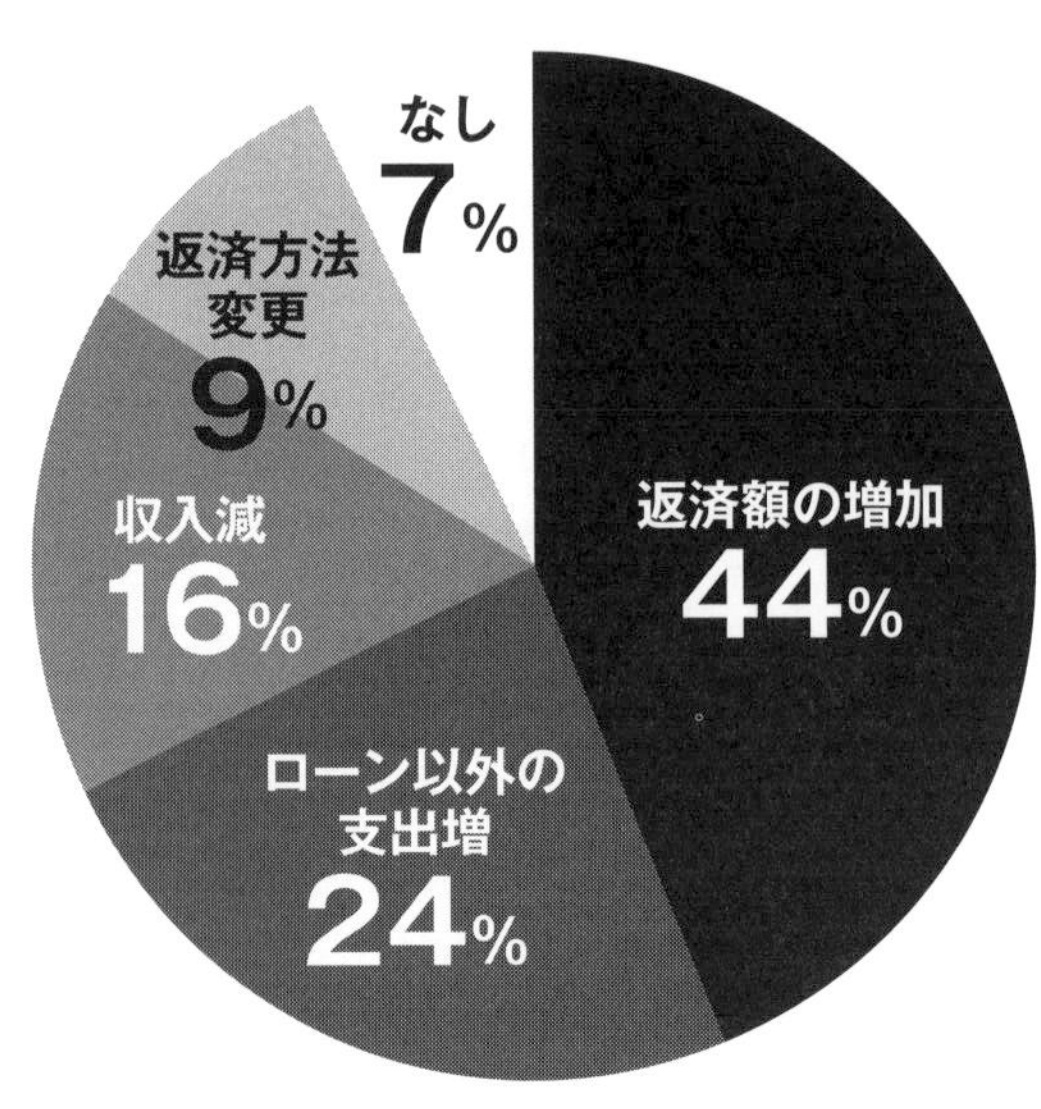

住宅金融公庫　2005(平成17)年住宅ローンに関する顧客アンケート調査

定年後の年金収入だけとなった時期を想定しています。住宅ローンに絞って考えると、不安要素は「**金利**」「**健康**」「**老後**」の三つに大別できます。これは約20年前のアンケートですが、今でもこのような不安を持たれている方は多く、「今も昔も悩みは同じ」ということを表していると考えられます。その不安解消については金利＝4時間目、健康＝6時間目、老後＝1時間目で解説していきます。

2 融資経過年数とローン破綻

住宅ローンが支払えなくなるということは誰もが避けたいわけですが、借主全員が完済というのは難しく、必ず一定量のローン破綻は起こります。そこで、実際に支払えなくなる事態は支払期間中ではどのように変化するのでしょうか。上の

図1-2 融資後経過年数とデフォルト率の関係

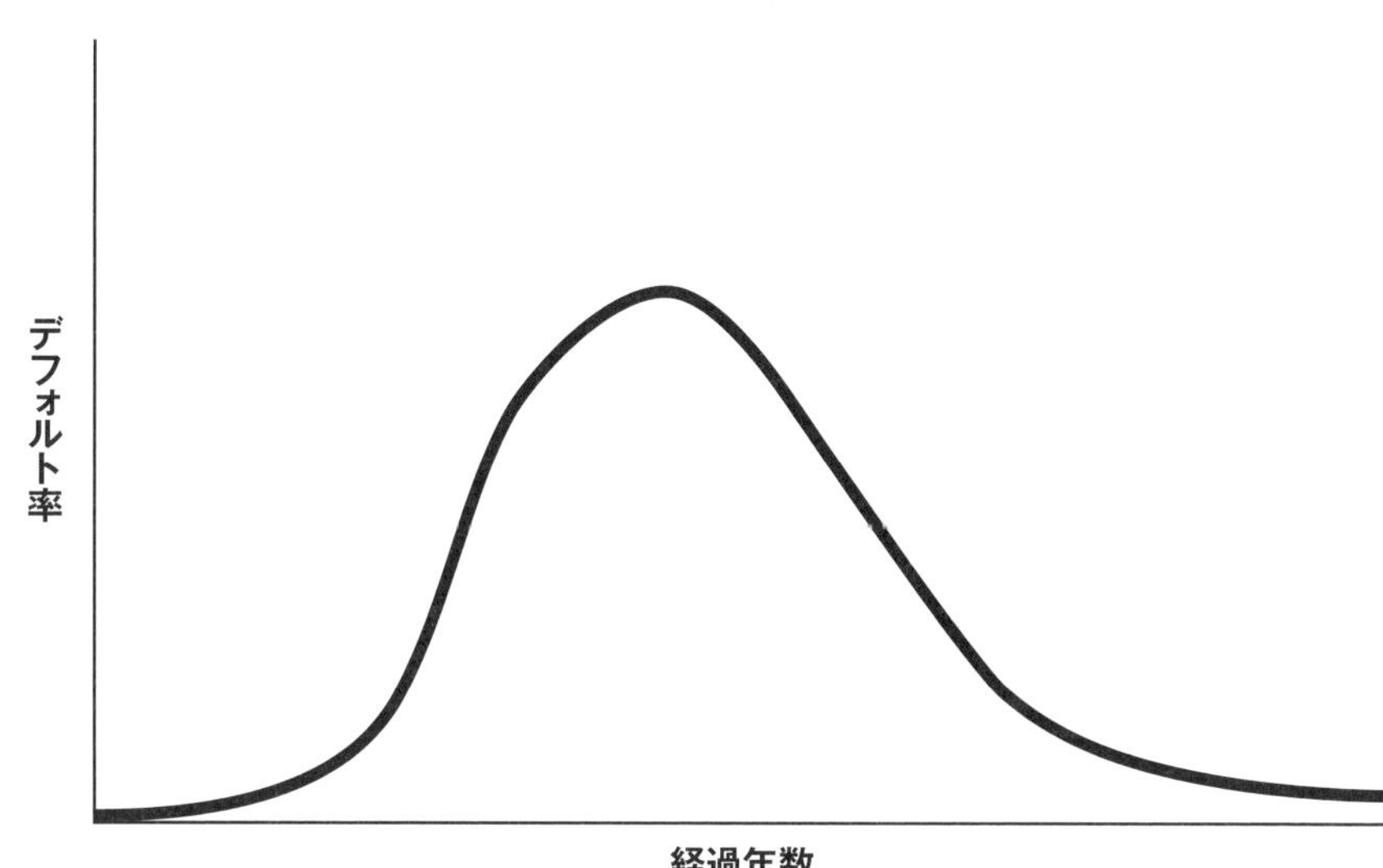

出典：住宅ローンのリスク管理～金融機関におけるリスク管理手法の現状～（2007（平成19）年3月：日本銀行）

アンケート結果が示すとおり、「収入が途絶える老後が不安」ということで将来にかけて増えていくと思われるかもしれませんが、住宅ローンが支払えなくなる割合（**デフォルト率**）は**借り初めから一定期間は上昇しますが、ある時期（10年）を境に低下していく**というのが実態です（**図1－2**）。理由としては、返済開始当初は外部環境の変化も少なく、返済意欲も高いのですが、数年経つと返済計画の前提に変化が生じ、徐々に支払えないケースが発生してきます。しかし、10年程度過ぎると、返済能力の高い人たちだけが残り、元金返済も進んでいるので返済意欲が増すことから**デフォルト率**は低下するということが指摘されています。つまり、**将来の不安を解消するには借り初めが肝心**といえ、まず当初の10年を一区切りにきちんと支払っていけるような計画を立てることが重要です。

人生の三大支出

1 人生の三大支出とは

人生の中で特に大きな支出があります。これを「**人生の三大支出**」といいます。簡単にいえば、生活する上でお金がかかる三大要素のことであり、それらは「**家**」と「**子ども**」と「**老後**」です。

家は何千万円という人生最大の買い物ともいえます。購入しなくても家賃を負担するので、それ

図1-3 人生の三大支出

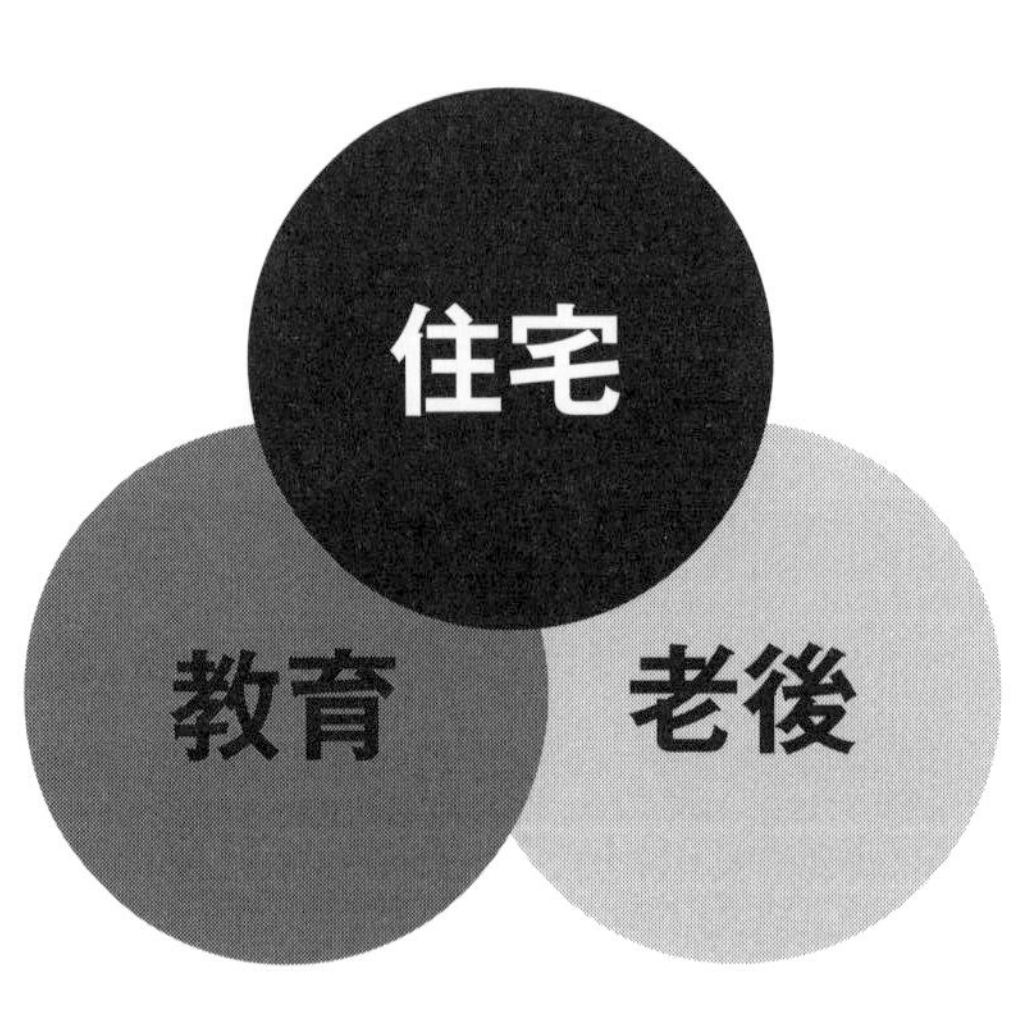

は一生涯で考えれば相当な金額になるというのは前述のとおりです。また、お子さんが一人前になるまでには、幼稚園、小学校、中学校、高校、大学とすべて公立の学校に通い、思いどおりの就職先に勤務できるに越したことはありませんが、お子さん本人の希望や親御さんの教育方針などもあり、単純にお金だけで判断できません。なにより、できればお子さんの学生生活をよりよいものにしてあげたいという親心もあるでしょう。

首都圏では最近中学から受験というケースも増えているようです。希望する学校へ進学をするために学習塾に通うというのはもちろんですし、そもそも中学から私学ということは公立よりも負担が増えます。大学に関していえば、国公立であっても卒業までの負担額が増えている傾向にあるそうです。以前、「こども一人に１０００万円」というテレビＣＭがありましたが、教育費の負担は増加傾向にあり、塾や習い事なども考えれば、それ以上の額になるという統計データもあります。やはり、これは家族が豊かに生活するために優先して考えるべき費用といえます。

老後は収入の減少、あるいは無収入という事態が想定され、その中で生活費をやりくりする必要があります。あまり考えたくないことですが、体の自由が制限され施設に入らなくてはいけないといったケースも想定されます。当然そのためのリスクマネジメントが必要となるわけです。平均寿命は延びる一方で年金制度の現状維持が困難ということから、明らかに自助努力の必要性が高まっています。

このようなことから家、教育、老後に関するお金を「**人生の三大支出**」といいます。

2 三大支出の関係

住宅費について考えてみます。一般的な住宅ローンは80歳までに支払い終えることと規定されており、融資の実行年齢が44歳までの方であれば35年返済が可能です。「できれば定年までに完済したい」という声をよく聞きますが、60歳定年とすると、35年返済の場合は25歳で借入れをしなければいけないということになります。しかしながら、実際の住宅ローン返済は20年程度で終える方が多く、人生設計の中でその約20年をどこに持ってくるかという点を考慮する必要があるでしょう。

教育資金に関しては、受験対策として塾に通ったり、スポーツ、芸術など習い事のお金もかかります。仮に中学から受験するとなれば、中学3年+高校3年+大学4年を足した10年が特に費用負担の多い時期といえます。一般的には**「住宅費」と「教育費」の二つの要素は多くのご家庭で重なることとなるでしょう**。住宅ローンであろうと家賃であろうと「住宅費」として負担をしながら、この教育費のかかる10年をどのように乗り切るのかが大切になってきます。

では、三大支出の残り一つ、老後のお金とその他の支出との関連を考えてみます。あくまで一般論としてですが、老後のお金と教育資金は時期にズレがあります。お子さんが独立されてからご夫婦のセカンドライフのことを考えるようになるでしょう。

2019（令和元）年6月、**「老後2000万円問題」**というものが話題になりました。「老後の生活には2000万円必要だから、投資等で準備をしましょう」という主旨ですが、興味深い点がありましたので、その２０００万円不足という数字を確認してみます（**図１―４**）。65歳から月々の収入が21万円。支出が26・４万円なので月▲５・４万円不足します。その不足分５・４万円が30年で約２０００万円という計算です。

では、その支出26・４万円のうち住宅費はいくらか確認したところ１万３６５８円。つまり、この試算では、住宅を購入し、65歳までに住宅ローンが終わっているご家庭が想定されます。投資はしても、しなくても個人の自由ですが、家はなくてはならないものです。賃貸住まいであれば、これに家賃を上乗せして考えなければなりません。

図1-4　老後2,000万円問題

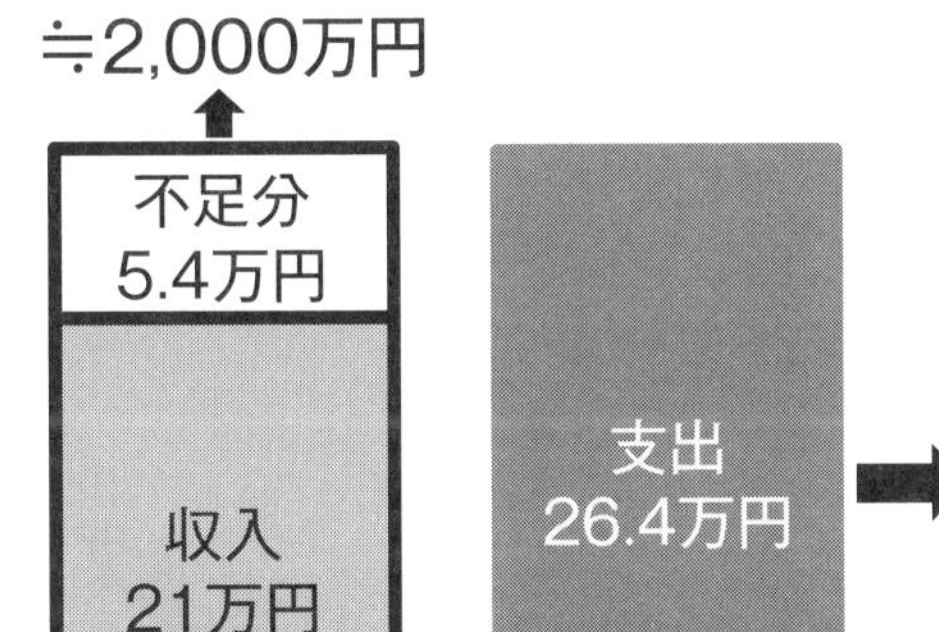

支出の内訳	
食料	64,444
住居	13,658
光熱・水道	19,267
家具・家事用品	9,405
被服及び履物	6,497
保健医療	15,512
交通・通信	27,576
教育	15
教養娯楽	25,077
その他消費支出	54,028
非消費支出	28,240
合計	263,719

人生の三大支出のパターン no.4

住宅ローンは35年で借入れしても、**実際の返済年数は20年程度**。20年で済むということは「住宅ローンを上手に返済した」ということになります。それは、決められた定期的な返済以外に、余裕資金をローン返済に充当する**「繰上返済」を上手に、賢く活用したということに他なりません**。

ですから住宅ローンにとって**繰上返済は大切な要素**です。なお、繰上返済には「一部繰上返済」と「全部繰上返済」がありますが、本書では総称として「繰上返済」という表記をします（詳細は**1７6ページ**）。

35年返済で借入れしても20年で終えられるということは、実際には多くの方が15年程度の返済年数の短縮ができているということです。金利２％の場合、期間短縮型の繰上返済を毎年「借入金額の２％」実施すると、35年返済で住宅ローンを始めても21年弱で終えることができます。３０００万円の借入れなら２％は60万円、４０００万円なら80万円です。もし、毎年借入金額の１％を期間短縮型繰上返済すると、返済年数は26年程度になります。実態としては多くの方がこの程度の繰上返済を実施しているということです。この繰上返済を活用したプランニングについては4時間目で紹介をします。

本章では以降、いくつかの返済方法を例示し、**人生の三大支出**の関係を考えてみます。

図 1-5

①購入年齢：40歳（35年返済）

住宅ローンの借入年齢が遅くなればなるほど定年時に借入れが残ります。さらに、公的年金の受給開始時期の見直しなども検討されており、退職金を極力住宅ローン返済に使わず老後の生活資金として備えるためには、自宅をより早く購入することが賢明ではないでしょうか。

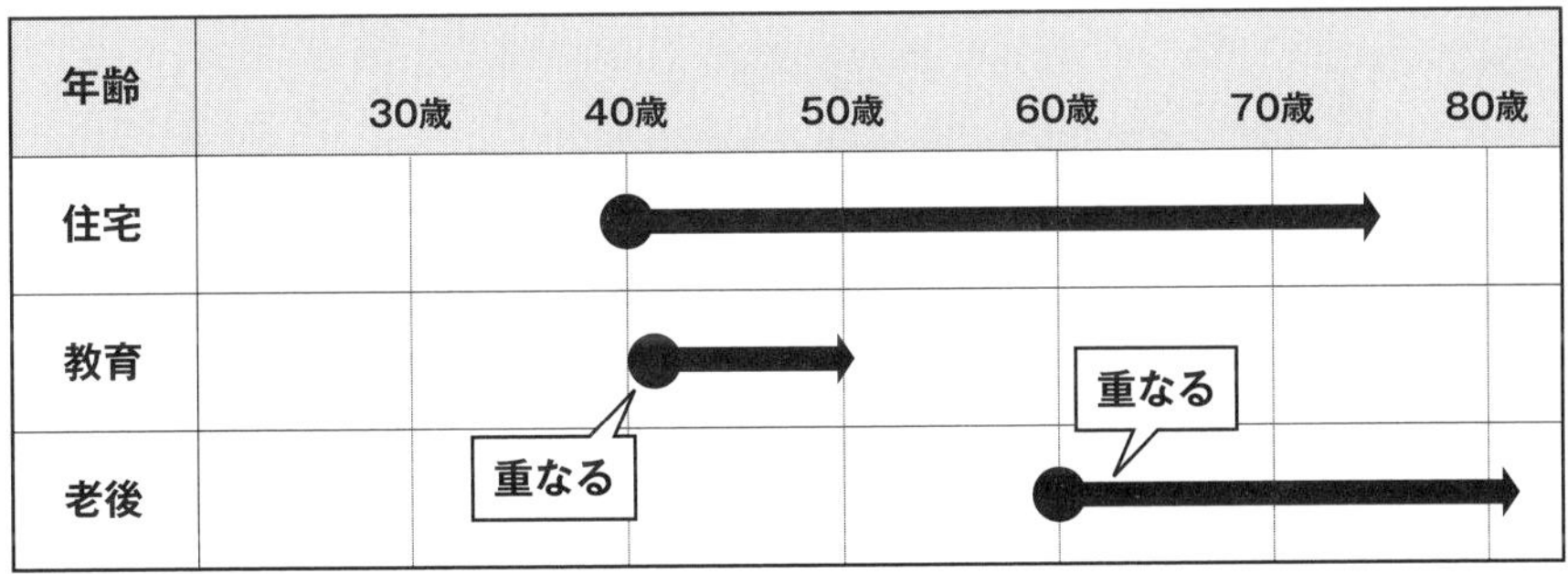

②定年時退職金でローンを完済する場合の定年（60歳）時借入残高

借入金額4,000万円、返済年数35年で金利は大手都市銀行の2023（令和5）年12月時点での変動金利の店頭標準金利2.475%と2.075%金利引き下げ後の適用金利0.4%の比較（金利は変わらないものとして算出）

年齢	30歳　40歳　50歳	60歳時残高		残返済年数
		2.475%	0.4%	
25歳		0	0	0
30歳		803万円	606万円	5年
35歳		1,513万円	1,200万円	10年
40歳		2,140万円	1,783万円	15年
45歳		2,637万円	2,302万円	19年※

※完済年齢は80歳未満のため34年返済で計算　　**定年**

借入れが遅くなればなるほど定年時の残高が増えます。退職金だけでは完済できない場合や老後の備えが不足することも考えられますが、借入れを少しでも早くすることで解消につながります。

③返済年数を平均の20年とし、40歳で自宅購入の場合

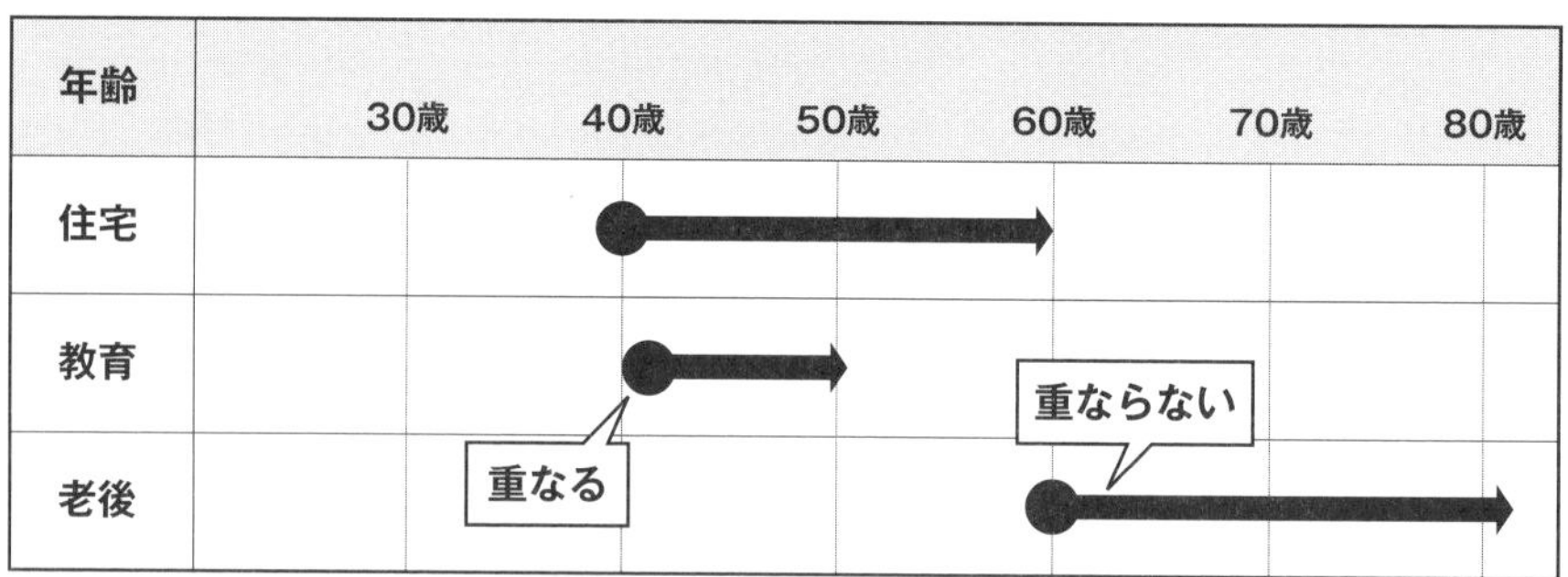

住宅ローンは極力定年までに終わらせたい

④返済年数を平均の20年とし、30歳で自宅購入の場合

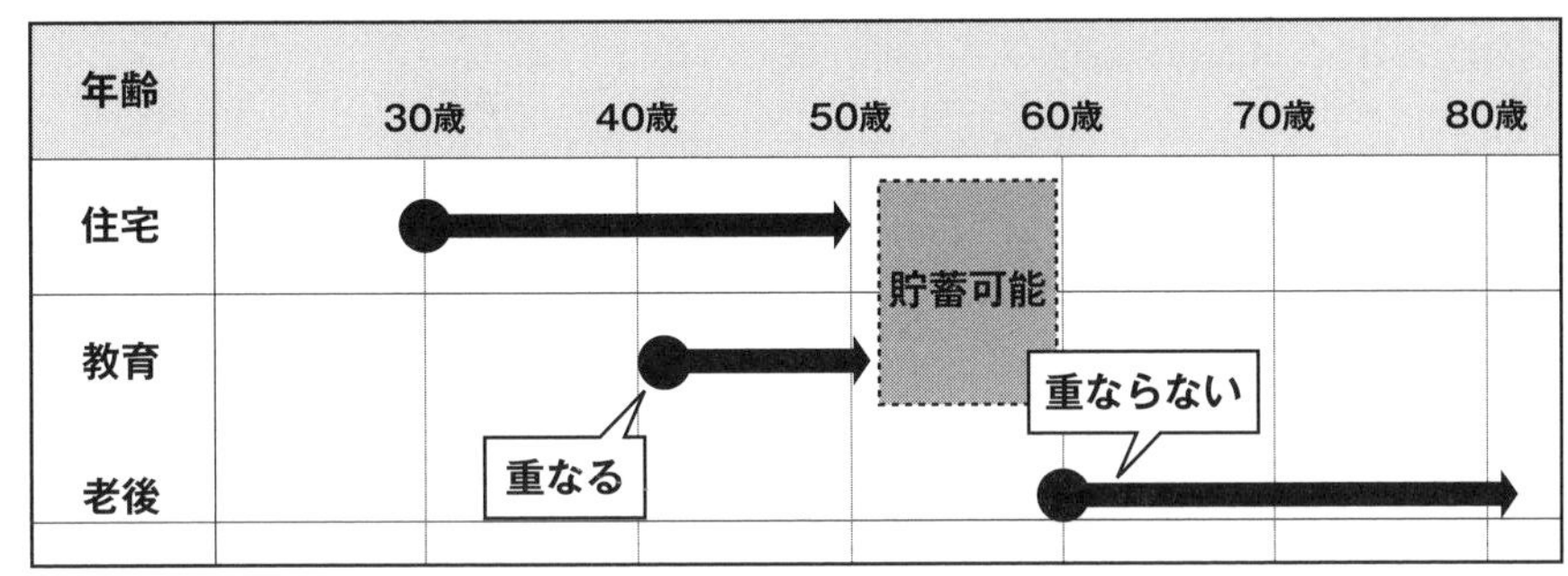

住宅ローンは40歳までに借り入れ早く終わらせる。
そうすれば、老後の貯蓄が可能

⑤定年（60歳）までに住宅ローンを完済する場合の毎月返済額

借入金額4,000万円とし、金利は大手都市銀行の2023（令和5）年12月時点での変動金利の店頭標準金利2.475%と2.075%金利引き下げ後の適用金利0.4%で比較（金利は変わらないものとして算出）

年齢	30歳　40歳　50歳	毎月返済額		返済年数
		2.475%	0.4%	
25歳		142,462円	102,076円	35年
30歳		157,528円	117,930円	30年
35歳		178,943円	140,133円	25年
40歳		211,474円	173,450円	20年
45歳		266,245円	228,993円	15年

定年

購入時の年齢によってどのくらい返済額が変わるか
検証をしてみましょう

1 住宅ローン返済の実態

メディアで「老後破綻」といった言葉を頻繁に目にします。それに関連して「35年返済は危険！」という論調も増えています。確かに未来は不確定ですから不安になるのも当然ですが、興味深いデータをご紹介しましょう。**図1-6**は住宅金融支援機構の「2020年度　民間住宅ローン貸出動向調査」の結果を著者がリライトしたものです。

「約定貸出期間」というのは、「何年返済で申し込んでいるか」です。確かに約3分の2の方が25年を超える期間で貸付を受けています。そして、下の「完済債権の平均経過期間」というのは、「今完済されている住宅ローンは、何年経っているか」です。

10年以下が約16%ありますが、これは「借り換え」によるものと推察されます。肝心なのはグラフの右端。5・5%とあるのが30年以下です。つまり、約9割の方が25年程度で払い終えているということです。これは「審査」によって、35年で申し込んでも25年程度で払い終える額しか貸し出していないということを表しています。

後述する金利上昇や老後に関して、メディアは不安を煽って注目を集めたがりますが、実態をしっかり把握していただき、過剰な不安は抱かないことが大切ではないでしょうか。

2 住宅ローンと教育費

住宅ローンと老後の生活費は「早めにローンを組み、早くに終わらせる」ということである程度

図1-6 住宅ローンの貸出期間（2019年度）

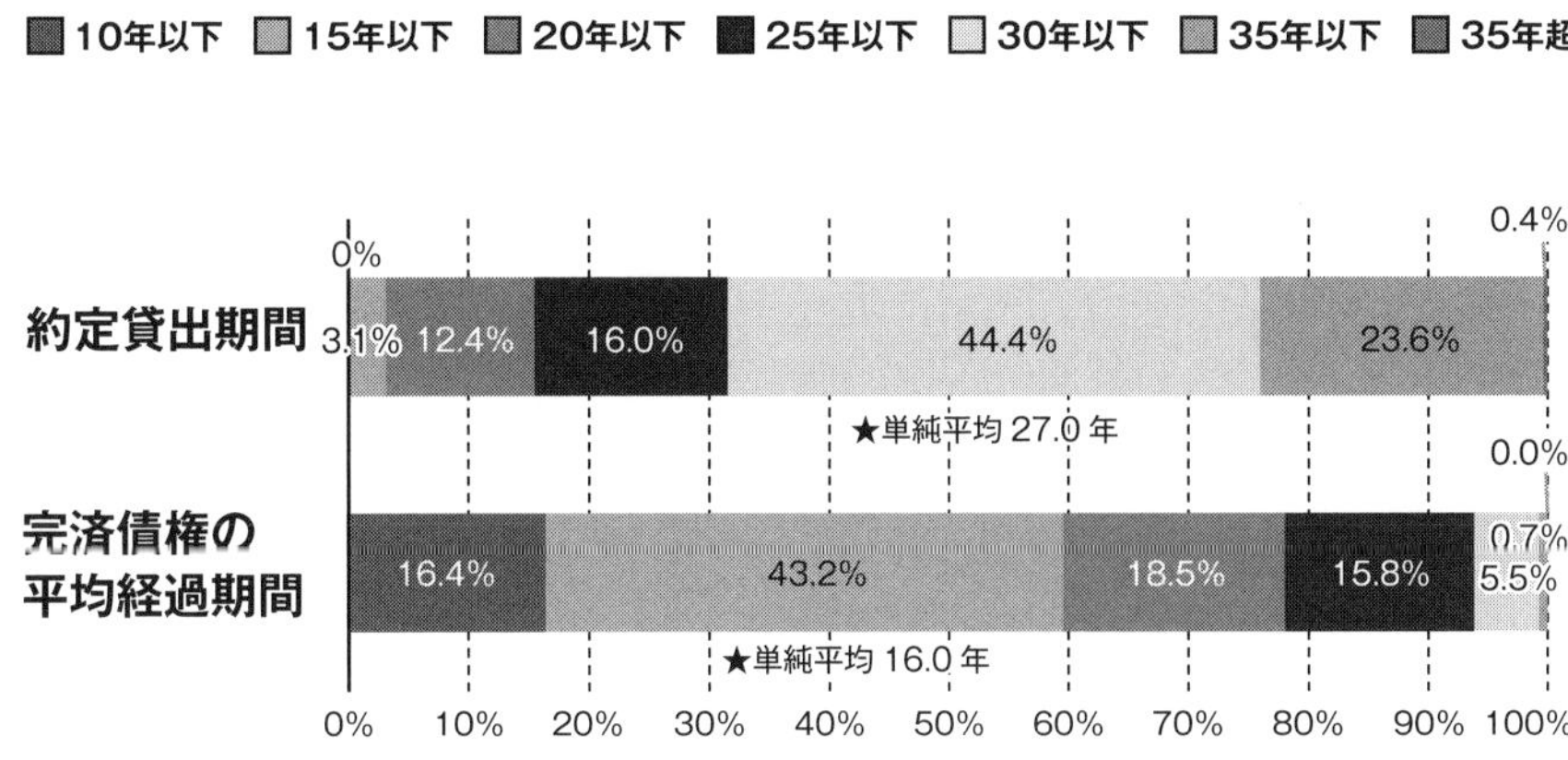

※2020年度　民間住宅ローン貸出動向調査：住宅金融支援機構

重なることから回避できますが、教育費と住宅ローンは重なってしまうのは、それなりに受け入れなければなりません。

まず、教育費がどの程度必要となるかについて考えてみましょう。もちろん、これは各ご家庭の方針によって変わってくる部分ですが、「これから子育てを」という皆さんには何もなければ先行きが不透明です。住宅ローン相談会では「教育費はどんな風に準備したらいいですか？」というご相談を頻繁にいただきます。ここでは、その際ご覧いただいている統計データをご紹介します。

図1－7は保護者の年齢ごとに、教育費がいくらくらいかかっているかというグラフです。一目瞭然、45歳～54歳までの10年間が一般的には教育費のピークと考えられます。

進学コース別の教育費負担は**図1－8**をご参考

図1-7 世帯主の年齢階級別1世帯当たり1ヶ月間の教育費支出

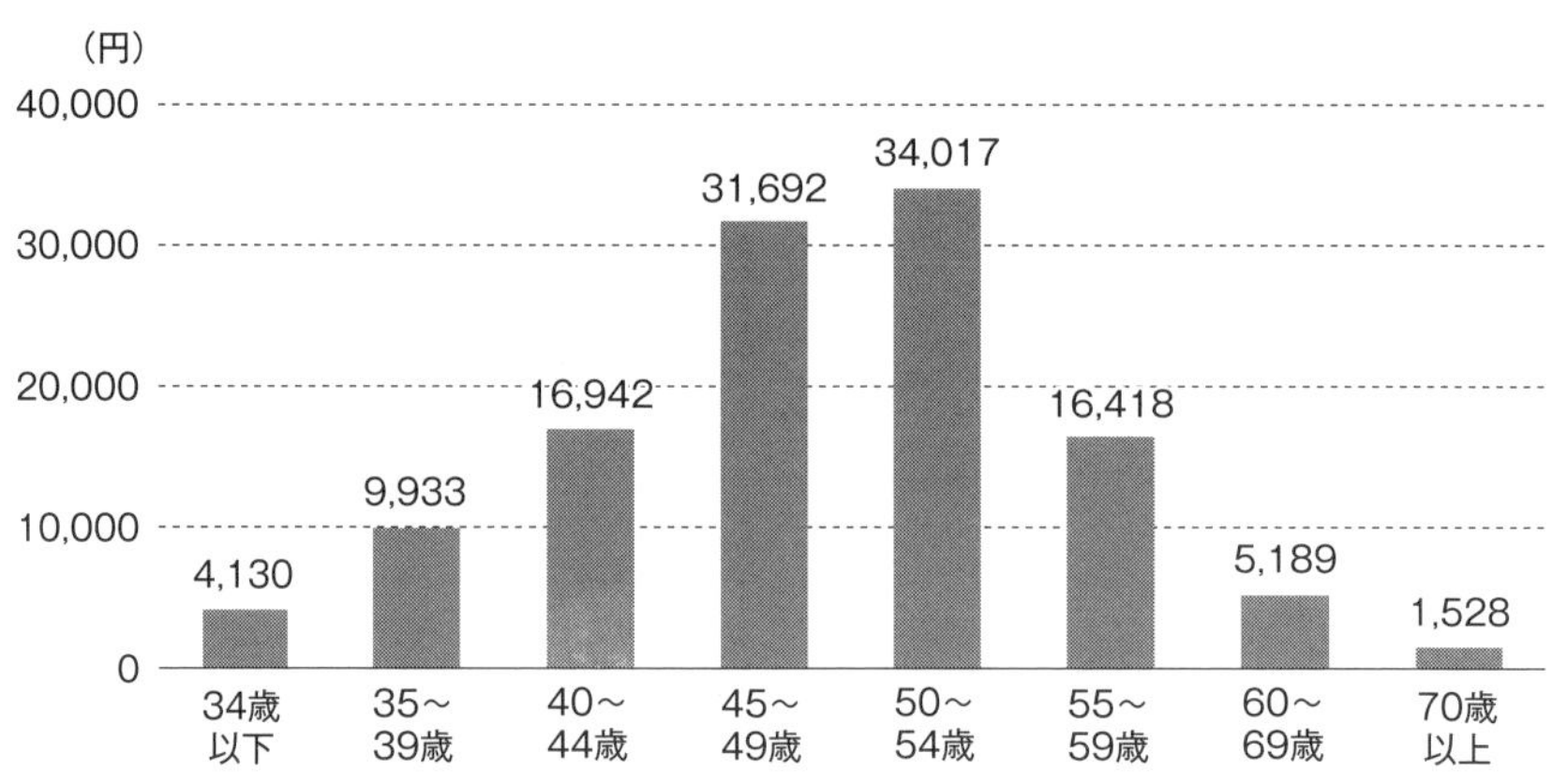

※2023年　総務省家計調査 / 家計収支編 二人以上の世帯 詳細結果表　より著者作成
授業料等、教科書・学習参考教材、補習教育の合計

にしてください。それを元に、幼稚園から中学校までを公立、高校・大学を私立としたモデルケースで教育費の推移をグラフにしてみました（**図1－9**）。幼稚園から大学卒業までの総額を計算すると約1432万円です。これを22年で割って、さらに12ヶ月で割ると5・5万円となるので、**お子様一人に「月5・5万円」を目安**にして、教育費枠として確保してはいかがでしょうか。

実際の負担がない時期に月5・5万円を貯めておいて、高校、大学といった月5・5万円では足りなくなる時期に備えます。大学進学用としては学資保険といった商品を活用してもいいでしょう。

では、住宅ローンとの関係を見てみましょう。

図1－10は、30歳でご結婚、翌年に第一子、33歳で第二子がご誕生され、**図1－9**のような教育費を計画したケースに、住宅ローンの**デフォルト率**

図1-8 進学コース別教育費負担

	年齢	公立			
		学習費総額	学校教育費	学校給食費大学：食費、住居費等	学校外活動費大学：娯楽、日常日等
幼稚園	4	165,126	61,156	13,415	90,555
	5	165,126	61,156	13,415	90,555
	6	165,126	61,156	13,415	90,555
小学校	7	352,566	65,974	39,010	247,582
	8	352,566	65,974	39,010	247,582
	9	352,566	65,974	39,010	247,582
	10	352,566	65,974	39,010	247,582
	11	352,566	65,974	39,010	247,582
	12	352,566	65,974	39,010	247,582
中学校	13	538,799	132,349	37,670	368,780
	14	538,799	132,349	37,670	368,780
	15	538,799	132,349	37,670	368,780
高校	16	545,257	341,547		203,710
	17	496,828	293,118		203,710
	18	496,828	293,118		203,710
大学	19	1,571,200	817,800	429,600	323,800
	20	1,289,200	535,800	429,600	323,800
	21	1,289,200	535,800	429,600	323,800
	22	1,289,200	535,800	429,600	323,800

	年齢	私立			
		学習費総額	学校教育費	学校給食費大学：食費、住居費等	学校外活動費大学：娯楽、日常日等
幼稚園	4	340,565	166,491	29,917	144,157
	5	293,081	119,007	29,917	144,157
	6	293,081	119,007	29,917	144,157
小学校	7	1,997,179	1,291,243	45,139	660,797
	8	1,600,903	894,967	45,139	660,797
	9	1,600,903	894,967	45,139	660,797
	10	1,600,903	894,967	45,139	660,797
	11	1,600,903	894,967	45,139	660,797
	12	1,600,903	894,967	45,139	660,797
中学校	13	1,681,089	1,306,086	7,227	367,776
	14	1,313,985	938,982	7,227	367,776
	15	1,313,985	938,982	7,227	367,776
高校	16	1,198,132	894,050		304,082
	17	982,600	678,518		304,082
	18	982,600	678,518		304,082
大学	19	1,808,394	1,176,894	288,700	342,800
	20	1,562,443	930,943	288,700	342,800
	21	1,562,443	930,943	288,700	342,800
	22	1,562,443	930,943	288,700	342,800

出典：文部科学省　「令和3年度　子供の学習費調査」「国公立大学の授業料等の推移」
「令和3年度　私立大学に係る初年度学生納付金平均額の調査」
：日本学生支援機構　「令和4年度　学生生活調査結果」

図1-9 教育費のモデルケース

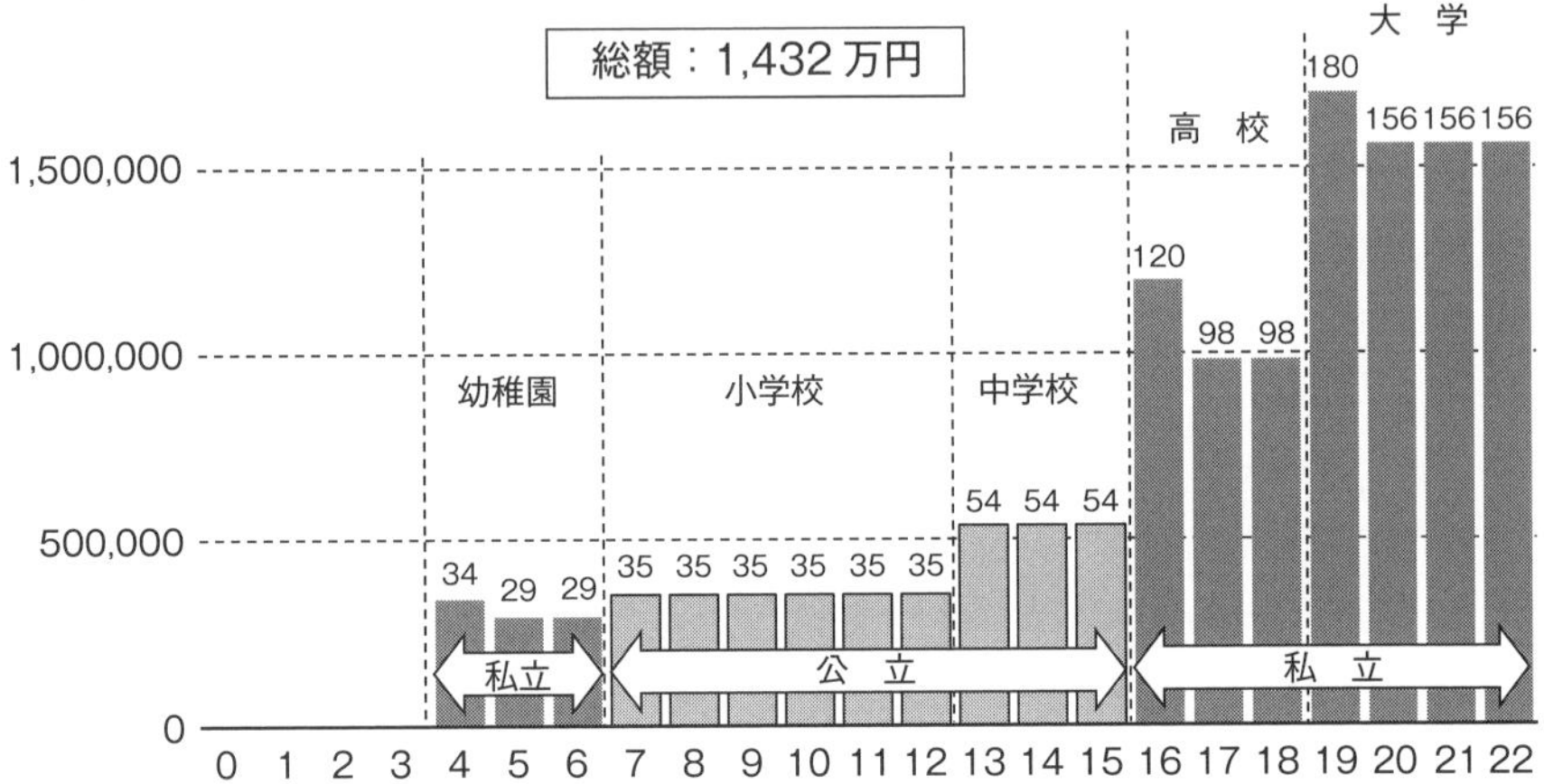

図1-10 デフォルト率と教育負担

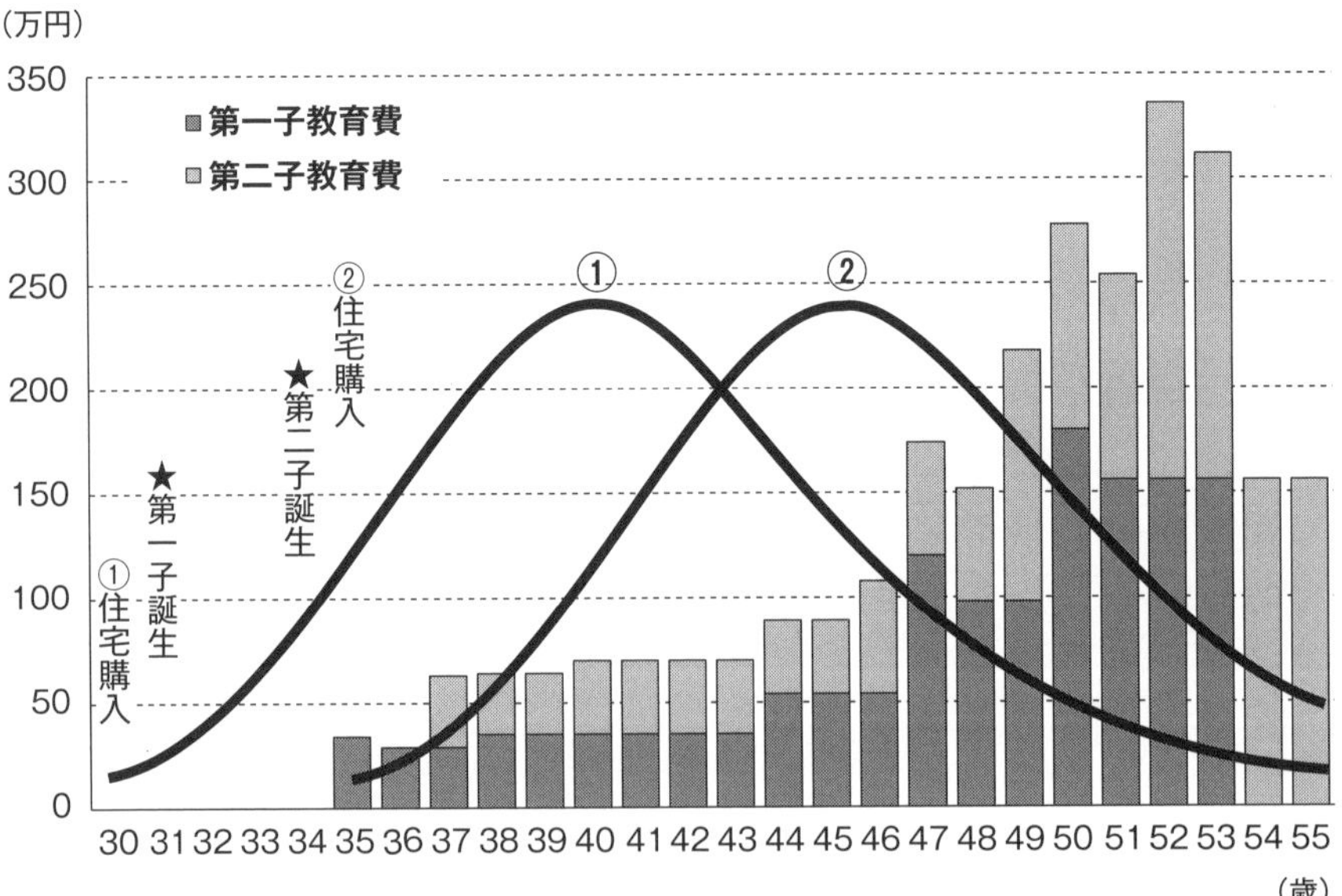

推移（**21ページ図1－2**）を重ねてみました。

①はご結婚直後にマイホームを取得した場合です。二人のお子さんがまだ小学生の間に、住宅ローンで大切な10年を終えることができます。②は二人目のお子さんが誕生した2年後（35歳）に購入しています。この時期でも教育費のピークに差し掛かる前に**デフォルト率**の低下局面に入ります。しかし、これ以降になると、住宅ローンで大切な最初の10年と教育費負担が増す時期に重なりが出てしまいます。この時期までに住宅ローンで大切な10年を終えておくことがポイントといえます。

早くに住宅購入することは、家賃負担を少なくできる、早く住宅ローンが終わるという老後資金との兼ね合いだけでなく、教育費負担を考えてもプラスの効果が期待できます。

no.5 金融政策と住宅ローン

1 アベノミクスとは

２０１２（平成24）年の解散総選挙によって自民党政権が復活し、安倍晋三首相が誕生しました。２０１２（平成24）年の11月、野田佳彦首相（当時）が解散宣言をしたころより株価は上昇し、２０１３（平成25）年は日経平均株価が１万６０００円台を回復するまでになりました。**アベノミクス**とはいわずもがな安倍首相による経済政策を表す造語ですが、一番柱になる内容は経済政策、とりわけ「**2％以上のインフレ目標を設定し、大胆な金融緩和を実施する**」という点が取り上げられています。安倍政権になってから日銀の総裁も白川方明氏から黒田東彦氏へ交代し、政府と日銀が一体となって景気回復を目指しました。

政権交代後株価が上昇してきたこともあり、メディアを通じてさまざまな情報が提供されましたが、その多くは不適切な情報でした。一例ですが、『週刊ダイヤモンド』２０１３（平成25）年

2月2日号では「変動金利が上がるころには、固定金利はすでにかなり高くなっている可能性が高い」（ファイナンシャルプランナー・深田晶恵氏）というコメントを掲載し、**変動金利**は早めに**固定金利**に変えるべきという主旨の記事が掲載されました。はたしてそれは正しかったのでしょうか。

変動金利は日銀の金融政策における**無担保コールレート・オーバーナイト物**の誘導金利（政策金利）に連動して動きます（**160ページ**）。**アベノミクス**は確かに「景気をよくしよう！」というものでしたが、物事には順序があり、日銀は2015（平成27）年中に物価上昇率2％を達成するべく「**大胆な金融緩和を実施する**」としました。金融緩和とは低金利によってお金を借りやすくし、お金の流れをよくさせること。

しかし、実際はそのとおりにならず、物価上昇目標達成時期を先送りにしました。日銀総裁が植田和男氏に代わり、2024（令和5）年3月に**マイナス金利政策**を終えたとはいえ、「大胆な**金融緩和**を継続する」といっている今、変動金利が固定金利の水準まで上昇するような利上げをするでしょうか。常識で考えれば答えはNOです。確かに将来は上がるかもしれませんが、株価の上昇や金融政策の変更を短絡的に変動金利上昇に結び付けるのはどうなのでしょうか。事実、第二次安倍政権誕生後から株価は上昇しましたが、2024（令和6）年になって短期金利の基準となる無担保コールレート・オーバーナイト物を上げるという事態には未だ至っていません。変動金利の推移を過去30年で見てみると、**店頭金利**は1994（平成6）年の4％を最後にずっと2％台です。その状況で根拠を示さず「何％も上がったら大変」というのは説得力に欠けると言わざるを得ません。

では、この週刊ダイヤモンド誌の助言どおりに**変動金利**を**固定金利**に変更したらどうなったのか具体例で見てみましょう。計算を簡単にするために変動金利を1％として、借入額3000万円／35年返済とすれば毎月の返済額は8万4685円です。1年経過時点で2％の固定金利に変更した場合13ヶ月目の返済額は9万8968円と1万4283円増加します。そして返済額が変わるだけでなく、その内訳（元金、利息）も変化します。1％のままであれば利息は2万4400円ですが、2％にすると**返済額の上昇額より約1万円多い4万8801円が利息となります**。金利が2倍になったので利息が2倍になり、その反動が元金充当額に出ます。返済額が1万4000円も増加しているのに、実際の借入れの返済である**元金充当額は6万285円から5万167円と約1万円も少なく**なっています。すなわち、**返済額が増えるのに実際の借入れが減らないという**状態になります。その状態がもう10年も継続し、10年で返済額を170万円程度余計に負担した反面、借入残高は95万円程度多く残っています。変動金利のままの場合との差は266万円です（**図1－11**）。このような重要な事柄が週刊ダイヤモンド誌には一切記載されていません。情報提供としては不完全であり無用な不安を煽っているといえるでしょう。

しばらく低金利が続くと考えられれば、早く買うことで低金利を少しでも長く使えるということになります。金利面から考えても早く購入することはメリットがあります。

図1-11 13ヶ月目に変動金利を固定金利に変更したらこうなった

変動金利のまま					
回	金利	返済額	利息	元金	借入残高
12	1%	84,685	24,451	60,234	29,280,488
13	1%	84,685	24,400	60,285	29,220,204
24	1%	84,685	23,845	60,840	28,553,748
36	1%	84,685	23,234	61,451	27,819,707
48	1%	84,685	22,617	62,068	27,078,292
60	1%	84,685	21,993	62,692	26,329,429
72	1%	84,685	21,364	63,321	25,573,043
84	1%	84,685	20,728	63,957	24,809,058
96	1%	84,685	20,085	64,600	24,037,398
108	1%	84,685	19,436	65,249	23,257,987
120	1%	84,685	18,781	65,904	22,470,745
132	1%	84,685	18,118	66,567	**21,675,594**

13ヶ月目に固定金利へ変更					
回	金利	返済額	利息	元金	借入残高
12	1%	84,685	24,451	60,234	29,280,488
13	2%	**98,968**	48,801	50,167	29,230,321
24	2%	98,968	47,873	51,095	28,672,933
36	2%	98,968	46,842	52,126	28,053,114
48	2%	98,968	45,790	53,178	27,420,785
60	2%	98,968	44,717	54,251	26,775,693
72	2%	98,968	43,622	55,346	26,117,580
84	2%	98,968	42,504	56,464	25,446,183
96	2%	98,968	41,365	57,603	24,761,235
108	2%	98,968	40,202	58,766	24,062,461
120	2%	98,968	39,016	59,952	23,349,583
132	2%	98,968	37,806	61,162	**22,622,316**

（円）

変更から10年間の返済額の差	1,713,960
変更から10年後の残高の差	946,722
合計	**2,660,682**

2 物価上昇と金利上昇

誤った情報提供は他にもありました。２０１２（平成24）年12月27日の「ＮＥＷＳポストセブン」というインターネットサイトでは「安倍政権の金融緩和　住宅ローン金利上昇で痛手くらうことも」という見出しで「安倍政権の狙いどおり＋３％の経済成長をすると、金利も３％程度まで上がることもありえます。すると住宅ローンを変動で借りている家庭は、返済額がハネ上がって大変なことになります。」（ファイナンシャルプランナー・八ツ井慶子氏）と記載していました。また、２０１３（平成25）年８月22日の「日経電子版」では「増税より怖い金利上昇　住宅購入「駆け込む」前に」という見出しの記事で「物価と金利は密接な関係にあり、原則として物価が上昇すれば金利は上昇します。つまり、物価が２年以内に２％上昇すれば、タイムラグがあるとしても金利も少なくとも２％上昇するということを意味しているのです。」（住宅ローンアドバイザー・淡河範明氏）と記載しています。どちらの記事も「物価の上昇率と変動金利の上昇幅は同等」という主旨ですが、これはどうなのでしょうか。

図1－12は、２０２０（令和２）年を基準とした、２０２３（令和５）年３月から２０２４（令和６）年３月までの消費者物価指数の指数と前年同月比です。この数年は海外の影響により、さまざまな物の値段が上がっています。低金利の時期に物価が上がることは望ましいことですが、現在の物価上昇は、国内経済が活性化し物価上がるという、景気の好循環ではないという点には注意が必要です。２０２４（令和６）年、多くの大企業

図1-12 総合、生鮮食品を除く総合、生鮮食品及びエネルギーを除く総合の指数及び前年同月比

2020年＝100

原数値		2023年 3月	4月	5月	6月	7月	8月	9月	10月	11月	12月	2024年 1月	2月	3月
総合	指数	104.4	105.1	105.1	105.2	105.7	105.9	106.2	107.1	106.9	106.8	106.9	106.9	107.2
	前年同月比（%）	3.2	3.5	3.2	3.3	3.3	3.2	3.0	3.3	2.8	2.6	2.2	2.8	2.7
生鮮食品を除く総合	指数	104.1	104.8	104.8	105.0	105.4	105.7	105.7	106.4	106.4	106.4	106.4	106.5	106.8
	前年同月比（%）	3.1	3.4	3.2	3.3	3.1	3.1	2.8	2.9	2.5	2.3	2.0	2.8	2.6
生鮮食品及びエネルギーを除く総合	指数	103.2	104.0	104.3	104.4	104.9	105.2	105.4	105.8	105.9	105.9	105.8	105.9	106.2
	前年同月比（%）	3.8	4.1	4.3	4.2	4.3	4.3	4.2	4.0	3.8	3.7	3.5	3.2	2.9

では賃上げが実施されましたが、中小企業がそれに追随するにはまだ時間がかかり、国民全体での所得上昇という状況はもう少し先です。

過去の金融政策の変遷を43ページ（図1−13）に記載しています。それらを見れば、将来日銀が**無担保コールレート・オーバーナイト物の誘導値を上げるといっても、0・2%、0・25%といった範囲で上昇させると考えるのが妥当であり、上昇幅が2%というのは現実的ではありません。**仮に変動金利が2%も上昇するならば物価上昇率は2%では済まないと考えるのが妥当でしょう。物価（指数）と金利は異なるものですので、「2%上昇」といっても同一で考えるべきものではありません。

このような変動金利や日銀の金融政策に対する理解不足は今までも非常に多くのところで目にしてきましたが、その状況は未だ改善の兆しが見えません。

本書では日銀や日銀法について4時間目でくわしく解説していますので、そちらを読んでいただければ不安の解消につながるでしょう。

3 2024（令和6）年3月の金融政策の変更

2024（令和6）年3月に、日本銀行の金融政策が変更されました。いわゆる「**マイナス金利政策**」が解除され、住宅ローンに関連する記事などが多く見られました。日銀の金融政策と住宅ローン金利については密接な関係があり、**159ページ**から解説をしています。

ここでは、日本銀行の金融政策の変遷から、2024（令和6）年3月の「マイナス金利解除」が住宅ローンにどう影響するのか、考えます。

(i)日本銀行(日銀)の金融政策の変遷

日銀は金融政策を通じて、国民経済の健全な発展を支えています。1990年代初頭、バブル崩壊以降の金融政策は、**公定歩合**を引き下げることで、金融の緩和を実施していました。

1994（平成6）年の金利自由化により、1995（平成7）年からは、短期市場金利を誘導するオペレーション（**公開市場操作**）により金融市場調節を行うようになりました。1998（平成10）年以降の金融市場調節方針では、**無担保コールレート・オーバーナイト物**を**政策金利**とし、「無担保コールレート・オーバーナイト物を〇%前後で推移するよう促す」などと、具体的な誘導目標を定めるようになりました。1999（平成11）年から2000（平成12）年にかけて「**ゼロ金利政策**」が実施され、金融市場調節方針は「**無担保コールレート・オーバーナイト物**をで

図1-13 日銀の金融政策と変動金利（店頭金利）

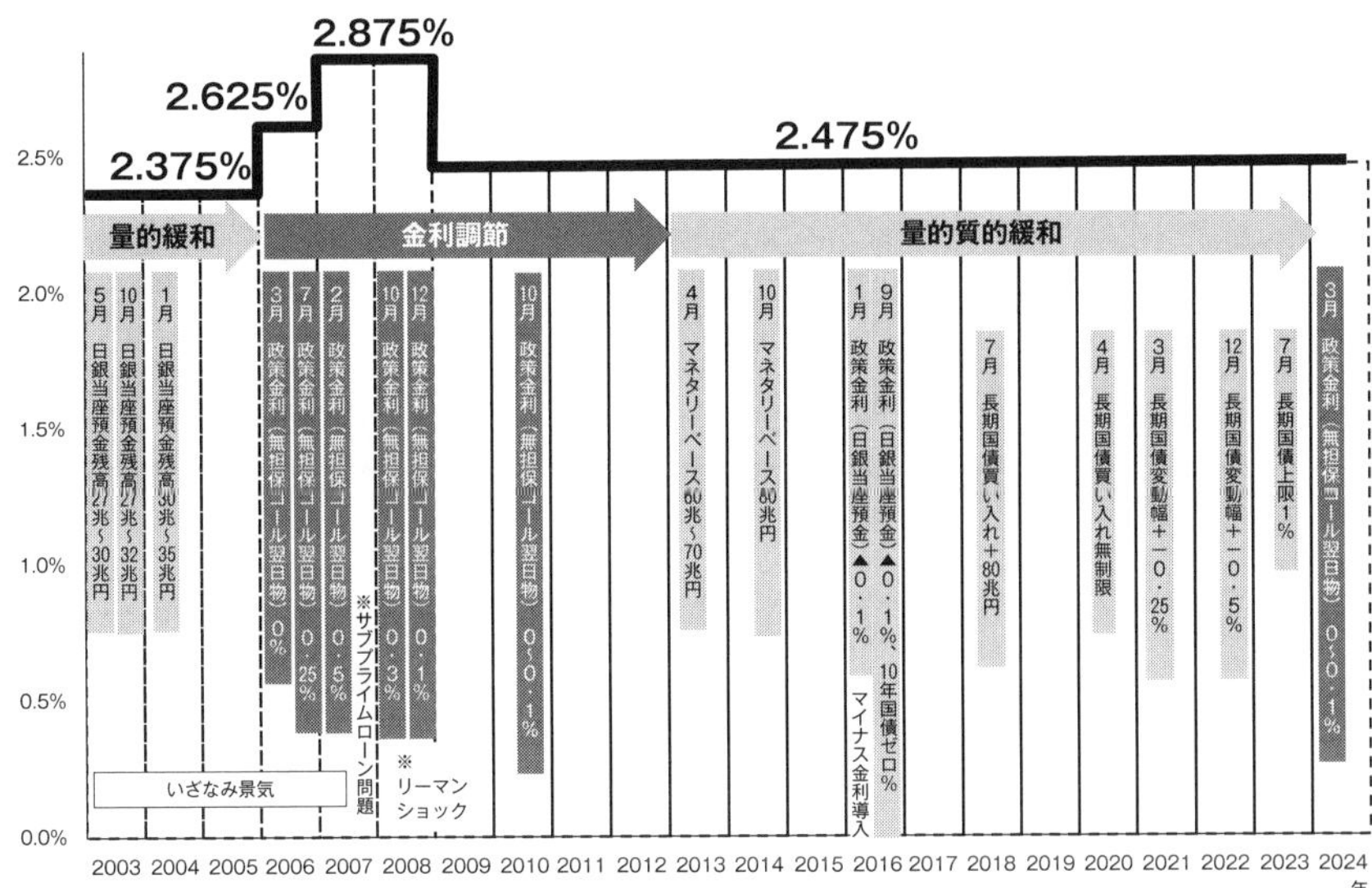

出典：日本銀行

きるだけ低めに推移するよう促す」などとされました。その後、2001（平成13）年から金融市場調節は、無担保コールレートから日本銀行当座預金残高へ操作目標が変更され、いわゆる「**量的緩和政策**」へ移行しました。金融市場調節方針は、「日本銀行当座預金残高が○○兆円程度となるよう金融市場調節を行う」と定められました。

2006（平成18）年に量的緩和政策が解除されると、金融市場調節の操作目標は再び無担保コールレート・オーバーナイト物となり、「無担保コールレート・オーバーナイト物を、概ねゼロ%で推移するよう促す」（3月）、「無担保コールレート・オーバーナイト物を、0・25%程度で推移するよう促す」（7月）という金融政策を採用し、いわゆる利上げ局面に入りました。2007（平成19）年2月には、**無担保コールレート・オーバーナイト物**の誘導値を0・5%に引き上げましたが、その後、アメリカではサブプライムローン問題が発生し、世界的に金融経済は混乱し始めました。

翌２００８年（平成20）年９月、いわゆる「**リーマンショック**」が発生し、金融危機が世界に広がりました。日本では日経平均株価が同年９月12日（金曜日）の終値１万２２１４円から、10月28日には一時的に６９９４・９円まで下落しました。その状況に対処するため、日銀は金融政策として、無担保コールレート・オーバーナイト物の誘導目標を０．３％前後（10月）、０・１％前後（12月）と、短期間で０・４％の利下げを実施しました。景気回復は見込めず、２０１０（平成22）年には「無担保コールレート・オーバーナイト物の誘導目標を０〜０・１％と低金利政策を強化しました。

２０１３（平成25）年、日銀の総裁に黒田東彦氏が就任し、金融政策は「無担保コールレート・オーバーナイト物の金利操作」から「**量的・質的金融緩和**」へ移行し、２０１６年（平成28）年１月には「日銀当座預金の一部に▲０・１％の**マイナス金利**を適用」という「マイナス金利付き**量的・質的金融緩和政策**」を採用しました。同年９月には「10年物国債金利が概ね現状程度（ゼロ％程度）で推移するよう、長期国債の買入れを行う」と長期金利の操作目標も付加し、「**長短金利操作（イールドカーブコントロール）付き量的・質的金融緩和**」を採用することとなりました。その後、２０２１（令和３）年３月には長期国債利回りの変動幅を±０・25％、２０２２（令和４）年12月±０・５％、２０２３（令和５）年７月に長期国債利回りの上限を１％と、柔軟化に取り組みました。

そして、２０２４（令和６）年３月の**金融政策**

決定会合で金融政策の枠組みを見直し、政策金利を再び**無担保コールレート・オーバーナイト物**としたうえで、金融市場調節方針において、誘導目標を「0～0・1％」と定めました。これは、2010（平成22）年の金融政策と同じ水準です。

(ii)金融政策と変動金利

図1－13は、日銀の金融政策の変遷に、変動金利の**店頭金利**推移を加えています。過去の変動金利は、無担保コールレート・オーバーナイト物の誘導値を変化させた2006（平成18）年から2009（平成21）年の金融政策に連動している点が見て取れます。無担保コールレート・オーバーナイト物が0・25％上がると変動金利も0・25％上がり、0・2％下がると0・2％下がっています。金融政策における無担保コールレート・オーバーナイト物の誘導値が変動金利に大きな影響を与えてきたということが理解できます。

2024（令和6）年3月にいわゆる「**マイナス金利政策**」が解除された後、「いよいよ利上げ！」「金利ある世界」などと大きな話題となり、変動金利で借入れしている方たちは不安な思いを抱いたでしょう。しかし、まず確認しないといけないのは、2013（平成25）年4月以降、日銀の金融政策は「金利調節」ではなくなったという点です。2016（平成28）年1月から政策金利は「無担保コールレート・オーバーナイト物」から「日銀当座預金」へ変わっています。マイナス金利政策では何をマイナスにしていたのかというと、無担保コールレート・オーバーナイト物の誘導値ではなく、日銀当座預金の金利です。そして、2024（令和6）年3月に、再度、政策金利を**無担保コールレート・オーバーナイト物**へ変更しました。金融政策を考えるにあたっては、

「**マイナス金利**は何がマイナスなのか」「**ゼロ金利**は何がゼロなのか」を理解しておくことが大切かと思います。

2024（令和6）年4月現在、無担保コールレート・オーバーナイト物の誘導値は前述のとおり、2010（平成22）年と同等です。当時、「金利ある世界」と話題になったでしょうか。当時も「空前の低金利」といわれていた時代です。「利上げ」とは、日銀当座預金のマイナス金利の解除による「利上げ」であり、無担保コールレート・オーバーナイト物の誘導値の「利上げ」ではありません。**金融政策決定会合**以降、変動金利上昇につながると思われる動きをしたのは、無担保コールレート・オーバーナイト物に連動させず、独自の金利を設定する**ネット系の金融機関**であり（**255ページ**）、従来からある金融機関のほとんどが変動金利の**店頭金利**を変えていないのは、過去の金融政策から鑑みれば当然のことといえます。

メディアは注目を集めようと金利上昇を煽りますが、日銀当座預金のマイナス金利が解除された程度で「利上げ」というのは大袈裟です。なにより、**政策金利**が日銀当座預金から無担保コールレート・オーバーナイト物に代わったという点について、的確な報道を目にすることがありませんでした。

日銀は**金融緩和政策**の継続を明言しています。確かに未来は不確定ですから、変動金利が上がらない保証はありませんが、多少金利が上がった程度ではまだまだ低金利といえる水準です。将来無担保コールレート・オーバーナイト物の誘導値を変えるといっても、過去の金融政策から考えれば、0・2％、0・25％の範囲で動かしていくと考えるのが妥当でしょう。SNSでは「変動金利の利上げで破綻者続出」というコメントも拝見しましたが、金融機関は破綻者が続出するような金利上昇を望んでおらず、そのような事態を避けるというのが常識的な考えでしょう。まずはこれら金融経済のセオリーを理解した上で、住宅ローンのプランを考えていただければと思います。

コラム①：住信SBIネット銀行の短期プライムレート（変動金利）改定について

2024（令和6）年3月に日銀の金融政策が「無担保コールレート・オーバーナイト物を0～0・1％程度とする」と変更されました。本文で詳しく解説していますが、無担保コールレート・オーバーナイト物は短期金融市場の指標とされており、住宅ローンの変動金利に影響を及ぼします。日銀の金融政策の変更後、住信SBIネット銀行が短期プライムレートの引き上げを発表したことが話題になりました。プレジデントオンラインから2024（令和6）年5月24日に配信された「ついに変動金利も上がりはじめた…「住宅ローンの繰上げ返済と新NISA」どちらを優先すべきかの最終結論（ファイナンシャルプランナー松岡賢治氏）」という記事に以下の記載がありました。

「この中での注目は、何といっても住信SBIネット銀行だろう。他の多くの銀行と同じように、基準金利を短期プライムレートに連動させており、短期プライムレート自体を引き上げているからだ。日銀はマイナス金利解除によって短期金利を0・1％引き上げたが、それと同率の0・1％引き上げている。

また、住信SBIは住宅ローン残高が6兆円を超えている。そのうち、変動金利は9割以上を占めるとみられ、0・1％といえども基準金利を引き上げると、すでに同行から借りているユーザーにとっては無視できない影響が及ぶ。変動金利の仕組み上、金利の見直しは年2回、4月1日と10月1日に行われる。10月までに短期プライムレートの引き下げがなければ、10月からの基準金利は0・1％上がり、2025年1月からの返済額に影響することになる。」

この点について整理をしたいと思います。まず、4月17日のプレスリリースで、短期プライムレートを5月1日より年1・675％から年1・775％に改定し、それに伴い住宅ローンの金利も改定すると発表しました。

そのリリースを読み進めると、「ローン金利について」という項の一番下に以下の記載があります。

（※）三井住友信託銀行株式会社との契約となる「ネット専用住宅ローン」は対象外となります。

（**96ページ**に続く）

2時間目

住宅ローンの商品概要

ここでは、住宅ローンのチラシのサンプルを用い、それぞれの項目について確認していきましょう。住宅ローンは、金融機関への申込み前に不動産会社から資金計画書が提示され、最初に返済額を目にします。そのため、商品概要などは後回しになりがちで、基本的な事柄を理解する機会に恵まれていません。住宅ローンに対する不安のいくつかは商品内容の理解不足にあり、それが原因で漠然とした不安を抱えている方もいます。安心して返済するためには、金利比較だけでなく基本的事項の理解が大切です。

チラシのサンプルは次ページ以降に掲載していますが、細かい文字がたくさん並んでいるので、読みたくなるものではないでしょう。そもそものような資料の目的は「金融機関として告知しておくべき内容を記載すること」であり、「借主に内容を理解してもらうためのもの」ではありません。専門用語の含まれた文章ばかりが並んでいて難解ですので、それぞれの項目について、本文では図を用いて補足をします。

図2-1 住宅ローンチラシの例

いけがみ銀行 住宅ローンのご案内

固定期間選択型当初適用金利

3年固定	年0.7%［店頭金利 年2.9%］
5年固定	年0.8%［店頭金利 年3.3%］
10年固定	年0.9%［店頭金利 年3.7%］

当初金利固定期間終了後も
その時点の店頭金利から
年1.8%引き下げ

変動金利型当初適用金利

年0.4%
［店頭金利 年2.475%］

借入期間中、店頭金利から
年2.075%引き下げ

全期間固定金利型適用金利

年1.8%

◎令和6年4月現在
◎ご融資利率は融資実行時の金利を適用します

商品名	いけがみ住宅ローン
資金使途	・ご本人がお住まいになる土地、住宅の建築・購入・増改築資金及び諸費用 ・住宅ローンの借り換え資金・借り換えに伴う諸費用
ご利用可能な方	・借入時年齢が満20歳以上満70歳以下で、完済時年齢が80歳未満の方 ・保証会社（いけがみローン保証㈱）の保証を受けられる方 ・団体信用生命保険にご加入が認められる方（保険料は当行負担） ・同一勤務先に満1年以上ご勤務されている方 ・日本国籍、または永住許可等を受けている外国人の方
融資期間	1年以上35年以内（1ヵ月単位） ※借り換えの場合は現在お支払い中の住宅ローンの残存期間内
融資金額	100万円以上1億円以内（10万円単位） ※前年度の税込年収により以下の返済比率を定め、 当行規定により融資金額を決定します。 150万円～250万円未満 ⇒ 25% 250万円～400万円未満 ⇒ 30% 400万円以上 ⇒ 35% （他の借入がある場合はその返済も含みます）

金利種類	以下のいずれかからお選びいただけます。 **≪固定期間選択型(3年・5年・10年)≫** ※固定金利特約期間中は返済額の変更はありません。 ※固定金利特約期間終了時には、再度いずれかの固定金利特約が選択可能です(その時点での金利が適用されます)。固定金利再選択のお申し出がない場合は自動的に変動金利型へ移行します。 **≪変動金利型≫** ※借入時の適用利率は、3月1日・9月1日現在の当行の短期プライムレート連動長期基準金利を基準に、各々4月1日・10月1日に変更いたします。 ※借入後の適用利率は、4月1日・10月1日現在の当行の短期プライムレート連動長期基準金利を基準に年2回変更し、各々6月・12月の約定返済日の翌日より適用利率を変更します。 ※元利均等返済の場合、返済額は5年ごとに見直され、次の5年間の返済額を定めます(利率に変動があった場合も、見直しするまでは返済額は一定です)。ただし、利率が上昇し返済額が増額となった場合でも、それまでの返済額の125%を超えることはありません。 ※変動金利型を選択している期間は、所定の手続きにより固定期間選択型へ変更可能です。(固定金利特約設定手数料11,000円) ※金利情勢等により、当初の借入期間が満了しても未返済残高及び未返済利息が生じる場合があり、原則として期日に一括返済となりますが、一括返済が困難な場合には期日までにお申し出ください。 ※元金均等返済のご返済額、利息額は利率変動の都度変更いたします。 **≪全期間固定型≫** ※借入期間中、金利は一定です。他金利タイプへの変更はできません。
返済方法	元利均等返済または元金均等返済 (融資金額の50%以下の範囲でボーナス併用も可能です)
保証人	・保証会社の保証をご利用いただきますので原則として保証人は不要です。 (保証会社事務手数料33,000円) ・保証料は以下の2種類のいずれかをお選びいただけます。 Ⅰ:外枠方式(借入時に一括でお支払いいただきます) 【保証料例:借入金額1,000万円あたり】 融資期間 / 10年 / 15年 / 20年 / 30年 / 35年 保証料 / 85,440円 / 119,820円 / 148,340円 / 191,370円 / 206,110円 Ⅱ:内枠方式(毎月の金利に上乗せをしてお支払いいただきます) 【保証料例】 +0.2%
担保	・ご購入または借り換え対象の土地・建物に保証会社を第一抵当権者とする抵当権を設定していただきます。 ・建物には火災保険にご加入いただきます。
団体信用生命保険	当行指定の団体信用生命保険にご加入いただきます。 (保険料は当行が負担します)
お申し込み方法	当行窓口にて受付いたします。 なお、お申し込みに必要な書類については、窓口にてお問い合わせください。

no.1 金利適用時期について

まず確認して欲しいのは、「皆さんが実際に使う金利はいつ決まるのか？」ということです。チラシの大きく金利が書いてある部分の下に「**ご融資利率は融資実行時の金利を適用します**」と記載されています。

一般的には申込み時ではなく、**融資が実行されるときの金利を適用**します（**図2－2**）。ですから、金融機関の比較検討に時間をかけて申し込んでも、A銀行とB銀行の優劣が実行時には逆転することもあり得ます。また、申込み時は1・0％ですが、実行時には0・9％で融資を受けることも、その逆の可能性もあります。

なお、一部金融機関では、「申込み時」か「融資実行時」かどちらか低いほうの金利を適用してくれる場合があります（申込みから融資実行まで半年以内といった制限あり）。この場合は、申込み時の金利を上限として、具体的な返済の見通しが立てやすくなります。

金利は毎月見直す金融機関が多く、当月の金利

図2-2 金利の適用時期

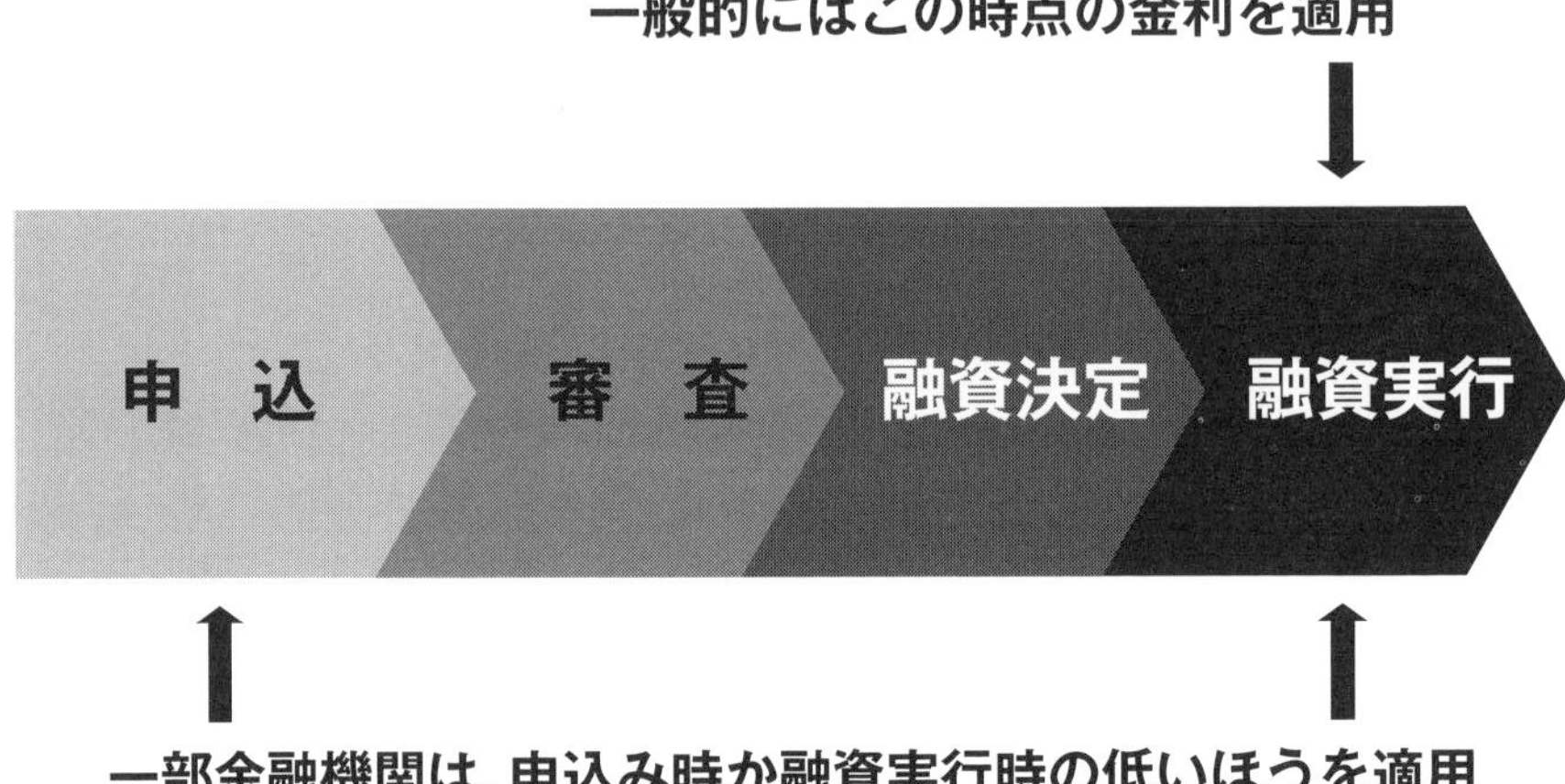

は、前月下旬と前々月下旬の金利を考慮して決めます。他にも3ヶ月ごとに見直す金融機関があります。新しい金利は1日から切り替わる金融機関が多く、一部10日や15日に見直す金融機関もあります。

資金使途

no.2

次に**資金使途**を確認します。「**借主本人が住むための住宅に対する融資**」ということが、記載されています。同じ不動産の取得といっても、賃貸住宅の建築やマンション投資、別荘の購入などには、住宅ローンは利用できません。

住宅ローンでは一般的には購入物件の延床面積が25㎡以上（マンションの場合）といった制限を設けています。理由としては、狭小物件は本人居住用ではなく投資目的や賃貸目的として所有することが想定されるからです。そのため、ワンルームや1Kは不可、1DK以上といった間取りに制限を設ける場合もあります。しかし、制限があっても本人が確実に居住するという念書を提出することで、承認を得ることもできます。

自宅で商店などを経営している方が建築する「**店舗併用住宅**」や一部人に貸す部分を作る「**賃貸併用住宅**」の場合、建築する建物の**自宅部分が50%以上あれば、全額を住宅ローン**でまかなうことができます。

また、**諸費用も借入れすることが可能**です。以前は諸費用ローンといって住宅ローンを別枠で借入れする形態が多かったのですが、近年では住宅ローンで一本化できる金融機関が増えてきました。住宅ローンとは別に諸費用ローンを利用する場合、物件価格の10％以内といった限度額が設定され、金利が住宅ローンより高くなることもあります。また、**諸費用ローン**の手続は住宅ローンとは別に行うため、手続に関する費用（事務手数料）がかさむことになるので注意をしてください。

諸費用として考慮されるものは金融機関によって異なりますが、**図2‐3**にまとめましたのでそちらをご参照ください。住宅ローンを別の金融機関に引き継ぐ「**借り換え**」の際は、新たな銀行で再度住宅ローンを申し込むことになるので、事務手数料・印紙代・登録免許税・登記費用といった諸費用が必要となりますが、それらの費用を借り入れて（借り換え残高に上乗せして）毎月の返済額に含めば、手元のお金は残しておいて返済額を下げることができます。この方法であれば借り換えメリットをすぐに実感することができるでしょう。

最近では、住宅ローンの申込時に返済しているマイカーローンや教育ローンといった小口のローンの残債を住宅ローンに上乗せして借り入れる「おまとめ」の取り扱いができる金融機関もあります。住宅ローンに上乗せすることで、金利が下がる、返済期間が伸ばせるといった利点があるので、毎月の資金繰りが向上することが望めます（**図2‐4**）。

図2-3 諸費用として借入れできる費用の例

・保証料
・事務手数料
・登録免許税
・登記費用（司法書士手数料）
・火災保険保険料
・引っ越し費用
・家具・家電購入資金
・借り換え時に実施する増改築資金
※引っ越し費用や家具・家電の場合は見積もりといった明細を提出

図2-4 おまとめローン

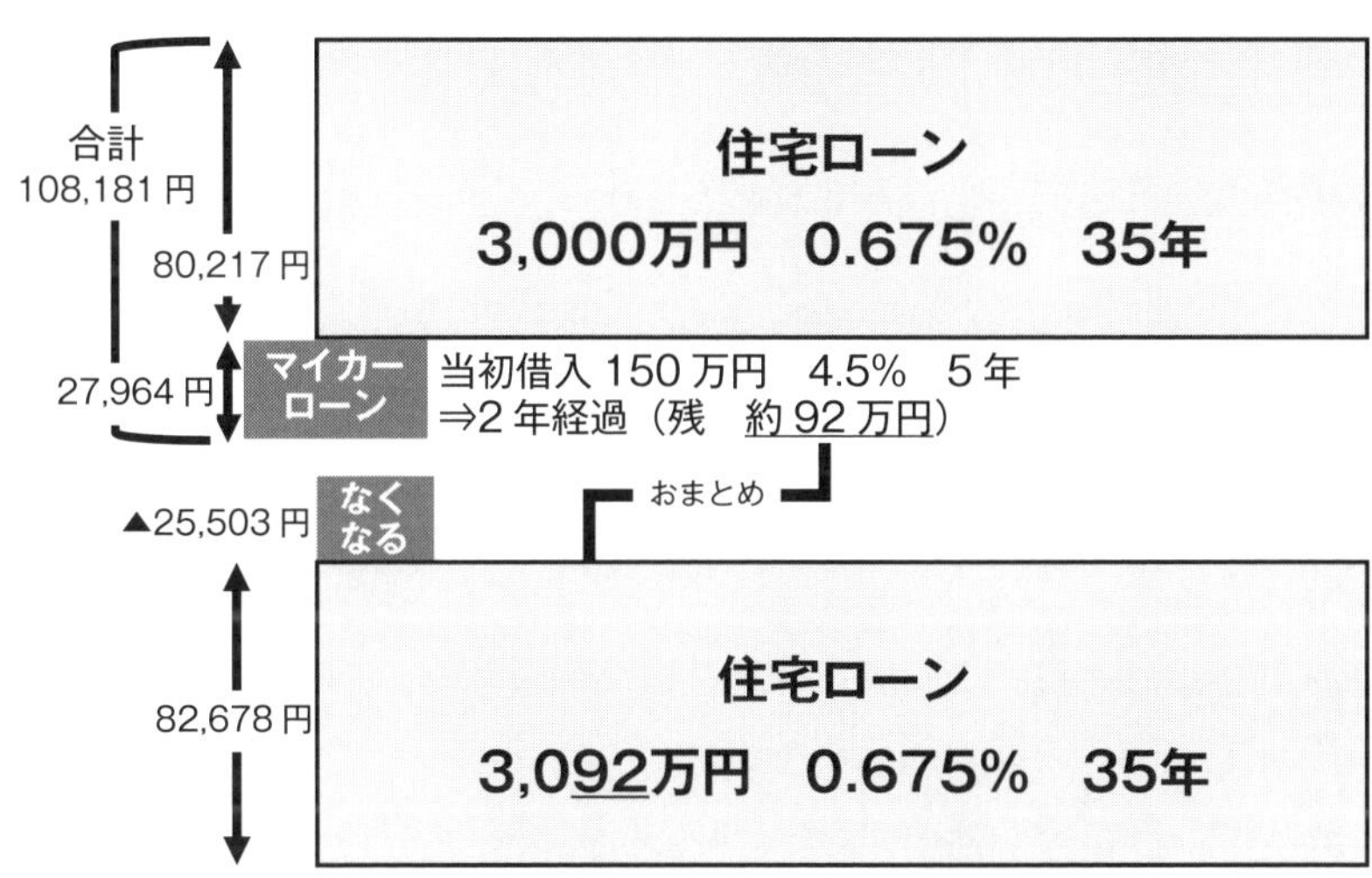

直近の資金繰り向上が見込める

no.3 申込み年齢と返済年数

1 申込み年齢

住宅ローンの申込み可能年齢は金融機関によって異なりますが、**融資実行年齢が20歳から70歳までの方**という金融機関が多いようです（18歳以上の金融機関もあり）。

その下、**保証会社**の保証を受けられる方、**団体信用生命保険**に加入が認められる方という記載があります。保証会社については**76ページ**、団体信用生命保険については**88ページ**で解説します。

2 返済年数

そして融資期間とあります。要は「返済年数」のことですが、一般的に**35年が最長**となっています。**図2－5**下の⇔では、35年返済ができる年齢は何歳までということを示しています。「ご利用可能な方」のところに「**完済時年齢が80歳未満**」とありますから、79歳中に返済を終える必要があ

図2-5 申込み年齢と返済年齢

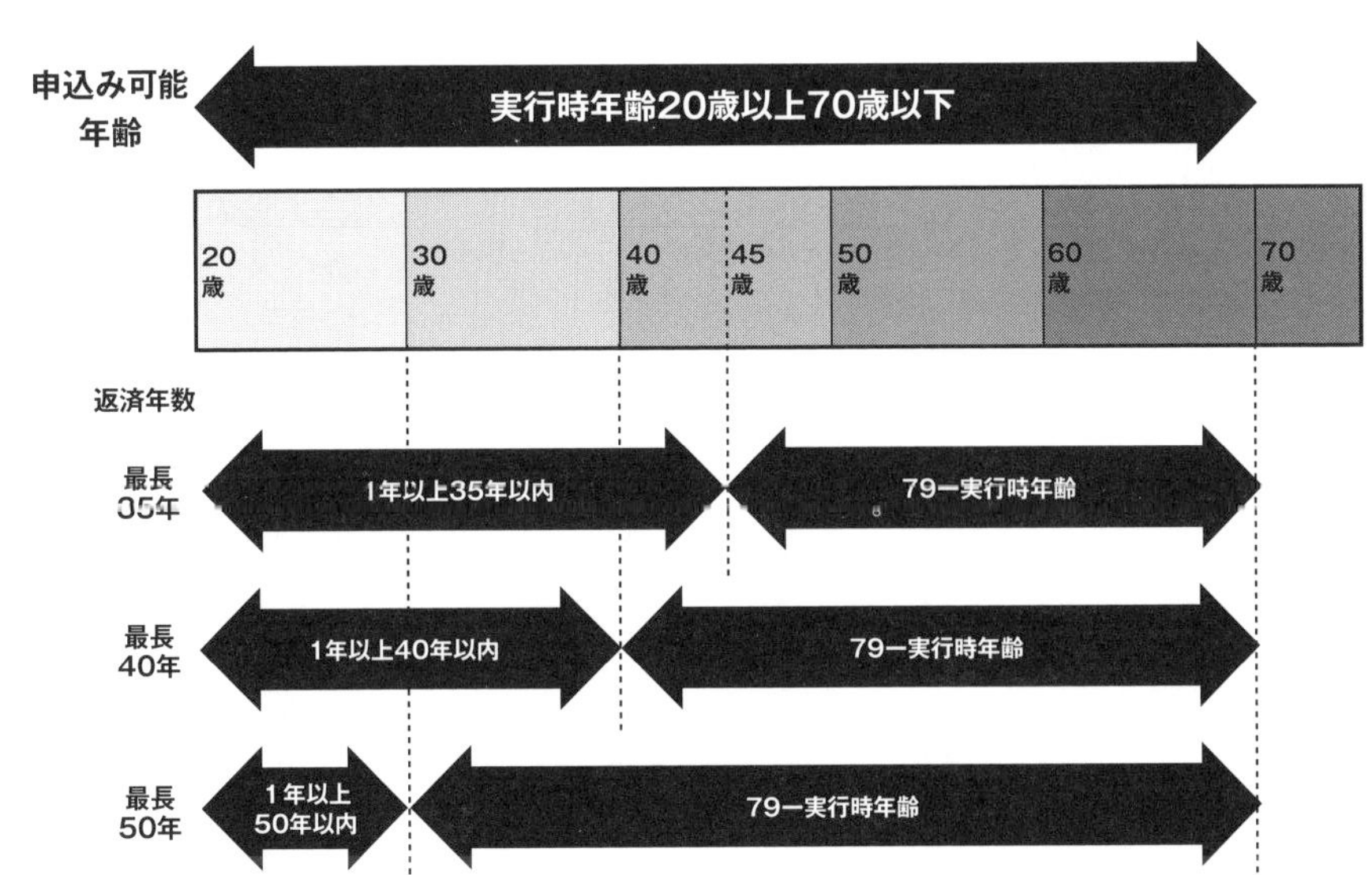

ります。融資実行の年齢が79から35を引いた**44歳までの方であれば35年返済が可能**です。簡単に考えると、**44歳までは最長35年、それ以降は79から自分の年齢を引いた年数が最長の返済年数**です。融資実行時50歳であれば29年、57歳であれば22年が最長の返済年数です。「35年返済ができるのは44歳まで」。覚えておいてください。

近年では最長の返済年数が40年、50年という取扱いもあります。その場合でも、最終償還年齢（完済時年齢）80歳未満で変わらないので、20代、30代の方が長期間の返済が可能となります。

なお、**借り換え**の場合は、原則として**現在支払い中の住宅ローンの残りの返済年数以内**で申し込みます。当初35年返済で申し込み、3年経過時点で借り換えた場合は、借り換え時の年齢が44歳以下であっても32年以内で申し込むことになります（ごく一部の金融機関では再度35年が可能です）。

no.4 勤務形態と勤続年数など

勤続形態というのは、「**正社員**」「**派遣社員**」「**自営業者**」といったことを指します。住宅ローンは一般的には「**正社員**」「**自営業者**」「**会社経営者**」が申込み可能です。しかし、派遣社員の方でも、最近では申込み可能な金融機関ができてきました（詳細は3時間目）。そして、**勤務年数**という項目の意味ですが、これは収入の安定性を考慮するためにあります。サンプルでは2年以上となっており、転職直後は民間金融機関では融資が受けにくい傾向があるとご理解ください。

親会社から関連会社へ**出向・転籍**した場合、関連会社での勤務年数ではなく、親会社入社時からの通算の勤務年数を採用するのが一般的です。

最近では、**外国籍**の方の住宅ローン申込みも徐々に増えてきていますが、住宅ローンは「日本に住むための住宅に対する融資」ですから、外国籍の方は日本国籍の取得、**永住許可**を受けているということの証明が必要です。

なお、実際の申込みではこの項目が非常に重要ですので、3時間目でくわしく解説します。

融資金額

no.5

「**わが家は住宅ローンでいくらまで借りられるのか？**」ということも心配事の一つです。なにより大切なのは上限ですが、上限については「住宅ローンの年間の返済額が税込年収の何%か？」という「**返済比率**」が定められています。金融機関によって若干の差があるものの一般的には年収ごとに**図2－6**のようになっています。

たとえば税込年収600万円の場合、返済比率は35%ですから年間返済額は600万円×35%＝210万円（月額17万5000円）が上限です。

そして、その返済額を**59ページ**で算出した**最長の返済年数分**返済すると仮定します。44歳以下の方であれば35年です。そして、住宅ローンの審査の際には、皆さんが**実際に借入れする金利よりも高めの金利（審査金利）**で融資上限を算出します。近年であれば実際の金利は1%や2%で借入れができますが、**審査においては4%前後の金利を適用します**（**106ページ**）。「金利を4%として35年間毎年210万円支払う場合、借入元金はいく

図2-6 返済比率の例

前年度税込年収	150万円〜 250万円未満	250万円〜 400万円未満	400万円以上
返済比率	25%	30%	35%

らか？・」を計算すると、答えは３９５０万円。つまり、年収６００万円の場合、借入上限の目安は３９５０万円程度です（**図２−７**）。

では、現在マイカーローンを月２万円（年24万円）支払っている方が住宅ローンを申し込んだ場合は、どうなるでしょうか。住宅ローン審査においては**返済比率**から算出した年間返済可能額２１０万円からマイカーローン分24万円を差し引いた１８６万円（月15万５０００円）を住宅ローンの返済可能額とします。これを基準に計算すると借入上限の目安は３５００万円程度となります。他の借入れについては、借入残高や残りの返済回数ではなく、**年間の返済額を考慮**します（**図２−８**）。

56ページ記載の「**おまとめローン**」の場合は、住宅ローンの申込額にその他ローンの借入残高を上乗せして年間返済額を算出し、返済比率に収まっているか否かを判定します。

皆さんが計算するときはこういう計算は面倒なので、35年返済が可能な年齢かつ他の借入れがない方は、税込年収に６から６・５を掛けてみてください。６００万円に６・５を掛けると３９００万円ですから、返済比率から計算した額に近くな

図2-7 借入上限の算出（年収600万円・返済比率35%・実行時年齢44歳以下の場合）

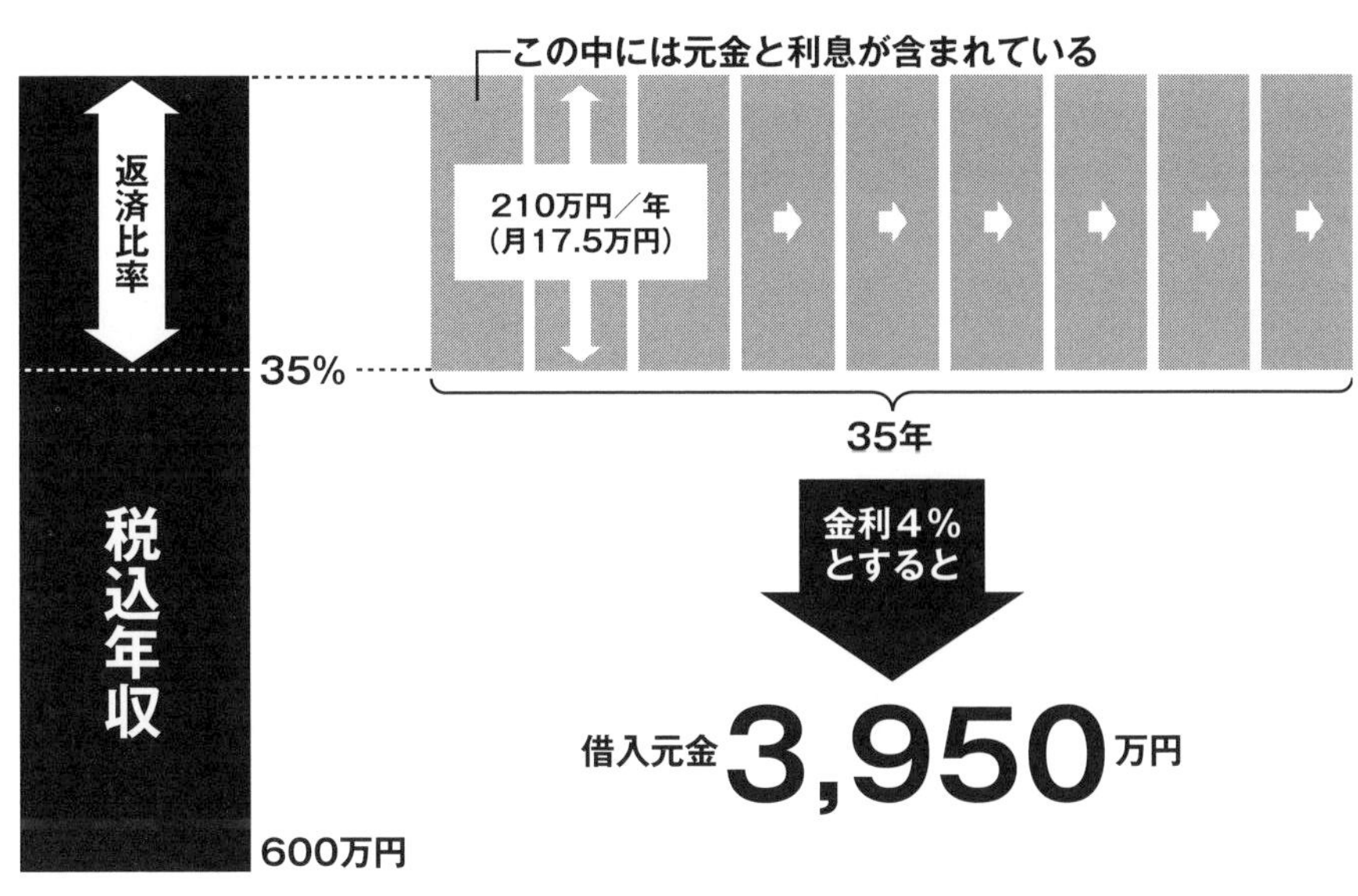

ります。年収400万円未満の方は6を掛けてみてください。年収400万円であれば2400万円程度が上限の目安です。

最近では低金利が長期化したため、**返済比率**は増加傾向にあります。税込年収400万円以上であれば返済比率は40%程度となり、借入金額が年収の7〜7・5倍というケースもあります。

なお、**審査金利**は現在の経済環境を基に決められています。今後金利が上昇したとすると、審査金利も上昇する可能性があります。返済比率は変わりませんので、単純計算では同じ年収では借入可能額が減ります（**図2−9**）。

図2-8 融資可能額の判定方法

・今回申込みの住宅ローン以外の借入れがない場合

$$\frac{\text{住宅ローン年間返済額}}{\text{税込み年収}} \times 100 \leqq \text{返済比率}$$

・今回申込みの住宅ローン以外の借入れがある場合

$$\frac{\text{他借入れの年間返済額＋住宅ローン年間返済額}}{\text{税込み年収}} \times 100 \leqq \text{返済比率}$$

・おまとめローンの場合

$$\frac{\text{住宅ローン申込額の他借入れの残高を加えた年間返済額}}{\text{税込み年収}} \times 100 \leqq \text{返済比率}$$

図2-9 審査金利上昇の影響（年収600万円／35年返済／返済比率35%）

審査金利	4%	4.5%	5%	5.5%
借入上限	3,950万円	3,700万円	3,470万円	3,260万円

no.6 金利タイプ

ここで大切な金利の種類について確認をしましょう。金利は大まかに分けると、一定期間金利を固定する「**固定期間選択型**」、借入れしたら金利の見直しが一切ない「**全期間固定金利型**」、半年後ごとに金利が見直される「**変動金利型**」の三つがあります。

1 固定期間選択型

まず、よく耳にする「3年固定」や「10年固定」といわれる固定期間選択型ですが、「固定」とついていますが、実態は「**変動金利型（後述）で借入れして、特約（固定金利特約）で一定期間の金利を固定している**」ということです。固定金利特約期間が終了すると、**特約が消滅し自動的に変動金利に移行**します。しかし、その時点でその金融機関で扱っている固定金利のどれかを選び、再度一定期間の金利を固定させることが可能です。その際は所定の書類の提出と「特約再設定手数料」が必要になります。なお、固定金利特約には「固定

図2-10 金利の種類

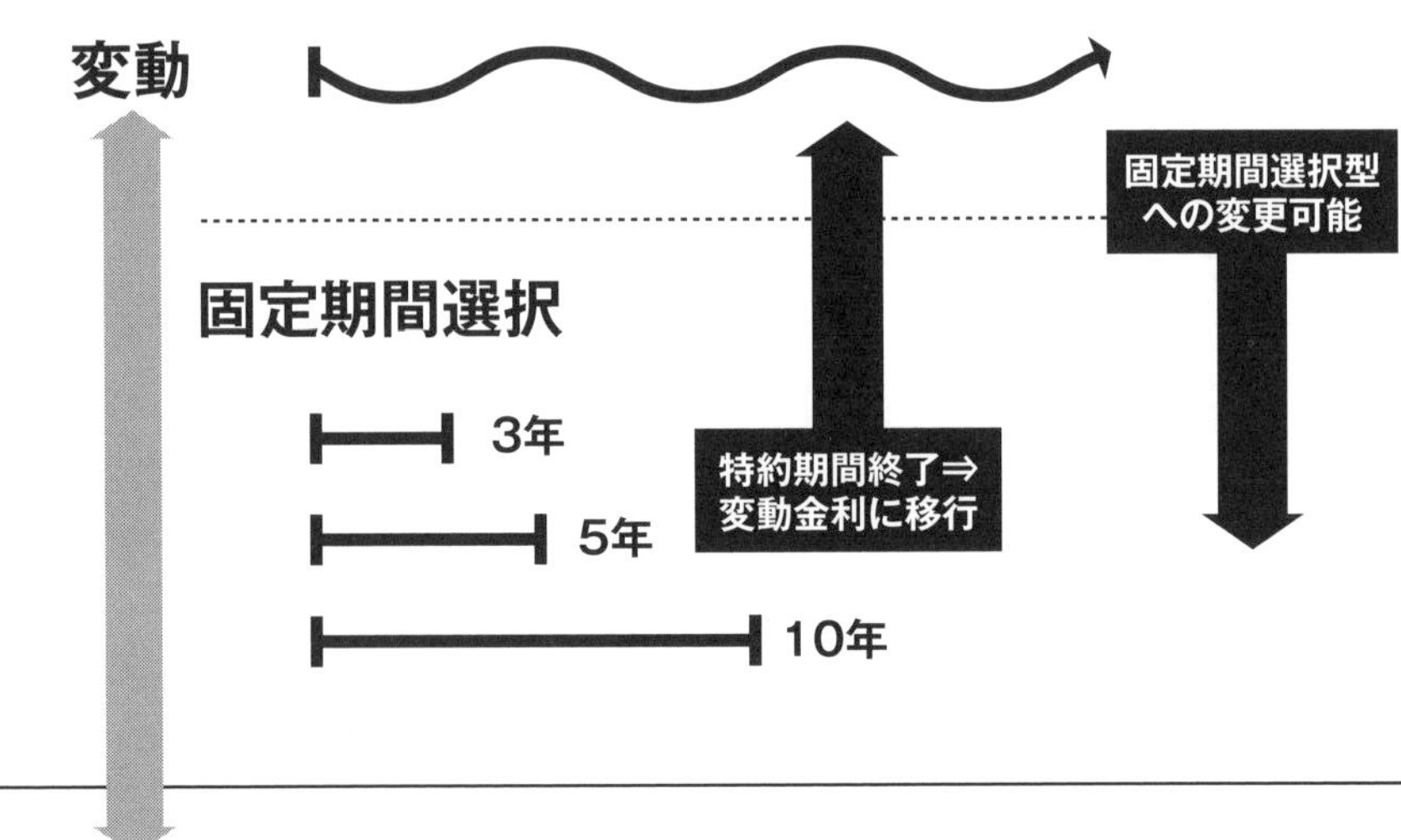

金利期間≦残返済年数」という規定があり、残りの返済年数を超えた固定金利期間は指定できません。残りの返済期間が4年という時期に金利見直しとなった場合は5年固定や10年固定は選択できず、3年固定もしくは変動金利の利用となります。固定金利特約の種類は2年、3年、5年、7年、10年、15年など金融機関によってさまざまです。

2 全期間固定型

全期間固定型は文字どおり、借入れ後は金利も返済額も変動しません。全期間固定型で借入れ後に金利を変更しようと思った場合、「金利固定期間＝返済期間」なので、同じ金融機関内では金利変更できません。必然的に違う金融機関に今の住宅ローンを引き継ぐ「借り換え（194ページ）」という選択肢だけになります。

3 変動金利型

(i)金利の変更時期

変動金利の**借り初めの金利**は、毎月見直しの金融機関と半年ごとの見直しの金融機関があります。半年ごとの見直しの場合、4月～9月に融資を実行する場合は3月1日、10月～翌年3月までの融資実行の場合は9月1日に金利が決まります。

変動金利で**借入れしている間の金利の見直し**ですが、チラシには「4月1日と10月1日の年2回行われ、それぞれ6月と12月の約定日の翌日から新利率を適用する」と記載されています。表現を変えると「**7月から12月までの返済の金利は4月1日に決まり、1月から6月までの返済の金利は前年の10月1日に決まる**」ということです。

図2-11 変動金利の金利見直し

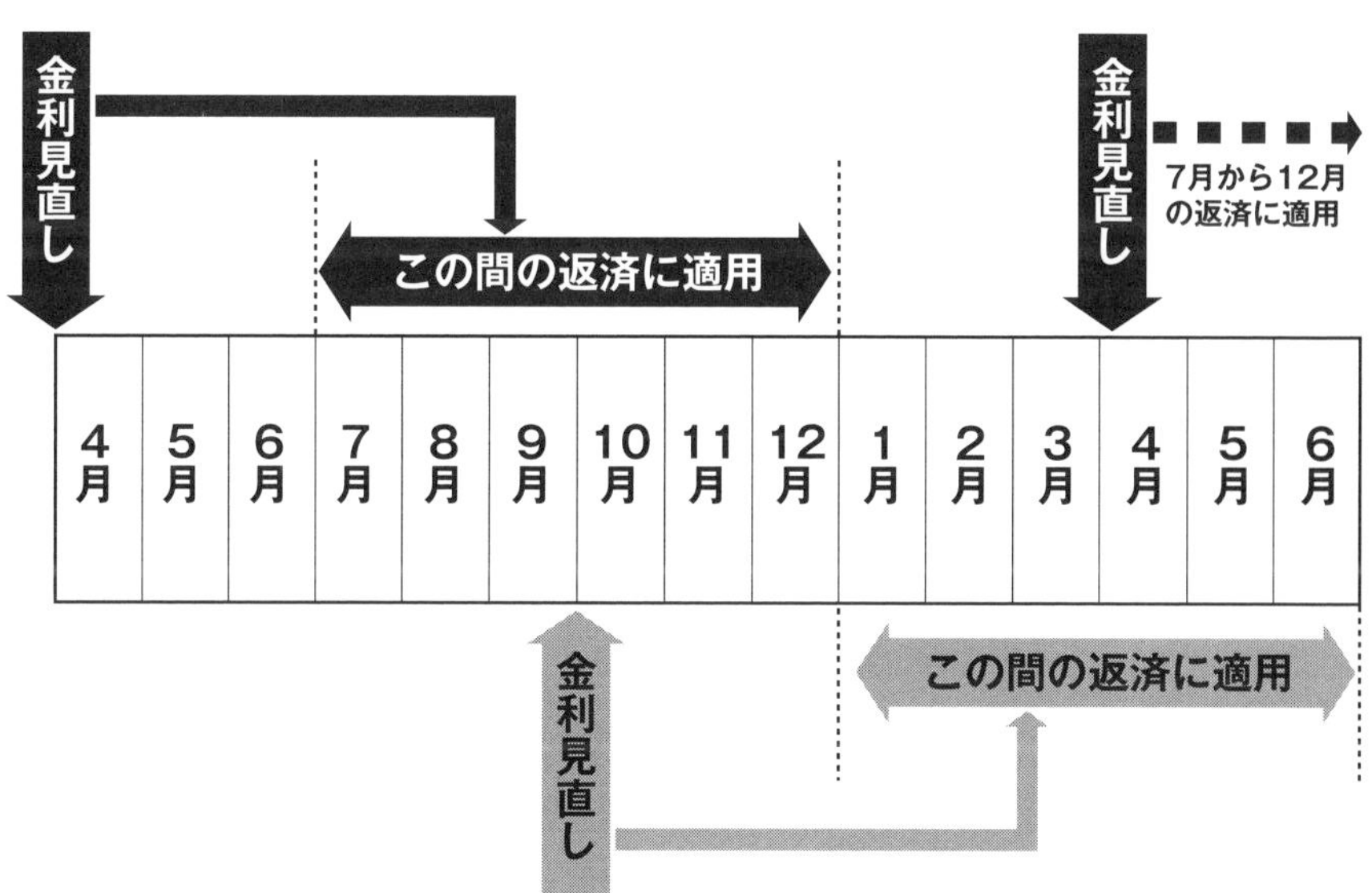

(ⅱ)返済額の変更時期・5年ルール

一般的な**変動金利**（**元利均等返済**）の場合、金利の見直しは半年ごとですが**返済額の見直しは5年ごと（5年ルール）**です。返済額を見直す**5年以内に金利を変更した場合は、毎月の返済に含まれる元金と利息の割合で調整**します。5年以内に金利が上がった場合は、当初の予定よりも利息の割合が増え、元金充当額が減ります。反対に5年以内に金利が下がった場合には、当初の予定よりも利息の割合が減り、元金充当額が増えるので、返済が進みます。

なお、**元金均等返済**を選んだ場合は5年ルールが適用されず、金利が見直されると返済額も適宜見直されます。これは「元金を均等に返済する」ということを最優先するためです（元利均等返済と元金均等返済は**74ページ**）。

(ⅲ)125%ルールと未払い利息

元利均等返済で変動金利を利用中に金利が上昇したとしましょう。5年ごとの返済額見直しの際、金利がどんなに上がったとしても**それまでの返済額の1・25倍までというしくみ（125%ルール）が一般的**です。たとえば変動金利で当初8万円の支払いであれば、6年目から10年目は金利が何%になろうと10万円が返済額の上限となります。金利が上昇しても返済額が上がらないため、利息額が返済額を上回る可能性もゼロではなく、その場合は「**未払い利息**」として計上されます。5年ルールや125%ルールによって返済額が抑えられた結果、元金と利息が最終返済日まで持ち越された場合は、最終返済日に一括返済をすることが原則となっています。なお、この未払い利息については**167ページ**で補足します。

図2-12 金利上昇の目安

借入れ当初に変動金利0.4%を選択し5年間は一定とする。6年目に金利が上がった場合に返済額はいくらになるのか。

・当初借入れ：4,000万円／35年返済／0.4%／月返済額102,076円

6年目の金利	0.9%（＋0.5%）	1.4%（＋1%）	1.9%（＋1.5%）	2.2%（＋1.8%）
6年目の返済額	109,777円	117,836円	126,248円	127,595円（125%ルール適用）
返済額上昇幅	＋108%	＋115%	＋124%	＋125%

(iv)金利タイプの変更

変動金利で借入れしている間は、申し出をして所定の手続をすれば**いつでも固定期間選択型に移行できます**（要固定金利特約設定費用）。ですから、固定期間選択型を選び当初の金利固定期間が終わったとしても、直後に固定期間選択型に移行せず、しばらく変動金利で様子を見るということも十分考えられます。

(v)ミックスローン

ミックスローンとは、一人の借主で2本以上の住宅ローンを契約することをいいます。ミックスローンという形態にすると、**異なる金利タイプでの借入れを組み合わせた返済が可能**となります。ミックスローンの扱いは、各金融機関によってことなります。一部を**図2−13**にまとめましたのでご確認ください。

図2-13 ミックスローン比較（2本契約の場合）

	A行	B行	C行
本申込書	1本	2本	1本
金消契約	2本	2本	1本
抵当権設定	1本	2本	1本
変動＋変動	可	可	不可
団信申込書	1部	2部	1部
返済途中の借入額割合変更	不可	不可	可
金消契約までの変更手続	不要	要	要
印鑑証明・住民票	各1通	各2通	各1通
その他	3本以上可	3本以上可	3本以上不可

金利引き下げ制度

no. 7

では、**金利引き下げ制度**について確認します。サンプル（**51ページ**）に3年固定0・7%、5年固定0・8%、10年固定0・9%と大きく書いてあり、その下に**店頭金利**という記載があります。借入れ当初は、金利の定価にあたる店頭金利から一定の引き下げをして実際の金利（**適用金利**）が0・8%や0・9%になるということです。そして、当初選択した**固定金利特約期間**が終了すると、返済終了まではその後選ぶ金利タイプの店頭金利から常に1・8%引き下げられます。

たとえば当初10年固定（0・9%）を選び、10年後も金利水準が今と全く同じだった場合、次に3年固定を選べば2・9%から1・8%を引いた1・1%の金利を適用しますし、前回同様10年固定を選べば3・7%から1・8%を引いた1・9%が適用されます。10年後、金利水準が上昇していて10年固定の店頭金利が4・2%になっていた場合は、4・2%から1・8%を引いた2・4%をその後10年間適用します。このように、借入れ当初の固定期間の引き下げ幅が大きい制度を

図2-14 金利引き下げ制度（当初期間引き下げの例）

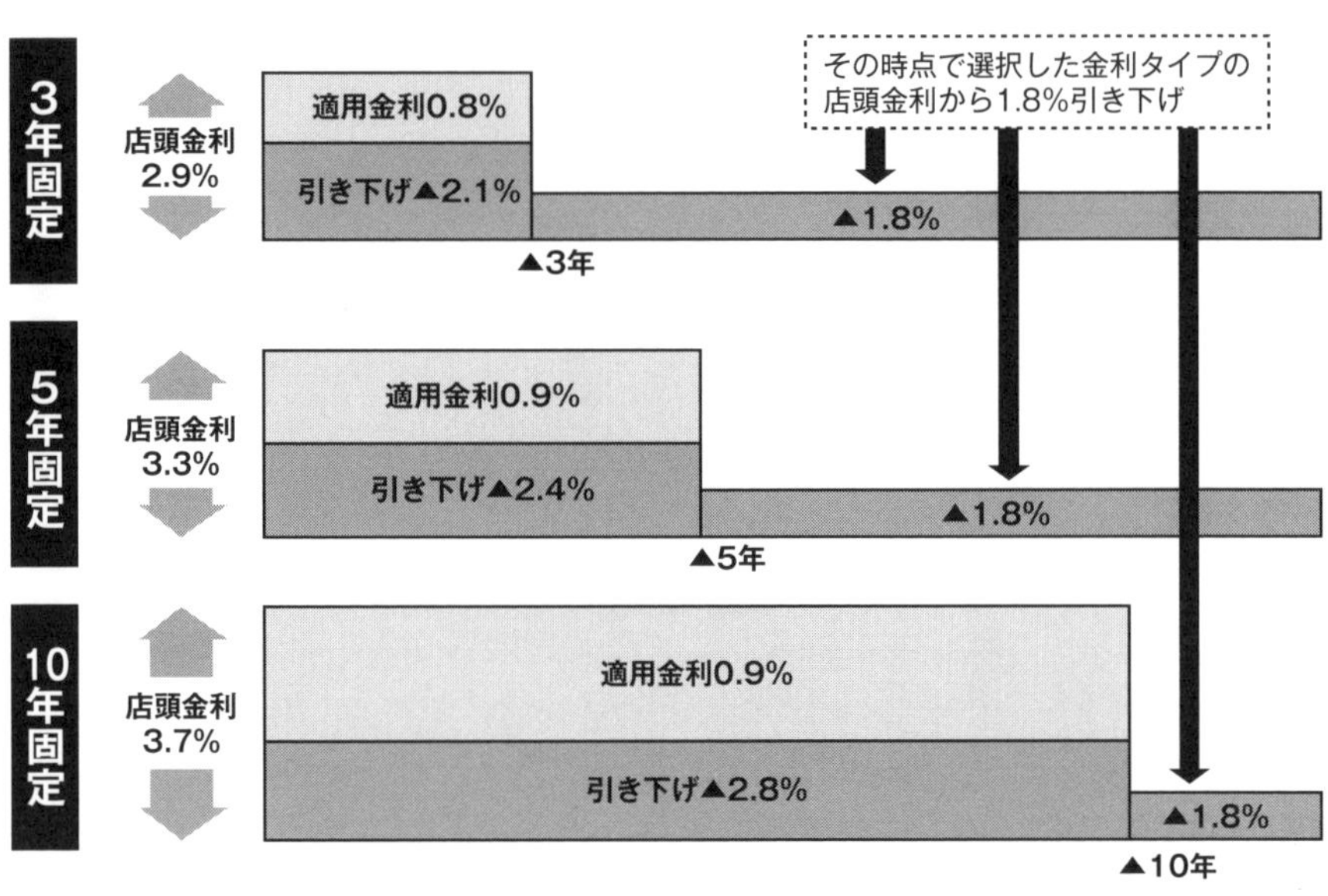

「**当初期間引き下げ（軽減）**」と呼びます。当初期間引き下げは、当初固定期間終了後に引き下げ幅が減る反面、残高の多い借入れ当初は大きく引き下げられ、低い金利で借りることができます。

この金利引き下げ制度にはもう1種類、引き下げ幅が常に一定の「**全期間引き下げ（軽減）**」があります。**変動金利型**住宅ローンで借り入れた場合は「当初固定金利特約期間」がありませんので、多くの場合「全期間引き下げ」が適用されています。「全期間引き下げ」の場合、「借入れ期間中常に店頭金利より2・075%引き下げ」といった具合です。

この金利引き下げ幅については、自己資金の割合や勤続年数によって引き下げ幅が異なる場合があります。**固定期間選択型**の場合、「当初期間引き下げ」と「**全期間引き下げ**」のどちらかを選ぶというのが一般的でした。従来は当初の低金利を活用するために「**当初期間引き下げ**」を選ぶケースが多数でしたが、固定期間選択型でも、全期間引き下げのみを採用する金融機関があります。そういったことから、**店頭金利**も金融機関によって差があります。引き下げ幅が大きくても店頭金利が高ければ、**適用金利**はそれほど低くなりません。目立つ部分だけに着目せず、店頭金利についても確認が必要です。最終的にどちらの引き下げ制度を選ぶかは、返済の考え方によって決めていけばいいので、具体的に試算をして方向性を定めましょう。

なお、金利引き下げは返済を延滞すると適用されなくなり、店頭金利で返済することになりかねないので、きちんと返済していきましょう。

図2-15 金利引き下げ幅に影響する要因

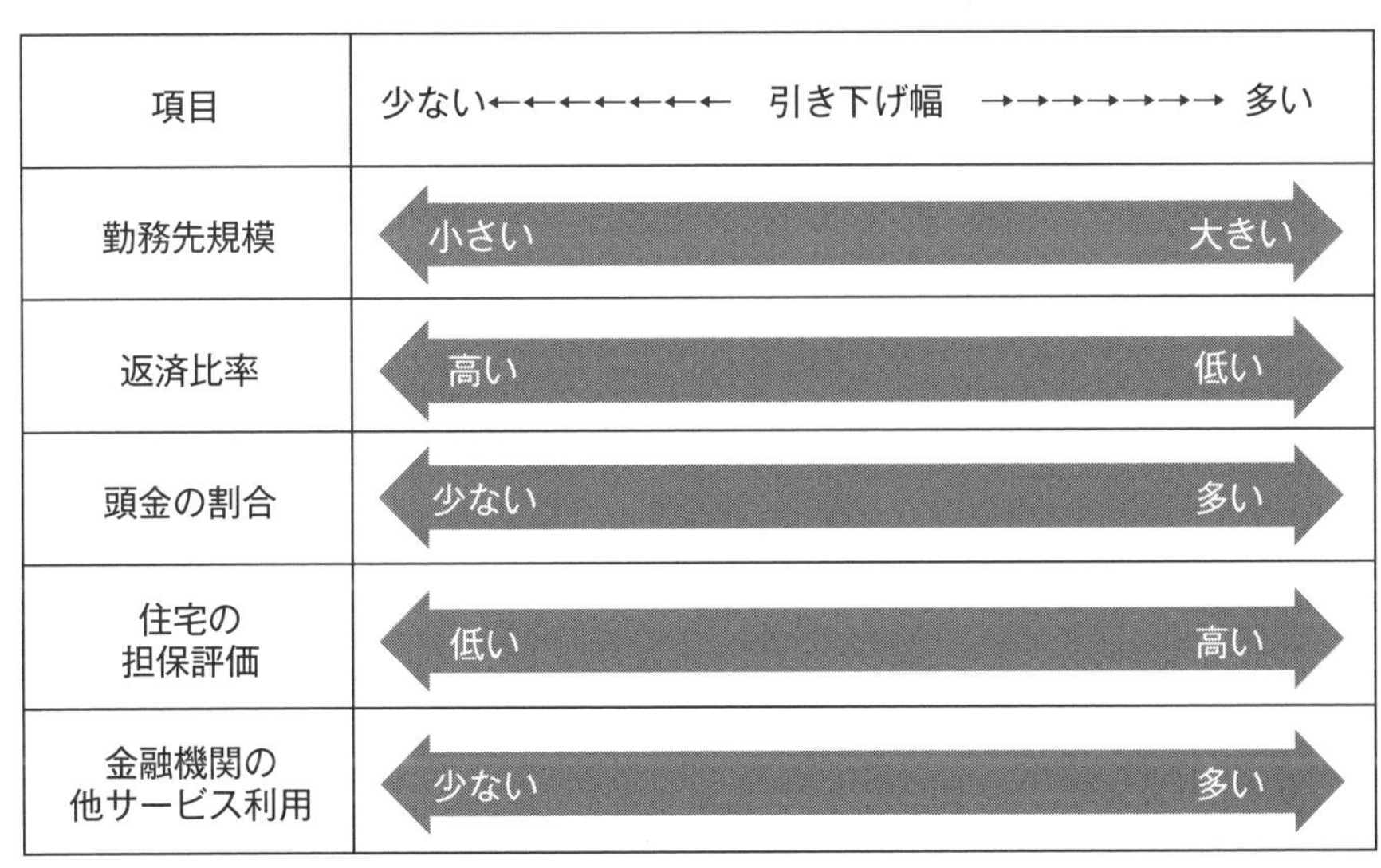

項目	少ない←←←←←←←← 引き下げ幅 →→→→→→→→ 多い
勤務先規模	小さい ⟷ 大きい
返済比率	高い ⟷ 低い
頭金の割合	少ない ⟷ 多い
住宅の担保評価	低い ⟷ 高い
金融機関の他サービス利用	少ない ⟷ 多い

no.8 返済方法

返済方法は2種類あります。返済に占める元金充当額が一定で、月々の返済額が減っていく返済方法を「**元金均等返済**」といい、元金と利息を合計した額が一定になる返済方法を「**元利均等返済**」といいます。どちらかを選ぶわけですが、一般的には「**元金均等返済の方がトク**」といわれています。しかし、実はそうとは断定できません。

一般的な「借入額」と「金利」、「返済年数」が同条件の比較では**第1回目の返済額が異なり**、元金均等返済のほうが総返済額は少なくなります（**図2-16①②**）。元金均等返済は返済額（利息）が毎月一定額減っていきますが、2000万円／1・6％／35年返済の場合、返済額の減少額は月々63円（2000万円×1・6％÷12÷420＝63円）です。しかも実際の返済は口座引き落としですから、この63円を「減っている」と実感できるかというといかがでしょうか。

最初の比較では**1回目の返済額に差がありました**。そこで次に「**元利均等返済の1回目の返済額**

図2-16 元利均等返済と元金均等返済の比較

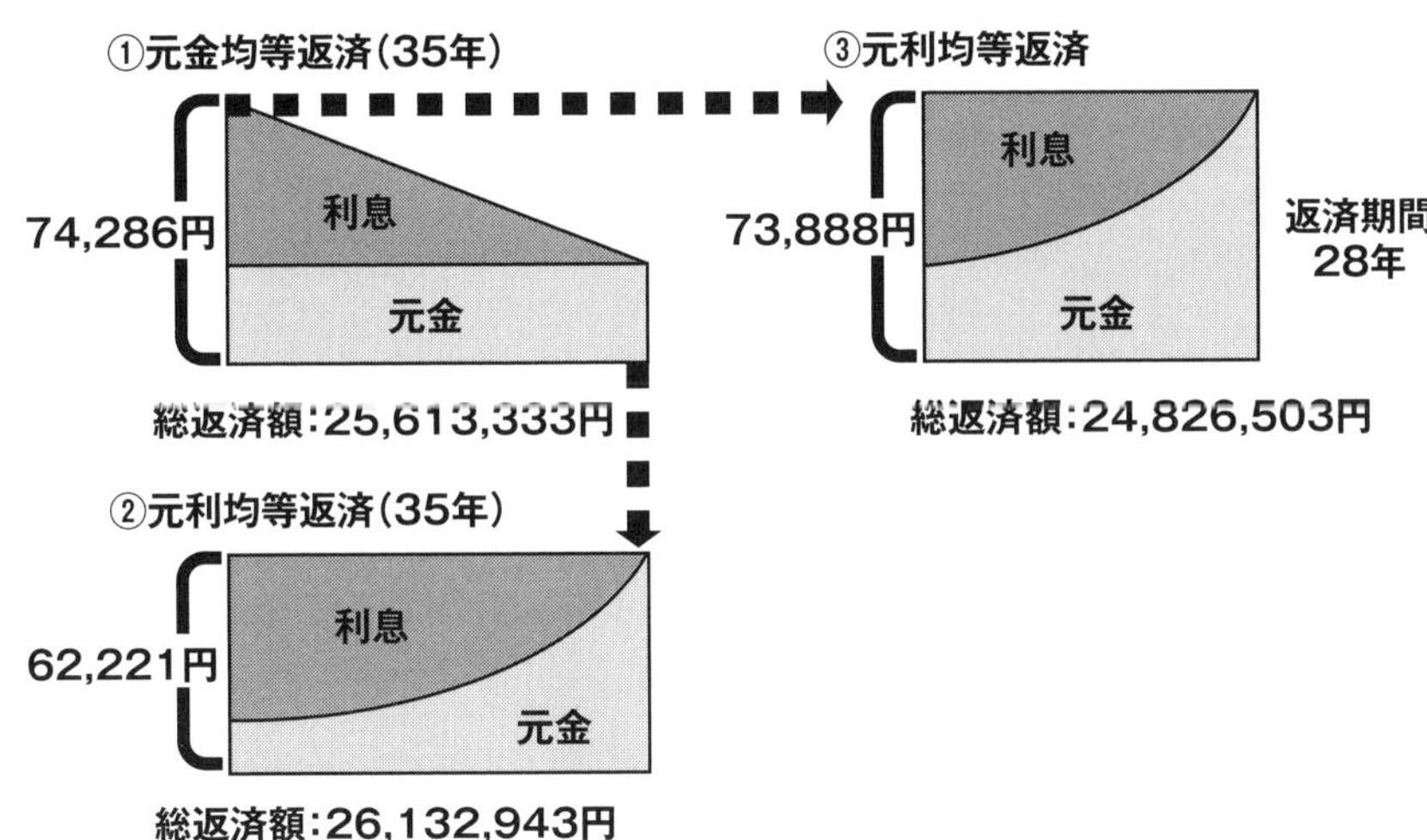

を元金均等返済の1回目の返済額と同等（7万3888円）」にした場合」を考えてみます（**図2−16③**）。元利均等返済は返済額が減らないので、その分は元金に充当され、元金返済が進み、**元金均等返済より返済年数が短くなります**。このケースでは返済年数28年。毎月63円ずつ減らさなければ、返済年数を7年も短縮でき、総返済額は約2483万円で済みます。7・4万円弱の住宅ローンを7年支払わないというのは実感としていかがでしょうか。この7万3888円を毎月貯蓄できれば、7年後には約620万円になります。

「元金均等返済がトク」というのは数ある選択肢の一例でしかありません。返済には何とおりも考え方があります。「毎月63円の返済額の減少」か「返済年数7年の短縮」のどちらを選択するかは、皆さんの自由です。

no.9 保証会社・担保について

1 保証のしくみ

住宅ローンを組む際、原則として借主が保証人を用意するということは不要です。一般的には、金融機関の指定する「**保証会社**」という保証を専門とする会社に借主がお金を払って保証人になってもらうしくみになっていて、その費用を「**保証料**」といいます。住宅ローン審査とは、実質的には保証会社が「この人の保証人になっても大丈夫か？」「この物件は担保として大丈夫か？」という判断をし、それぞれ審査の承認および**担保設定**をしています。なお、保証制度を採用せず保証料が不要の住宅ローンもあります（**85ページ**）。

この保証会社ですが、大手都市銀行などではその金融機関の子会社が保証会社となっているケースが多く、地銀などで保証会社をグループ内に持たない場合は、外部の独立した保証会社を採用しています。また、一つの金融機関で複数の保証会

図2-17 保証と担保（保証会社ありの場合）

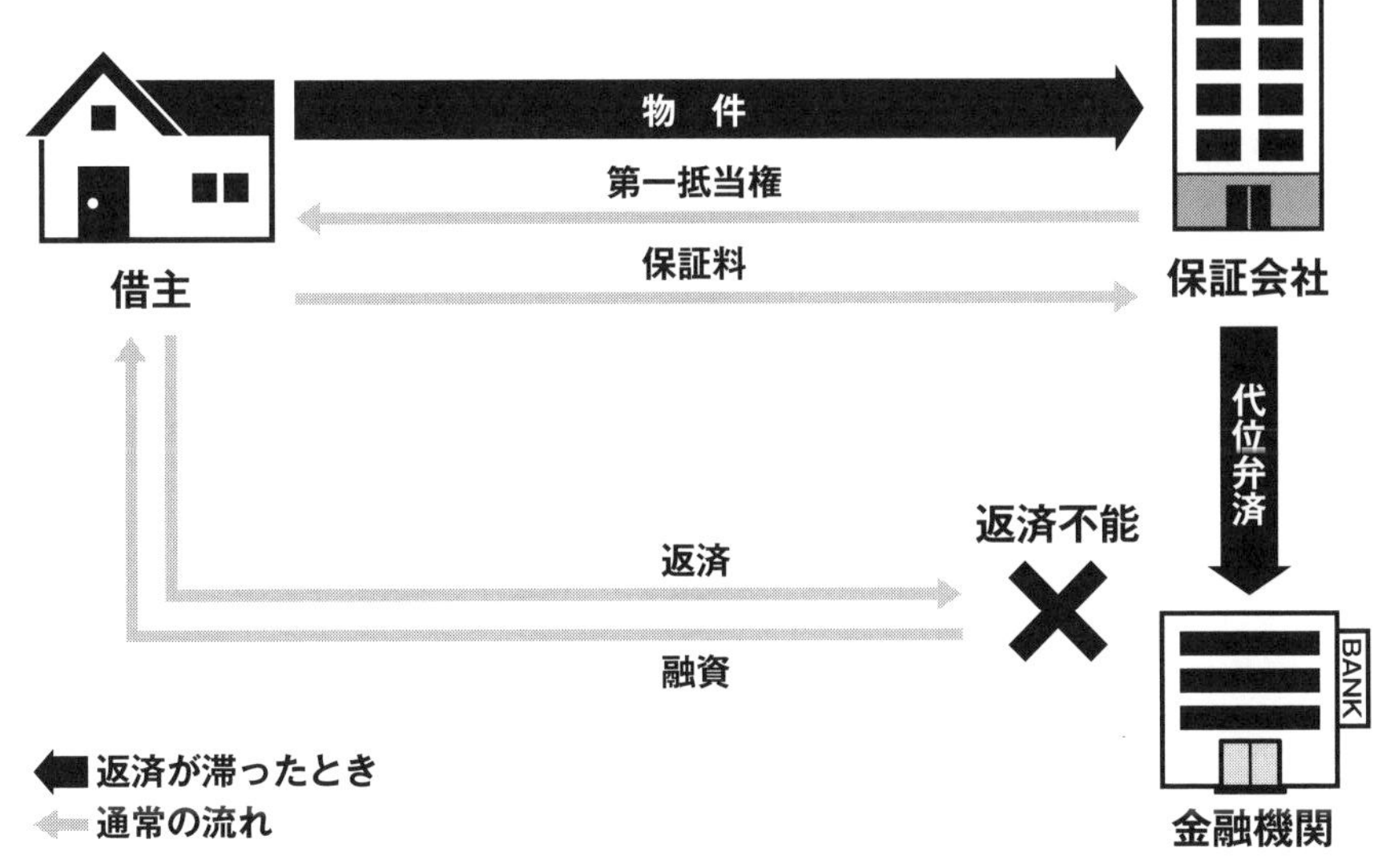

図2-18 保証と担保（保証会社なしの場合）

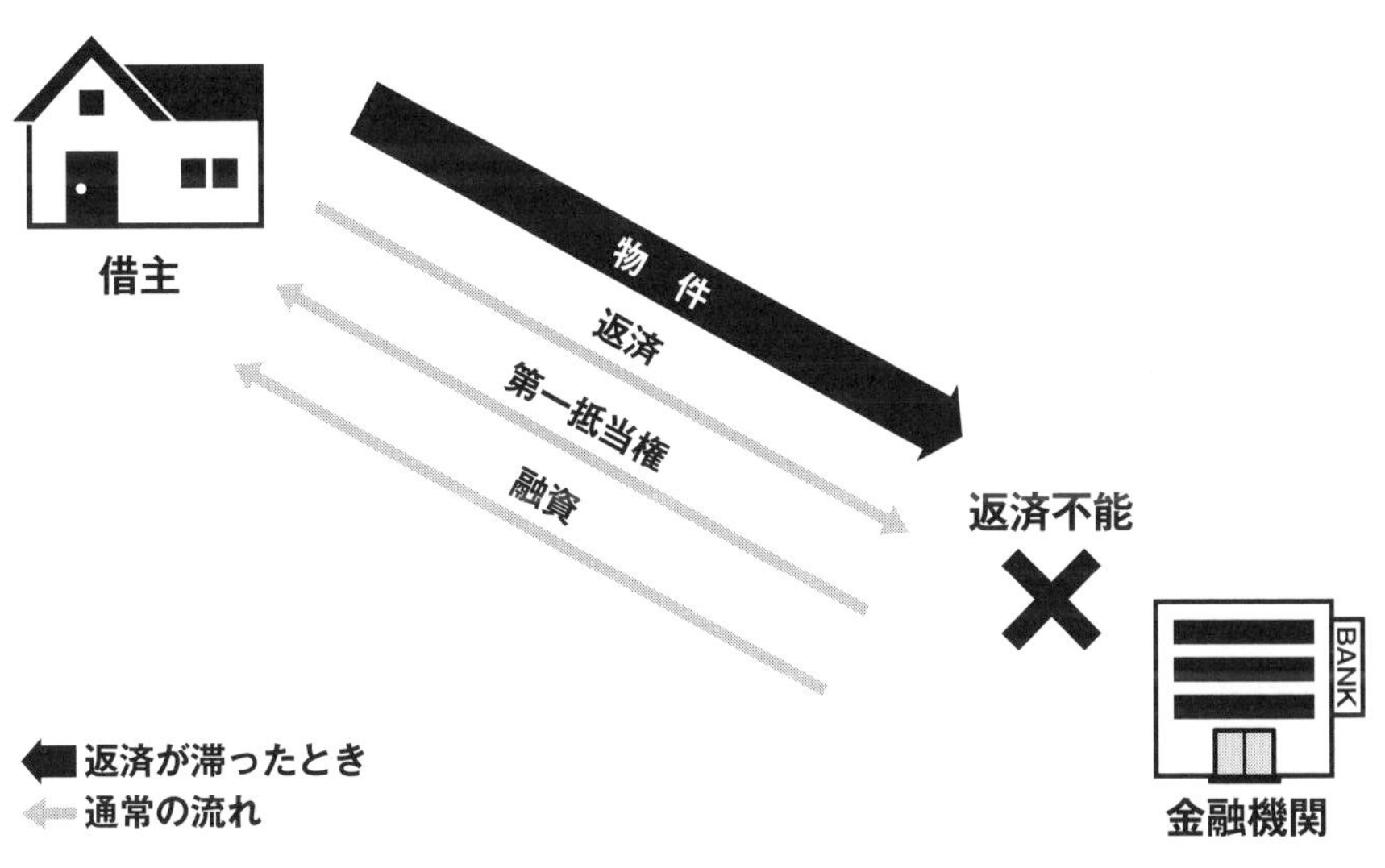

社を扱っている金融機関もあります。この場合は、一つの保証会社の弱いところ（審査の通りにくいところ）を他の**保証会社**で補完し融資を実行するという目的があります。独立した保証会社の中には、保証料の引き下げやギフト券のプレゼントといったキャンペーンを実施して、案件を引き込む施策を打つケースもあります。

2 保証料の支払方法

保証料の払い方は、借入れ時に一括で払う「**外枠方式**」と、毎月の返済額に含んで払う「**内枠方式**」のどちらかを選べます。外枠方式の場合は、**図2－19**に記載されている一定の計算式で算出した額を借入れ時に納めます。たとえば30年返済で借入額を2500万円とすると、1万9137円に25を掛けた47万8425円が保証料です。4000万円・35年返済の場合は2万620円を40倍した82万4800円が保証料となります。

一方「内枠方式」を選ぶと、借入金利が0・2％上乗せされます。この0・2％分が保証料になります。たとえば2500万円／30年返済で10年固定を選んだ場合は、借入れ時に47万8425円を支払わない代わりに、10年固定金利の0・9％に0・2％を足した1・1％で毎月の支払いをするということです（当初固定金利特約期間終了後も常に適用金利に0・2％上乗せ）。内枠方式の場合は借主の信用力（返済能力）によって0・2％～0・8％といった範囲で、保証料の増減があります（外枠方式も同様に一括支払保証料が増減することがあります）。内枠方式には、実行する金利が高いと保証料負担も多くなるという特徴があります（**図2－20**）。

図2-19 外枠方式保証料表：元利均等返済（借入額100万円あたり）

期間	金額	期間	金額	期間	金額	期間	金額
1年	1,016	11年	9,302	21年	15,416	31年	19,468
2年	1,942	12年	10,006	22年	15,907	32年	19,777
3年	2,844	13年	10,688	23年	16,374	33年	20,077
4年	3,724	14年	11,345	24年	16,826	34年	20,355
5年	4,580	15年	11,982	25年	17,254	35年	20,620
6年	5,426	16年	12,595	26年	17,669		(円)
7年	6,240	17年	13,187	27年	18,063		
8年	7,031	18年	13,758	28年	18,440		
9年	7,799	19年	14,308	29年	18,800		
10年	8,544	20年	14,834	30年	19,137		

図2-20 保証料内枠方式の金利上昇による負担（3,000万円・35年）

①適用金利0.4%の場合

	金利	月返済額	返済総額
適用金利	0.4%	76,557円	32,153,976円
金利上乗せ	0.6%	79,209円	33,267,641円
		差額（保証料）	1,113,665円 ①

②適用金利1.4%の場合

	金利	月返済額	返済総額
適用金利	1.4%	90,393円	37,965,013円
金利上乗せ	1.6%	93,332円	39,199,414円
		差額（保証料）	1,234,401円 ②

②−①＝120,736円

3 保証料支払方法による比較

この**保証料**の支払方法も、どちらが損でどちらがトクなのかという議論がされることがあります。4000万円／35年返済で比較をしてみると、**外枠方式の総返済額が少なくなります**（**図2－21**）。内枠方式の総返済額は97万円多く、外枠方式の一括払い保証料は82万円なので、約2倍の保証料負担になるということがわかります。

しかし、実際のお金の流れに合わせて考えてみましょう。内枠方式を選ぶと借入れ時に**外枠方式で必要な82万円の保証料の支払いがありません**。ですから、このお金を頭金に充当して**借入額を82万円少なくすることが可能**です。外枠方式の保証料支払分で借入額を減らせば支払利息が減るので保証料の負担分を回収し、**内枠方式の総返済額が少なくなります**（**図2－22**）。

外枠方式の場合は「**保証料は少ないけれども借入額が多くなる**」。一方、内枠方式の場合は「**保証料は多くなるけれども借入額（支払利息）を少なくできる**」ので、結局のところ借主の返済方針に合わせて選択していくことになるでしょう。なお、外枠方式は次に記載する「**保証料の返戻**」という点まで考慮してください。

4 保証料の返戻

(i) 保証料返戻額

保証料を外枠方式で一括払いした場合に気を付けていただきたいことがあります。たとえば上記の4000万円／35年返済のケースで考えてみましょう。借入れ時に35年分の保証料82万4800円を支払いますが、返済途中で残額の一括繰上返

図2-21 保証料込の総返済額①

	外枠方式	内枠方式
借入額	4,000万円	
返済年数	35年	
金利	1.6%	1.8%
月返済額	12万4,443円	12万8,437円
総支払額	5,226万円	5,394万円
一括払い保証料	82万円	0円
合計	5,308万円	5,394万円
差額（内枠ー外枠）	86万円	

図2-22 保証料込の総返済額②

	外枠方式	内枠方式
借入額	4,000万円	3,918万円
返済年数	35年	
金利	1.6%	1.8%
月返済額	12万4,443円	12万5,804円
総支払額	5,226万円	5,283万円
一括払い保証料	82万円	0円
合計	5,308万円	5,283万円
差額（内枠ー外枠）	▲25万円	

済をしたら保証料はどうなるでしょうか。繰上返済した分について保証会社は保証しなくてよくなるので、その**繰上返済額に見合った保証料を借主に返還**します（**図2－23**）。これを「**保証料の返戻**」といいます。どの程度戻ってくるか一例を**図2－23**に記載しました。

4000万円／35年返済で25年後に**残債を一括返済**すると、返済年数は10年短縮します。表の保証期間35年、経過年数25年のところが784円なので、40倍した3万1360円が借主に戻ります。保証料総額は82万4800円－3万1360円で79万3440円となります（**図2－24**）。

残債の全額ではなく一部を繰り入れる繰上返済に関しては、期間短縮型を選べば保証しない期間が出てきますので保証料が戻ります。その場合は、まず**繰上返済額に対して保証料を適宜返戻**し、完済時に短縮した期間で保証料の返戻額を再計算し、以前に返戻していた保証料分を差し引いて返戻します。

保証料内枠方式であれば単純に返済がなくなるので、保証料の返戻を考慮する必要はありません。3918万円／35年返済、保証料分0・2％を引いた1・6％で月々の返済額を計算すると12万1892円。1・8％との差額は月3912円ですので、25年（300ヶ月）で終わった場合は、それを300倍した117万円が保証料と考えられます。

保証料の返戻は**借り換えの場合でも発生します**。今までの住宅ローンの保証会社から保証料の返戻を受ける代わりに、借り換えローンの保証会社へ今後の返済期間分に相当する保証料を支払います。借り換えの際、以前の保証料の支払方式を引き継ぐことにはならないので、再度外枠方式か

図2-23 保証料返戻のしくみ

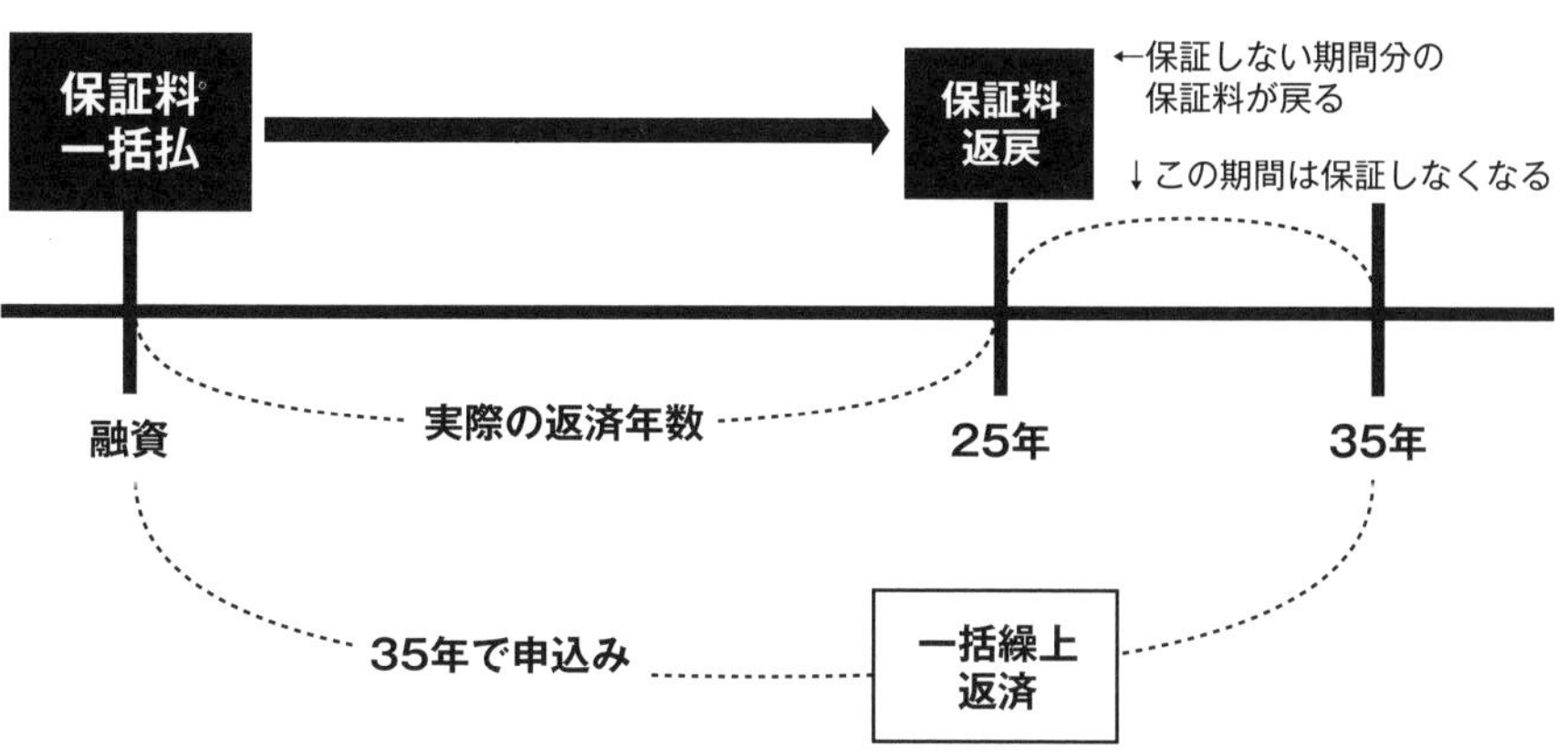

図2-24 保証料返戻額例(借入額100万円あたり)

(円)

保証期間＼経過年数	5年	10年	15年	20年	25年
5年	0				
10年	1,893	0			
15年	4,668	1,038	0		
20年	7,228	2,817	627	0	
25年	9,484	4,637	1,814	405	0
30年	11,274	6,196	3,029	1,183	263
35年	12,696	7,482	4,112	2,009	784

※当初借入れ2,500万円、30年返済で20年経ったときに残債を一括返済した場合は、1183×25=2万9,575円が戻る

図2-25 保証料込の総返済額（25年後に残債を一括繰上返済）

	外枠方式	内枠方式
借入額	4,000万円	3,918万円
返済年数	35年	
金利	1.6%	1.8%
月返済額	12万4,443円	12万8,437円
実際の返済年数	25年	
ローン支払額	3,733万円	3,774万円
25年後の残債	1,380万円	
一括払い保証料	82万円	0円
返戻保証料	▲3万円	0円
合計	5,192万円	5,154万円
差額（内枠ー外枠）	▲38万円	

内枠方式のいずれかを指定します。

(ii)保証料返戻手数料

保証料を外枠方式で支払う場合は、さらに気にしておいて欲しいことがあります。この保証料が戻るというのは当たり前のことではありますが、保証料を返戻するときに**手数料がかからない金融機関と5000円から2万円程度の手数料（保証料返戻手数料）がかかる金融機関がある**という点です。繰上返済を頻繁にやることは結構ですが、保証料返戻手数料の必要な金融機関であれば、少額の繰上返済では短縮する期間が短いので**保証料返戻額よりも保証料返戻手数料のほうが高額で保証料が手元に返ってこない可能性もあります**。ご自身の繰上返済のプランも考慮して保証料の支払い方や金融機関を選びましょう。

5 新興の金融機関の特徴：保証料不要の住宅ローン

最近は、インターネットの普及によって店舗を持たない金融機関が誕生し、その利便性の高さから利用者が増えています。住宅ローンについては、各社独自性を打ち出し競争が激しくなっています。そういった新興の金融機関（一部地銀など）は、保証会社による保証制度を採用せず**保証料不要というケースが多い**ようです。**フラット35も同様に保証料は不要**です。この場合は融資する金融機関が直接審査、**担保設定**をします。一見すると消費者にとってトクですが、冷静に考えてみてください。皆さんがお金を貸そうと思ったとき、保証人のいる人といない人を同条件で貸しますか？　常識で考えれば、保証人のいない人には厳しくなります。

保証会社を採用している一般の金融機関は、借主が支払不能になっても保証会社から元金が回収できますが、保証会社を採用していない金融機関は、その損失がダイレクトに貸主である金融機関に及びます。そのリスクヘッジをするのは当然ですから、**必然的に返済能力や担保評価といった面で審査は厳しくなり**、頭金を多く入れ借入額を少なくする、連帯保証人を用意するといったことが求められます。細かく見てみると、**事務手数料**が高額な場合が多い（融資実行金額×２・２％）ので（**90ページ**参照）「不要」という言葉だけでの安易な判断は避けてください。

6 抵当権

住宅ローンは、教育ローンやキャッシングといった「無担保」の融資と違って「**有担保**」の融資です。**担保となるのは建物と土地**です。保証会社はその建物と土地に「**第一抵当権**」という権利を設定します。借主の返済が滞ると、保証人である**保証会社**が金融機関に対して借入金の返済をします（**代位弁済**）。そうすると、借主は金融機関への返済をしなくてよくなる代わりに、その土地と建物を保証会社に差し出すことになり、その**最優先で物件を確保できる権利を「第一抵当権」**といいます。保証会社は、代位弁済となった物件を競売にかけてその売却代金で代位弁済分の資金回収をします。回収しきれない場合は、差額分をその借主がその後返済することになります。

なお、建物だけを建て直す「建て替え」の場合は、建物分だけを借り入れるわけですが、土地にも抵当権を設定します。建物だけでは競売にかけ、売却することができないからです。

7 火災保険

また、**火災保険**への加入も必須です。建物は借入れの担保なのですから、火災が起こった場合でも、火災保険を利用し融資額を回収できる策を講じておきます。住宅ローンに関しては最低限の火災保険に加入しておけばよく、**地震保険**の加入に関しては求められていません。地震保険への加入は、各自で判断してください。火災保険は借入れ先の金融機関から勧められることが多いのですが、**その金融機関で加入しなければ融資をしないという条件ではありません**。他の代理店等などお好みの加入経路から選択することも可能です。

火災保険に関しては、金融機関から「**質権**」という権利を設定するように求められることがあります。これは、**火災保険の保険金受取人を加入者ではなく金融機関にする**という権利です。万一火災に見舞われた場合は、保険金が金融機関に支払われ、保険金は住宅ローン返済に充てられます。

　しかし、住宅ローンの返済を延滞なく支払っている場合はこの限りではなく、金融機関は保険金を受け取る権利を行使せずに加入者に保険金が支払われることとなり、それを原資に建物の復旧などを行うこととなります。近年ではこの質権を設定する金融機関は減少傾向にあります。

no.10 団体信用生命保険

この**団体信用生命保険**の役割ですが、借主の身に万一があると、遺されたご家族の返済は大変だということは、誰もが容易に想定できます。そのため、文字どおり「保険をかけて」、借主が万一の際、金融機関は保険会社から保険金を受け取って貸し出したお金を回収します。そのための生命保険が、団体信用生命保険です。

9の**保証料**では返済不能になった場合、物件は**保証会社**の手に渡りますが、**借主に万一があった場合は、物件が保険会社の手に渡ることはありません**。借主が亡くなれば精神的にも経済的にも大きな打撃を受けますが、少なくともマイホームは残り、雨風から家族は守られます。チラシのサンプルにあるとおり、一般的な金融機関では**団体信用生命保険に加入できることが融資の条件**ですので、日々の健康管理が大切です。将来借り換えをする場合でも、やはりこの団体信用生命保険への加入が必要となるので、何歳になっても健康第一で過ごしてください。

図2-26 団体信用生命保険のしくみ

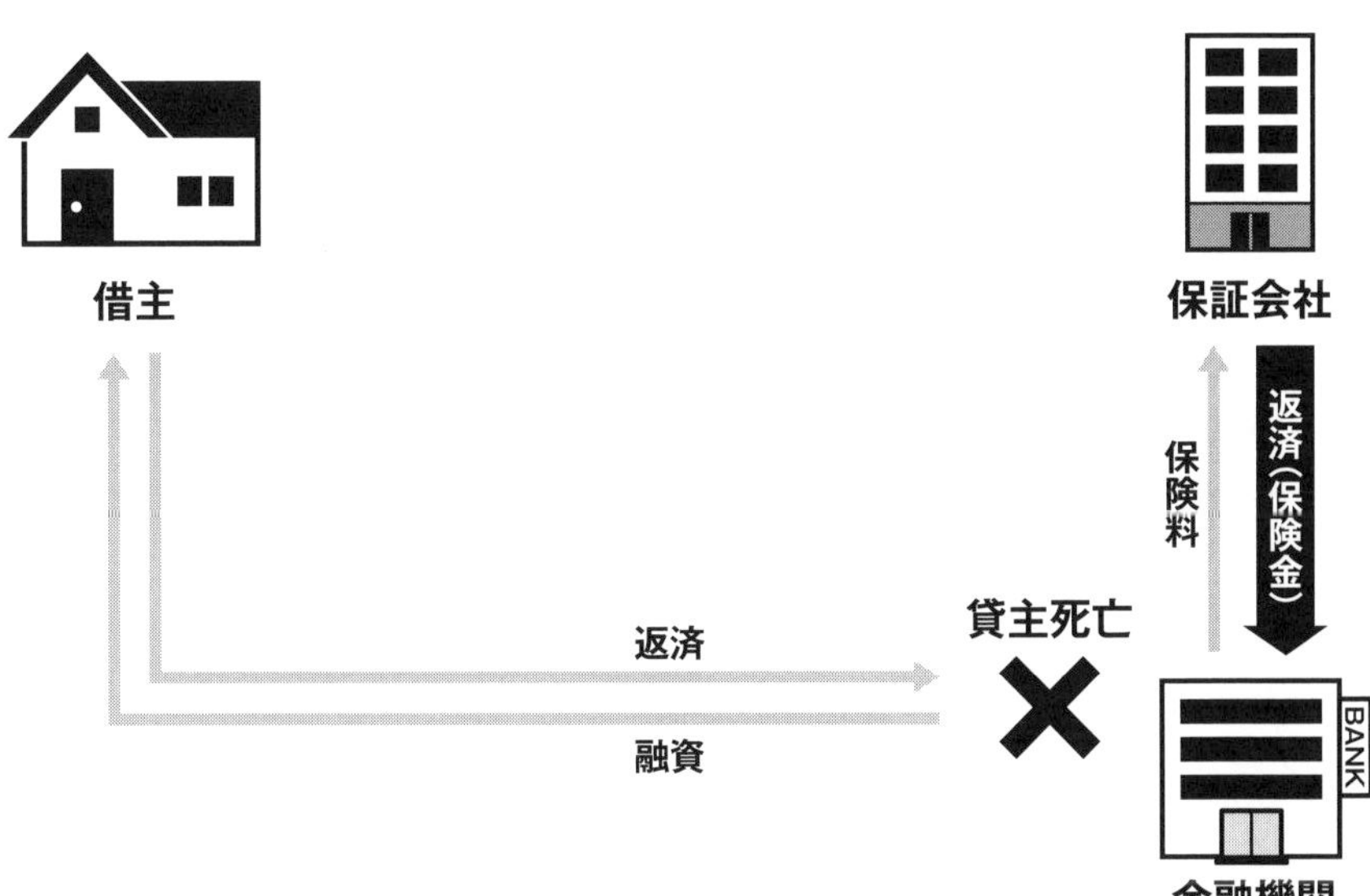

この**団体信用生命保険**は、保険金の支払事由を「**死亡・高度障害**」としていて、**保険料は多くの場合で金融機関の負担**となっています。近年では保障範囲を「**死亡・高度障害**」に加え、「がん」「**三大疾病**」「**八大疾病**」「八大疾病以外の病気やけが」「**要介護状態**」まで拡大した商品が開発されています。その際は、保障の拡大範囲によって金利を０・１％から０・４％上乗せすることになります。一部、金利上乗せなしで保障が拡大される金融機関もあります。また、健康状態により一般の団体信用生命保険に加入できない方向けに、引き受け条件を緩和した「引き受け緩和型団体信用生命保険（**ワイド団信**）」という商品も開発されてきました。０・１％～１％程度の上乗せで、融資を受けられる可能性が高まります。団体信用保険については**２３４ページ**から詳しく解説しています。

no.11 その他

住宅ローンチラシサンプルにはありませんが、ここから補足情報を記載します。

1 事務手数料

住宅ローンの取り扱いに際し、**事務手数料**が発生します。一般の金融機関の場合は3万円~5万円（税別）程度となります。不動産会社との**提携ローン**を利用する際は、住宅ローンの事務手数料の他に、提携ローンの取り扱い手数料が3万円~10万円程度必要となります。

インターネットバンクなど新興の金融機関は、**「定率型」**と**「定額型」**という二つの方式を採用していて、借主が選べるようになっています。定率型とは「融資金額の2％（税別）」といった具合に、融資金額に一定の割合をかけて手数料が決まるので、融資額が多くなれば手数料額も多くなります。

85ページ保証料のところでも、この事務手数料に触れました。3000万円・35年の場合、一般的な銀行の一括前払い保証料は62万円程度です。

事務手数料が2・2%の定率型の場合は66万円と、一括前払い**保証料**と近い金額です。次に、3000万円・25年返済の保証料は52万円程度になりますが、事務手数料は66万円と、返済年数にかかわらず、事務手数料は同額となります。事務手数料は期間を考慮しないので、期間を短縮して返済を終えたいという方には非効率となる場合があります。

また35年で申し込んで結果的に25年で終わった場合、保証料には「返戻」（**80ページ**）がありますが、事務手数料に返戻はありません。35年で申込んで結果的に25年で返済を終えても、事務手数料は戻ってきません。こういった点も注意が必要です。

一方、定額型というのは一般の金融機関同様、融資金額にかかわらず「〇万円」と金額が決まっています。新興の金融機関の定額型事務手数料は

図2-27 保証料と事務手数料

借入金額3,000万円の場合

	35年返済	25年返済
保証料	62万円	52万円
事務手数料	66万円	

事務手数料は「期間が考慮されない」、「返戻がない」点に注意

3万円から30万円までと金融機関によりその額はさまざまですが、現状では一般の金融機関と比べて高い傾向にあります。金利だけでなく、こういった点まで考慮しないと、安いと思った住宅ローンが高くなってしまう可能性があります。

2 つなぎ融資・保証

(i)つなぎ融資

マンションや建売物件といった完成物件を購入する場合と、注文住宅を建築する場合では資金繰りが異なります。いずれのケースでも、金融機関から実際の資金を受け取るのは物件が完成したときですが、注文住宅の場合は、建築期間中（着工時・中間期など）に建築会社が資金を徴求することがあります。手元資金でまかなえれば問題ありませんが、手元資金がない場合は金融機関から融通します。その際利用するのが「**つなぎ融資**」です。最近では「**分割融資**」という形態で対応する金融機関が増えています。

土地を購入し、その上に注文住宅を建築するといった場合は、土地だけ先行して融資を実行する場合と、土地と建物の融資を同時に実行する場合があります。土地と建物の融資を同時に実行する場合も、建物の融資を実行するまでの間、土地代金に関してはつなぎ融資を利用します。

このつなぎ融資は取り扱わない金融機関もありますし、取り扱う場合も融資金額の上限、支払回数などは金融機関ごとに異なります。建築する会社の指定する期間につなぎ融資が可能でなければ、資金繰りが立ち行かず建築ができません。金利の高い、低い以前につなぎ融資が可能か、自分が建築する施工会社の資金繰りに合わせて融資ができるかといった点を確認しましょう。

図2-28 つなぎ融資の流れ

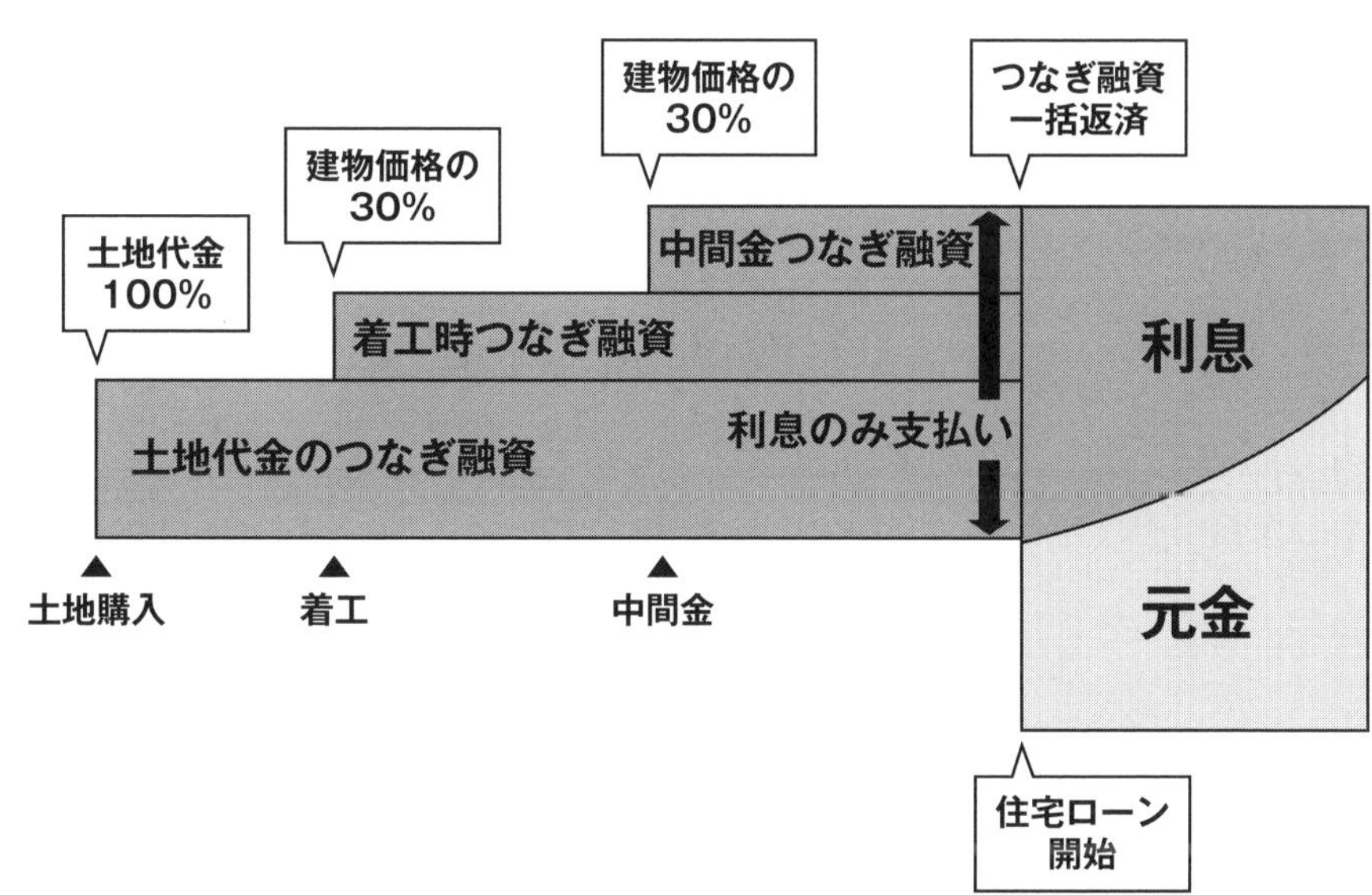

つなぎ融資は原則、**団体信用生命保険**への加入を求められます。返済に関しては元金の返済は行わず利息だけを支払い、住宅ローン実行時に元金を一括返済（住宅ローンより資金調達）します。そのため、住宅ローンを利用する金融機関につなぎ融資の申込みを行うこととなります。なお、このつなぎ融資の金利に関しては、変動金利で金利引き下げのない店頭金利での利用が一般的です。

フラット35を利用する際、一部金融機関は**月初など住宅ローンの実行ができない日を指定していることがあります**。その実行ができない期間に引き渡しを受ける際や、新住所での登記がすむまでの間はつなぎ融資を利用することになります。また、一戸建て住宅を扱っている大手不動産会社の一部は、**非提携ローン**利用時に登記の関係でつなぎ融資を利用することもあります。

図2-29 つなぎ保証のしくみ

一般の住宅ローン

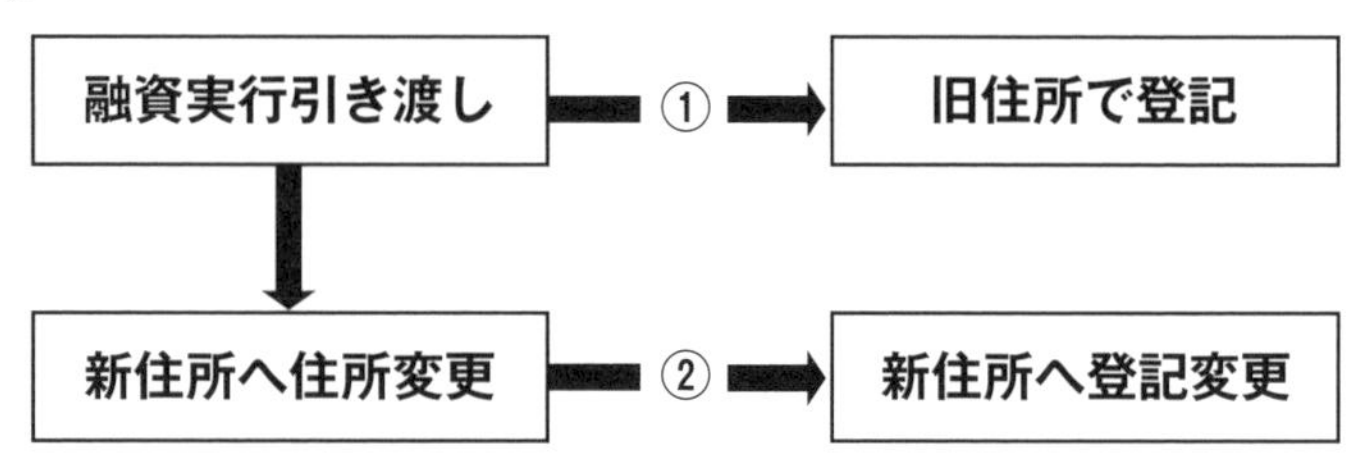

つなぎ保証の住宅ローン

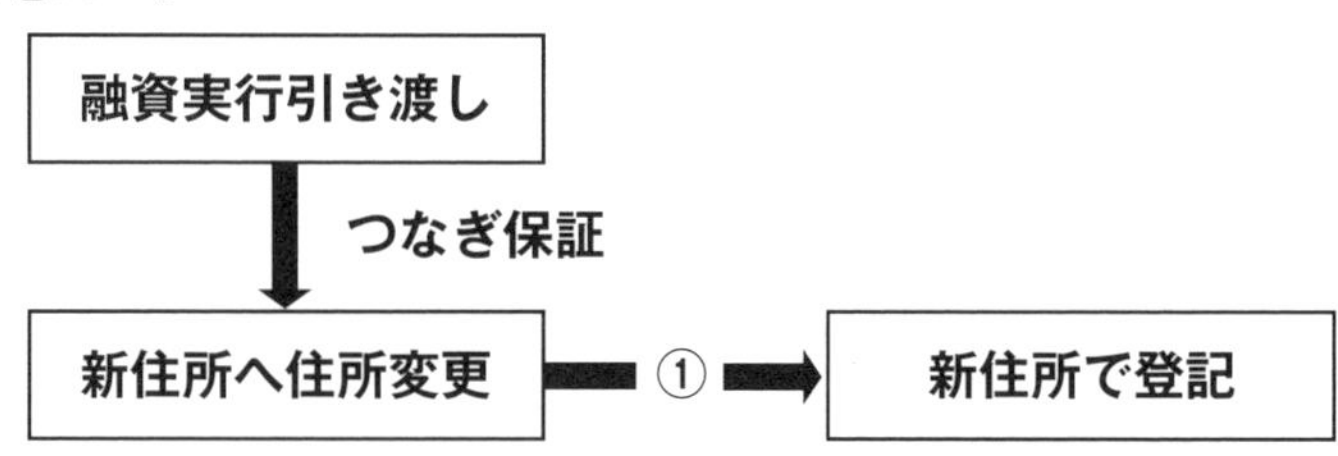

(ii)提携つなぎ保証

提携つなぎ保証とは、金融機関と不動産会社の間で**提携ローン**契約を締結している場合、**住宅ローン実行時には金融機関が抵当権を設定せず、顧客が新住所に住民票登録を終えてから所有権移転と抵当権設定登記をする**というものです。金融機関としては住宅ローンを実行したのにもかかわらず抵当権が設定されないのでは、万一返済不能となったときに資金回収ができなくなってしまいますが、その部分を不動産会社が保証をします。

一般の住宅ローン(非提携)の場合は住宅ローン実行時、顧客はいったん**旧住所で登記**します。物件の引き渡し後に住所変更をし、それに伴い変更の登記を行います。これによって手間も費用も二重にかかるのですが、**提携つなぎ保証であれば一度で済む**ので手間も費用も一回で済むというメリットがあります。

一般の住宅ローン（非提携）の場合、実行時には売主、買主、司法書士といった関係者が融資する金融機関に集合して手続をします。その際、謄本や各種書類の受け渡しといった手間も発生します。一方、**提携ローン**の場合は住宅ローン実行日（引き渡し日）に鍵の引き渡しを受けるだけで済みます。手続は前もって済んでいるので金融機関に出向く必要なく、自動的に実行されます。

(ⅲ)買い取り保証のつなぎ融資

住み替え（今住んでいる自宅を売却し新しい住まいを購入する）で、新規物件の住宅ローン実行時に旧物件の売却代金も新物件の購入費用に充当しなくてはいけない場合、売る側としては少しでも高い値で売りたいと考えます。そのため、新規物件の引き渡しギリギリまで売り出すことが想定されますが、万一市場で売却できなくても、不動産会社が時価評価の70%～80%で買い取る保証をすることがあり、その際利用するのが「買い取り保証のつなぎ融資」です。

この場合は「○月×日を最終期限とする」と売却の締切日を設け、その締切日から売却手続完了までの間、必要資金を融資します。これにより、売却できないという事態からは免れるため、安心して新規物件購入手続ができる反面、買い取り価格は時価の70%～80%となりますし、遠隔地や築年数の多い物件は対象となりません。また、買い取り保証期間中の災害で物件に不具合が生じた場合は、保証契約が解除されることもまれにあります（東日本大震災のときに発生）。なお、買い取り保証ができる不動産会社は数が少ないという点も理解しておいてください。

コラム②：住信SBIネット銀行の短期プライムレート（変動金利）改定について

住信SBIネット銀行は、当初、**三井住友信託銀行の「ネット専用住宅ローン」という住宅ローンを代理店として販売していました。**商品概要には「当社は三井住友信託銀行の銀行代理業者として「ネット専用住宅ローン」の契約締結の代理を行っています。「ネット専用住宅ローン」は三井住友信託銀行の商品であり、住信SBIネット銀行が三井住友信託銀行の銀行代理業者として販売する専用商品です（三井住友信託銀行の窓口及びホームページではお取扱いしておりません）。」という記載があります。

そして、2023（令和5）年4月3日に「住宅ローン（WEB申込コース）」という新しい商品を発売しました（それに伴い、「ネット専用住宅ローン」は取り扱い停止）。つまり、住信SBIネット銀行には「ネット専用住宅ローン」と「住宅ローン（WEB申込コース」という新旧2つの商品があり、**今回の短期プライムレート改定の影響を受けるのは、2023（令和5）年4月3日に発売された「住宅ローン（WEB申込コース）」という新商品**です。それまで取り扱われていた、大多数の「ネット専用住宅ローン」のお客様は影響がありません。「ネット専用住宅ローン」の商品概要書にも「三井住友信託銀行の短期プライムレートを基準として」と記載されていますし、住信SBIネット銀行のホームページでは、短期プライムレートは2行をわけて表記しています。

短期プライムレート

住信 SBI ネット銀行	1.775%	2024年5月1日より運用
三井住友信託銀行	1.475%	2012年1月11日より運用

上記プレジデントオンラインの記事では、「すでに同行から借りているユーザーにとっては」と新旧商品の区分けがされてといないので、多くのお客様に影響が及ぶように見えてしまいますが、**現状、短期プライムレート上昇の影響が出るのは少数。**本件は話題の大きさの割に影響は軽微です。金融機関の数全体から見ても、変動金利が上がった銀行はごくわずかですし、上昇幅も極めて小さいものです。皆さんの生活が大きく悪化するようなものではありませんので、ご安心ください。

3時間目

申込み
手続と審査

no.1 融資に必要な手続

1 申込み手続の手順

申込みの大まかな流れを、**図3―1**に表にしてみました。日付を書き込めるようにしてありますので、実際の申込みの際にはコピーしてご活用ください。購入形態別の細かな手続の流れは**図3―2**と**図3―3**に記載しています。

なお、ご注意いただきたいのは、**事前審査**に通ったからといって**本審査**が必ず通るとは限らないということです。最近では対面型の金融機関でも、事前審査はインターネットで可能ということになってきました。事前審査と本審査では確認事項は異なります。入社試験にたとえるならば、事前審査＝書類選考、本審査＝面接という感じです。事前審査の承認とは、「融資をしていい」ではなく「次のステップに進んでいい」ということですので、その点を十分ご理解ください。

図3-1 一般的な手続の流れ

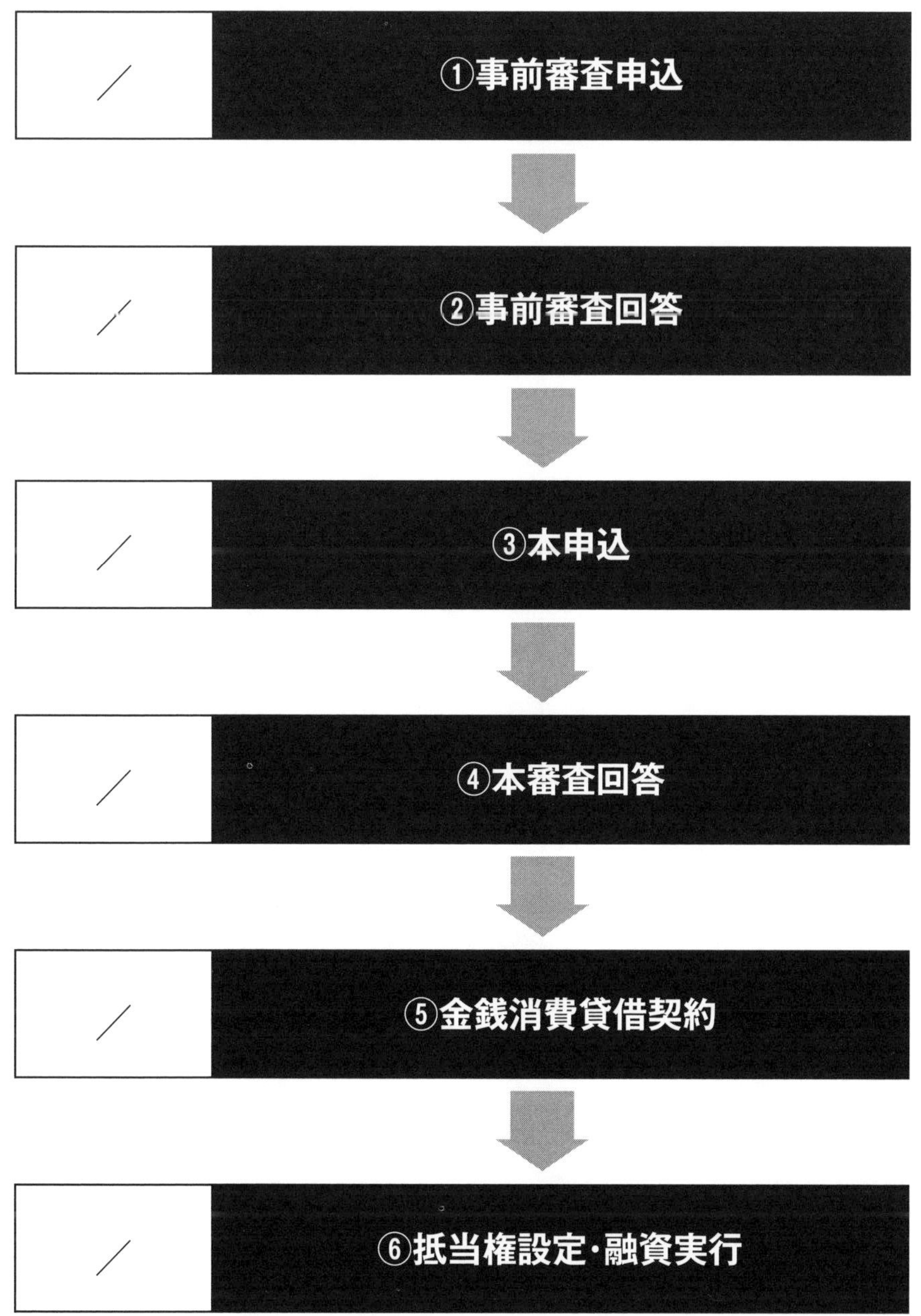

図3-2 申込みの流れ（一般的な場合）

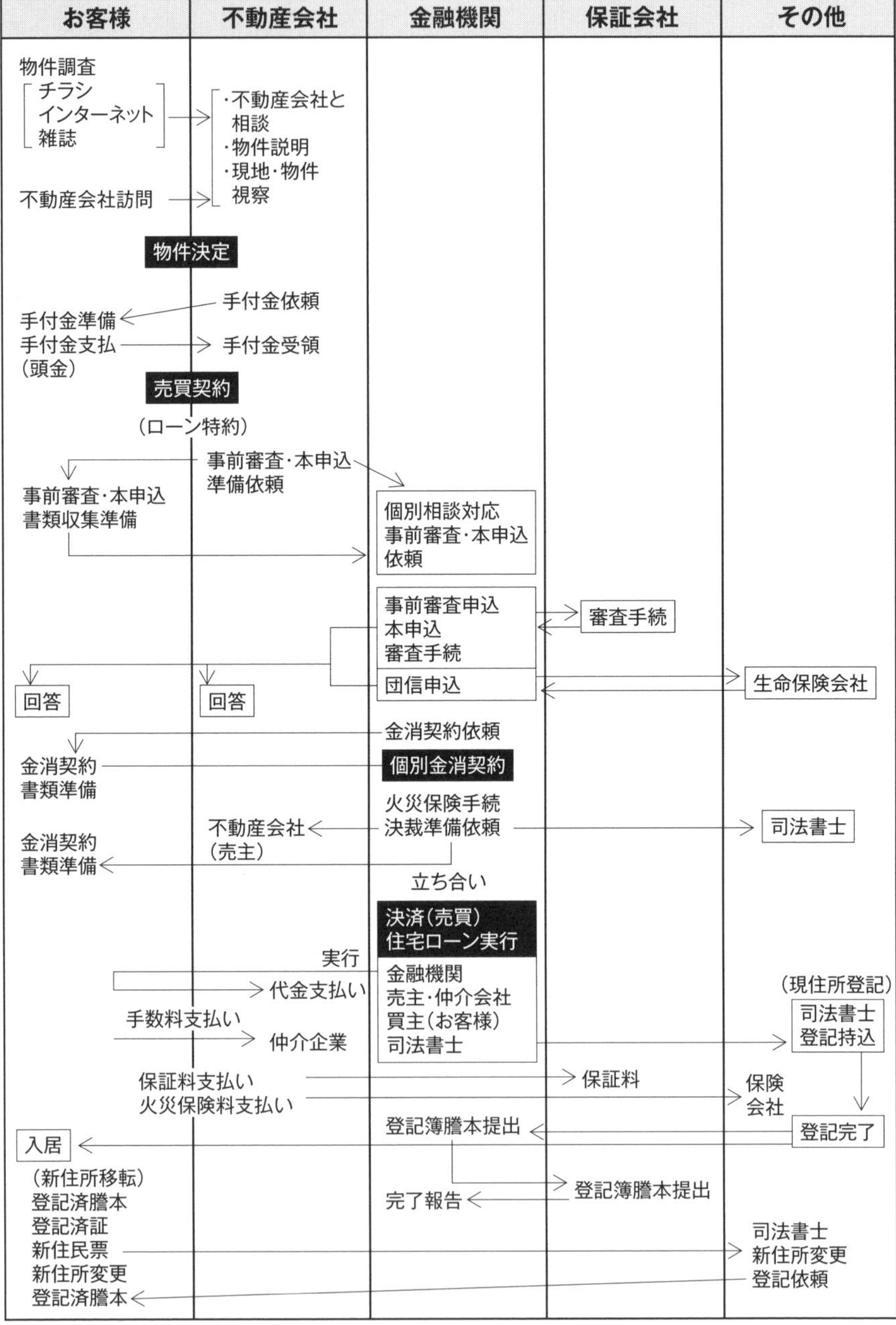

図3-3 申込みの流れ（提携ローンの場合）

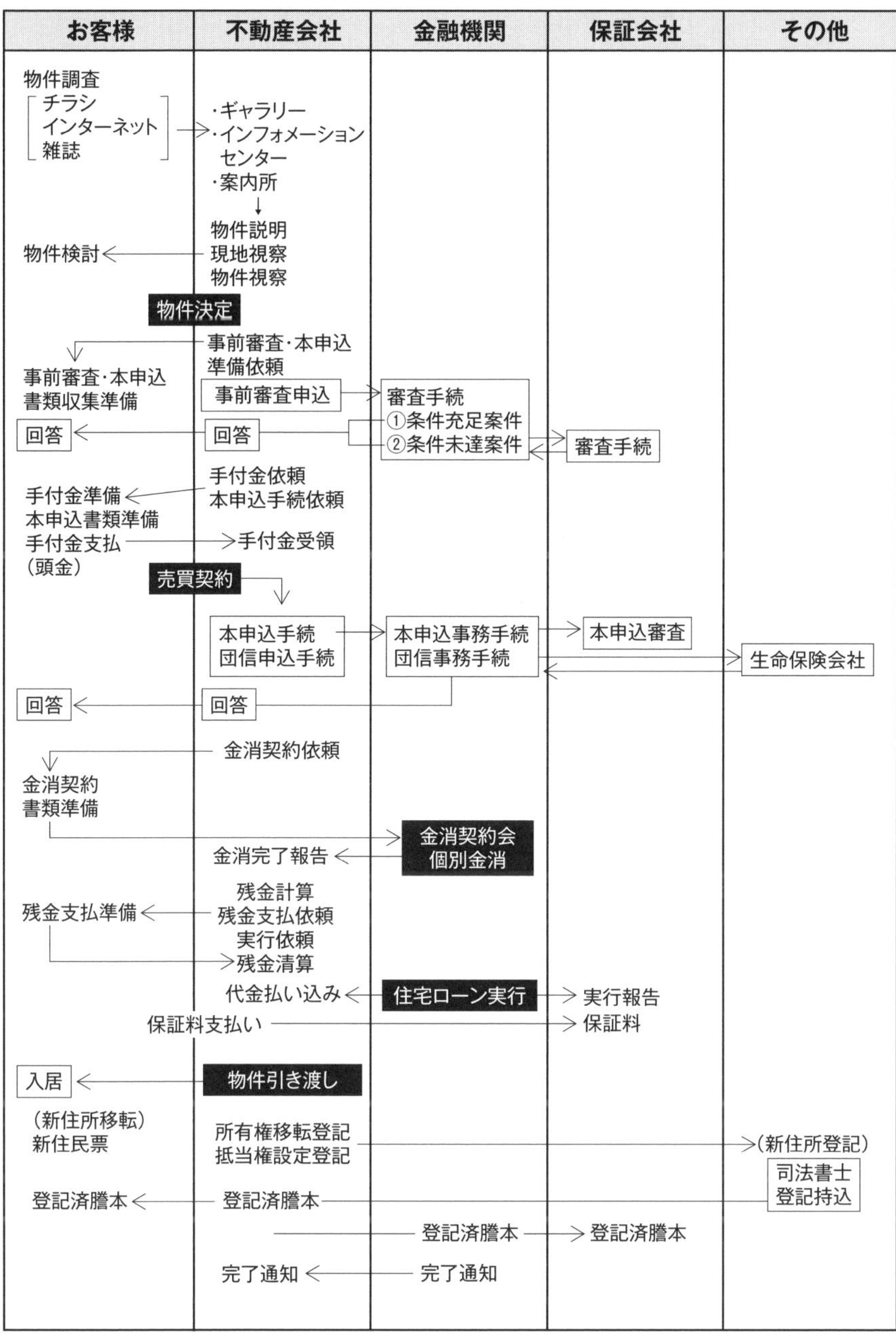

2 申込みに必要な費用

(ⅰ)事務手数料

一般的には3万円から5万円（＋消費税）程度。一部新興の金融機関は、融資金額×2％（＋消費税）や30万円（＋消費税）と高額な場合があるので注意してください。

(ⅱ)金銭消費貸借契約書に添付する印紙

・印紙代は**213ページ（図5−9）参照**

(ⅲ)登記に伴う費用

・**登録免許税**（**215ページ・図5−12**）

・司法書士手数料…金融機関により6万円〜10万円程度

(ⅳ)その他

・ローン保証料（外枠方式の場合）

・火災保険保険料（金融機関経由で申し込む場合）

・印鑑証明書、住民票などの発行手数料

3 必要書類

金融機関によって若干の違いはありますが、次ページから一般的な流れで2種類記載していますす。✓欄を作りましたので、こちらもコピーしてご活用ください。

図3-4 必要書類の分類と徴求先

✓		書類	発行元	備考	事前審査	本申込	金消契約
□	申込書	事前審査申込書	金融機関		○		
□		ローン借入申込書・保証委託申込書兼契約書	金融機関			○	
□		個人情報利用に関する同意書	金融機関		○	○	
□		保証書	金融機関	連帯保証人		○	
□		団体信用生命保険申込書兼告知書	金融機関			○	
□	本人確認	実印	借主	来店時押印		○	○
□		運転免許証またはパスポート	借主	有効期限内	○	○	○
□		健康保険証	借主			○	
□		印鑑証明書	市区町村役場	発行後１ヶ月以内		○	○
□		住民票	市区町村役場	発行後１ヶ月以内		○	○
□	収入確認　給与所得者	源泉徴収票	勤務先	前年分	○	○	
□		住民税決定通知書または課税証明書	市区町村役場			○	
□	収入確認　自営業者	確定申告書・同付表	借主	直近３期分	○	○	
□		納税証明書（その１・その２・その３の２）	税務署			○	
□	物件確認	売買契約書	不動産会社		○	○	
□		重要事項説明書	不動産会社		○	○	
□		工事請負契約書または見積書	不動産会社		○	○	
□		土地登記簿謄本	法務局	発行後１ヶ月以内	○	○	
□		建物登記簿謄本	法務局	発行後１ヶ月以内	○	○	
□		公図・地積測量図・建物図面	法務局		○	○	
□		建築確認通知書	不動産会社		○	○	
□	借り換え	現在借り入れ中のローンの返済明細表	借主			○	
□		現在借り入れ中のローンの返済用口座通帳	借主	過去１年分		○	
□		購入時の売買契約書または工事請負契約書	借主	借り換え		○	
□		購入時の重要事項説明書	借主			○	
□		購入時の建築確認通知書	借主			○	○
□	その他	収入印紙	郵便局等				○
□		返済用口座の届印・通帳	借主				
□							
□							

図3-5 それぞれの手続で必要な書類

事前審査時の必要書類(例)

<table>
<tr><th></th><th></th><th>一戸建て</th><th>マンション</th><th>注文住宅</th><th>土地購入</th><th>借り換え</th><th>✓</th></tr>
<tr><td>1</td><td>事前審査申込書</td><td colspan="5">○</td><td>☐</td></tr>
<tr><td>2</td><td>個人情報利用同意書</td><td colspan="5">○</td><td>☐</td></tr>
<tr><td>3</td><td>運転免許証・パスポート・健康保険証</td><td colspan="5">○</td><td>☐</td></tr>
<tr><td>4</td><td>所得証明書類（以下のうち一種類）
●給与所得者：源泉徴収票・所得証明書・住民税決定通知書
●自営業者：確定申告書・納税証明書</td><td colspan="5">○</td><td>☐
☐
☐</td></tr>
<tr><td>5</td><td>工事見積書</td><td></td><td></td><td>○</td><td></td><td></td><td>☐</td></tr>
<tr><td>6</td><td>土地の固定資産税評価証明書</td><td></td><td></td><td>○</td><td></td><td>○</td><td>☐</td></tr>
<tr><td>7</td><td>重要事項証明書</td><td>○</td><td>○</td><td></td><td>○</td><td>○</td><td>☐</td></tr>
</table>

本申込時の必要書類(例)

<table>
<tr><th></th><th></th><th colspan="5">資金使途にかかわらず提出</th><th>✓</th></tr>
<tr><td>1</td><td>借入申込書</td><td colspan="5">○</td><td>☐</td></tr>
<tr><td>2</td><td>保証委託申込書</td><td colspan="5">○</td><td>☐</td></tr>
<tr><td>3</td><td>個人情報利用同意書</td><td colspan="5">○</td><td>☐</td></tr>
<tr><td>4</td><td>運転免許証・パスポート</td><td colspan="5">○</td><td>☐</td></tr>
<tr><td>5</td><td>住民票謄本</td><td colspan="5">○</td><td>☐</td></tr>
<tr><td>6</td><td>印鑑証明書</td><td colspan="5">○</td><td>☐</td></tr>
<tr><td>7</td><td>健康保険証</td><td colspan="5">○</td><td>☐</td></tr>
<tr><td>8</td><td>所得証明書類（以下のうち一種類）</td><td colspan="5" rowspan="3">○</td><td rowspan="3">☐</td></tr>
<tr><td>9</td><td>●給与所得者：源泉徴収票・課税証明書・住民税決定通知書</td></tr>
<tr><td>10</td><td>●自営業者：確定申告書・納税証明書</td></tr>
<tr><td>11</td><td>団体信用生命保険申込書・告知書</td><td colspan="5">○</td><td>☐</td></tr>
<tr><th></th><th></th><th>一戸建て</th><th>マンション</th><th>注文住宅</th><th>土地購入</th><th>借り換え</th><th></th></tr>
<tr><td>12</td><td>売買契約書（写）</td><td>○</td><td>○</td><td></td><td>○</td><td>○</td><td>☐</td></tr>
<tr><td>13</td><td>重要事項説明書（写）</td><td>○</td><td>○</td><td></td><td>○</td><td>○</td><td>☐</td></tr>
<tr><td>14</td><td>工事見積書（写）</td><td></td><td></td><td>○</td><td></td><td></td><td>☐</td></tr>
<tr><td>15</td><td>建築工事請負契約書（写）</td><td></td><td></td><td>○</td><td></td><td></td><td>☐</td></tr>
<tr><td>16</td><td>建築確認申請書（写）</td><td>○</td><td>△</td><td>○</td><td></td><td></td><td>☐</td></tr>
<tr><td>17</td><td>確認済証（写）</td><td>○</td><td>△</td><td>○</td><td></td><td></td><td>☐</td></tr>
<tr><td>18</td><td>土地の登記簿謄本</td><td>○</td><td>△</td><td>○</td><td>○</td><td>○</td><td>☐</td></tr>
<tr><td>19</td><td>建物の登記簿謄本</td><td>○</td><td>○</td><td></td><td></td><td>○</td><td>☐</td></tr>
<tr><td>20</td><td>土地の公図・地積測量図（写）</td><td>○</td><td></td><td>○</td><td>○</td><td>○</td><td>☐</td></tr>
<tr><td>21</td><td>建物図面（写）</td><td>○</td><td>○</td><td>○</td><td></td><td>○</td><td>☐</td></tr>
<tr><td>22</td><td>住宅地図</td><td colspan="5">○</td><td>☐</td></tr>
<tr><td>23</td><td>返済中口座の通帳（写）※過去１年分</td><td></td><td></td><td></td><td></td><td>○</td><td>☐</td></tr>
</table>

金消契約時の必要書類(例)

		資金使途にかかわらず提出	✓
1	印鑑証明書	○	☐
2	住民票	○	☐
3	運転免許証・パスポート	○	☐
4	引き落とし口座通帳・口座印	○	☐
5	実印	○	☐
6	証し	○	☐
7	火災保険申込書	○	☐
8	火災保険・個人情報利用同意書	○	☐

審査

1 審査の重要性

住宅ローンの申込みにおいて金利は話題になりやすいのですが、それ以上に大切なのが審査です。審査に通らなければ金利の心配をしても取り越し苦労です。ですから、この審査について理解をしておきましょう。まずは審査の項目に触れる前に、なぜ審査をするのかという点について考えてみたいと思います。

多くの方は金融機関から借入れを承認されているにもかかわらず、不安を抱えています。その原因の一つは、「**借りられる金額と返せる金額は違います**」という住宅ローン指南によるものでしょう。しかし、常識で考えて、**返してもらえないと思う金額を融資する金融機関は、この世に存在しません**。金融機関は貸したお金が返ってこない事態を心配しているので、資金回収可能な金額を承認しています。

(ⅰ)審査金利

金利上昇した場合、すなわち返済額が増加した場合でも安心してください。金融機関側は、住宅ローン審査で承認となったお客様は金利が上昇しても返済できると考えています。現在大手銀行の変動金利の**適用金利**は0・345%～0・475%(**店頭金利**2・475%)です。これらの適用金利で審査をすると、少しの金利上昇でも遅延となってしまう可能性があります。ですから、住宅ローン審査の際は実際に使う金利ではなく、**審査用の金利(審査金利)**を用いています。この「審査金利」は住宅ローンのチラシにも金融機関のホームページにも掲載されていませんので、馴染みはありませんが、金融機関が当然に採用しているものです(**図3-6**)。

2時間目**61ページ**で年収600万円の方の融資

図3-6 住宅ローンのリスク管理

このように、返済が長期に亘る住宅ローンでは、将来の金利動向によって、DTI が変動し得る。特に、近年の低金利環境や金利引下げ競争が厳しいなかにあって、当初約定金利を前提に DTI を計算した場合、将来の金利上昇によってDTI が大きく上昇する可能性があることには注意が必要である。このため、金融機関では、先行き金利が変動した場合でも、債務者の DTI が審査基準内に収まるように、実際の約定金利や店頭基準金利に代えて、一定の保守性を加味した金利(長期的にみた場合の平均金利等)を利用して DTI を計算している先も多い。

審査に用いる DTI の計算にどの程度の保守性を織込むかは、金利上昇時の信用リスクの顕現化との関係でも重要な論点と考えられる。特に、当初契約金利のみでDTI を計算している場合には、将来の金利上昇に伴う債務者の返済負担の変化を十分念頭に置いて、審査上許容する DTI の数値基準を設定するといった対応がより重要になると思われる。また、審査に用いる DTI の計算に一定の保守性を加味した金利を利用している場合であっても、市場金利が大幅に変動した場合には、その金利水準の妥当性を適宜確認する必要があると考えられる。

(注:DTI=返済比率)

出典:住宅ローンのリスク管理～金融機関におけるリスク管理手法の現状～(2007(平成19)年3月:日本銀行)

図3-7 金融機関ごとの審査金利と返済比率の例

		A銀行	B銀行	C銀行	D信託銀行	フラット35	Aネット銀行
審査金利		3.74%	10年固定金利 3.6%	3.50%	3.50%	申込時の適用金利	3.25%
返済比率	年収400万円以上	40%	40%	700万円以上 45% 400万円以上 40%	40%	35%	35%
	年収300万円以上	35%		35%	35%	30%	30%
	年収300万円未満	30%		—	30%		25%

※現在、ほとんどの金融機関は、審査金利を6ヶ月毎の見直しをしている

上限の目安は、３９５０万円程度としました。これを**審査金利**ではなく適用金利で計算したらどうなるでしょうか。変動金利０・４％で算出すると、６７７０万円となり年収の10倍を超えます。これは実態にそぐわない金額です。

この審査金利は金融機関によって異なりますが、現在の金利水準であれば３・25％〜４％程度です（**図３−７**）。審査金利は適当に採用しているわけではなく、首都圏で４人家族（大人２人＋子ども２人）の生活費・教育費などの統計をとり、その分析に基づいて「この割合までなら返済が可能」と算出されたものです。審査金利が４％、変動金利の金利引き下げ幅が２・０７５％の金融機関であれば、現在の変動金利の店頭金利２・４７５％（適用金利０・４％）から６・０７５％（適用金利４％）まで上昇しても返済が可能であ

ろうと想定しています。

2013（平成25）年に銀行を舞台にした『半沢直樹』というドラマが大ヒットしました。ドラマでは半沢直樹と金融庁の黒崎による熾烈な戦いが繰り広げられ、金融庁の黒崎は**銀行が適正な融資をしているのか厳しく問い詰めていました**。このことからわかるように、金融庁は各金融機関に適正な審査による融資を実施しているのかというチェックをしています。もし、住宅ローン返済の滞るお客様が増加した場合、金融機関は金融庁から一定期間の業務停止といった処分を受けることになってしまいます。ですから、金融庁も現在の各金融機関の審査体制を問題視していないということではないでしょうか。

図3－8は、**住宅金融支援機構**による「住宅ローン貸出動向調査」から転載したものですが、金融機関が現在懸念しているのは、金利上昇による延滞ではなく金利競争が激しくなり、**住宅ローンの収益率が低下している**という点です。住宅ローンは金融機関にとって、比較的安定収益を獲得できる商品と考えられてきましたが、競争が激化した今では薄利多売となっています。参考までに、大手都市銀行の**変動金利**の変遷を表（**図3－9**）にしました。2024（令和6）年の店頭金利は1999（平成11）年～2005（平成17）年までの店頭金利よりも0・1％高い2・475％ですが、実際に借主が使う金利は当時の半分以下の0・475％、0・375％といった水準です。これは各金融機関の競争激化の影響といえます。

もし、住宅ローンを返せない顧客が増えたらどうなるでしょうか。貸した元金は回収できても、**収益源である利息収入が途絶えます**。金融機関は、利息を受け取ることによって企業活動を進め

図3-8 金融機関が懸念する住宅ローンのリスク

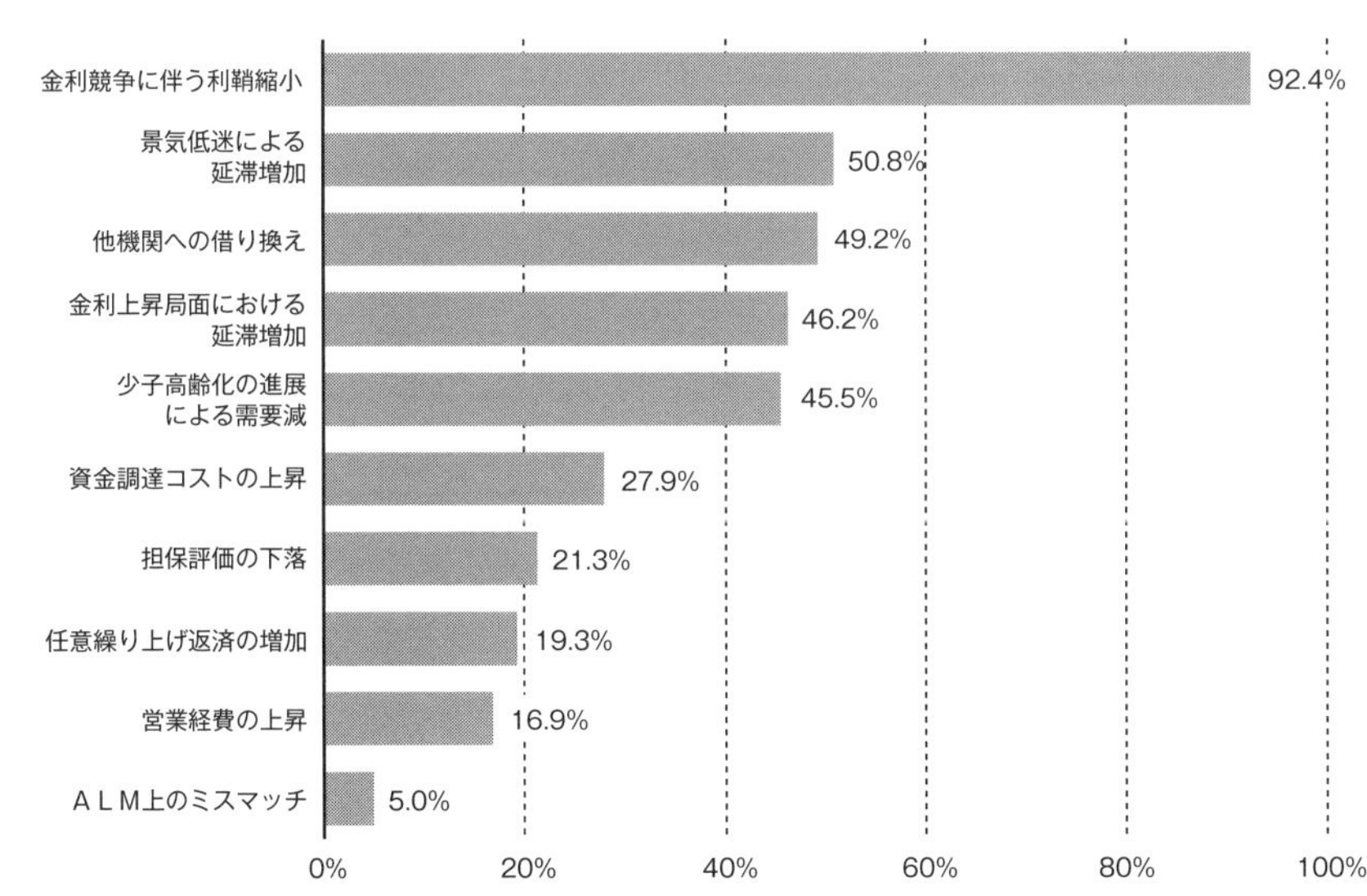

出典：2023年度貸出動向調査（2024（令和6）年2月20日　住宅金融支援機構）

ていくことができますが、その利息は低下傾向にあります。ですから、今の金融機関にとって、利息収入が途絶えるということは死活問題です。そのため、資金回収できる金額（顧客が返せる金額）を算定し貸し出さなければ、将来自らの体力を奪うことになってしまいます。

返済不能という事態は借主にとって重大ですが、貸した側からしても「審査体制の不備を指摘される」「利息収入が途絶える」という重大な問題となります。これらを踏まえて考えれば、借主本人の気持ちの問題は別として金融機関こそ、返済不能といった事態を避けたいと考えているのです。残念ながら、住宅ローンが支払えなくなるケースは一定量ありますが、低金利の今は将来の金利上昇よりも他の理由を探り、その対策を練ることのほうが大切といえます。

図3-9 金利引き下げの推移

年	店頭金利	引き下げ幅	適用金利
1999	2.375%	0%	2.375%
2000	2.375%	0.30%	2.075%
2001	2.375%	0.50%	1.875%
2002	2.375%	0.50%	1.875%
2003	2.375%	0.50%	1.875%
2004	2.375%	0.50%	1.875%
2005	2.375%	0.50%	1.875%
2006	2.625%	1.20%	1.425%
2007	2.875%	1.40%	1.475%
2008	2.875%	1.50%	1.375%
2009	2.475%	1.50%	0.975%
2010	2.475%	1.50%	0.975%
2011	2.475%	1.50%	0.975%

年	店頭金利	引き下げ幅	適用金利
2012	2.475%	1.50%	0.975%
2013	2.475%	1.60%	0.875%
2014	2.475%	1.70%	0.775%
2015	2.475%	1.75%	0.725%
2016	2.475%	1.85%	0.625%
2017	2.475%	1.95%	0.525%
2018	2.475%	2.00%	0.475%
2019	2.475%	2.00%	0.475%
2020	2.475%	2.00%	0.475%
2021	2.475%	2.00%	0.475%
2022	2.475%	2.13%	0.345%
2023	2.475%	2.13%	0.345%

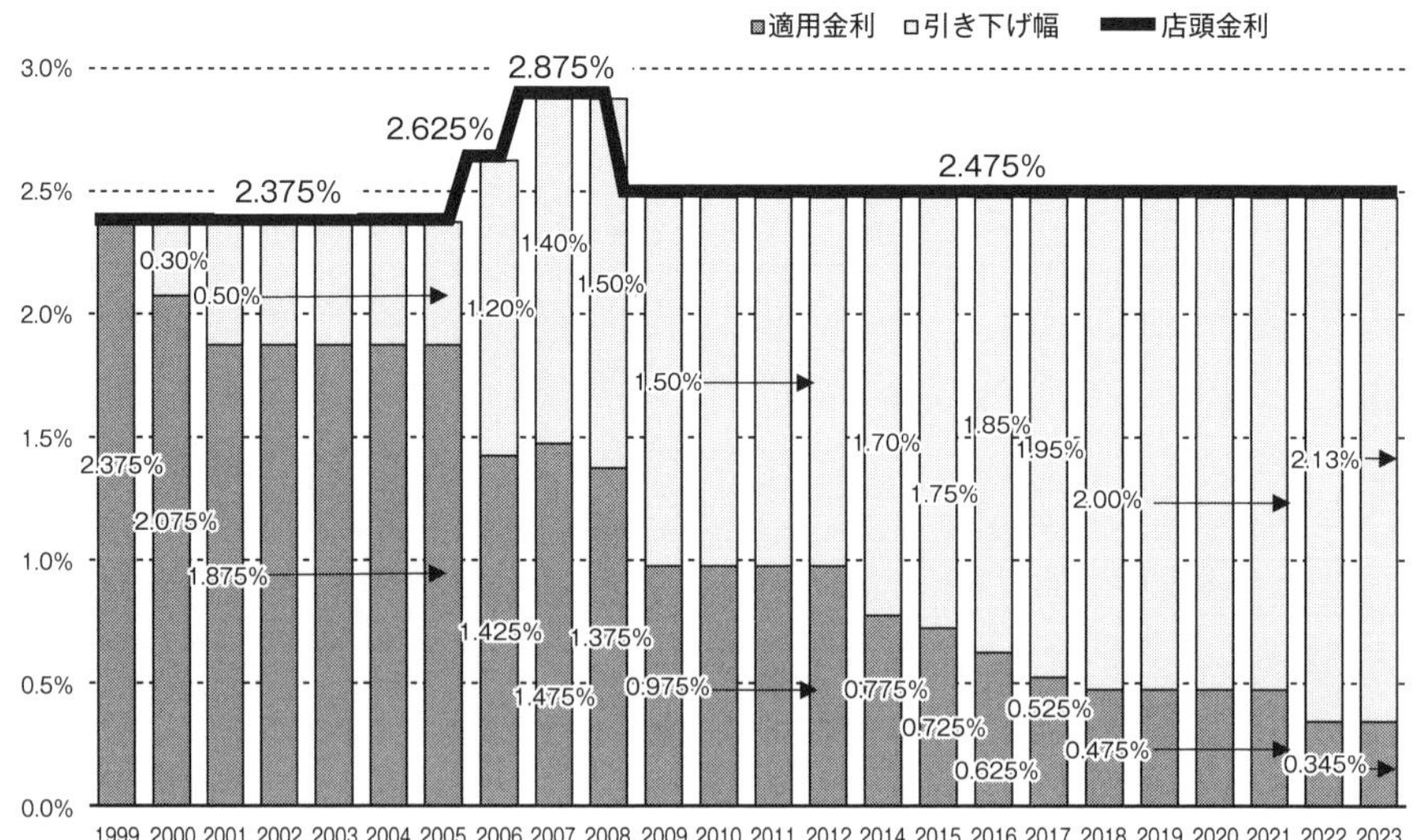

実際の金利と**審査金利**には乖離がありますので、その面を具体的に見てみましょう。4000万円／35年返済で金利4％とすると月々の返済額は17万7110円です。一方、借入期間中に金利変動がない全期間固定金利型は、1・8％程度で借入れ可能です。4000万円／35年／1・8％で月々の返済額を計算すると12万8437円。ひと月あたり4万8673円の余力が生まれることになります。

これを0・4％の変動金利で考えれば、月の返済額は10万2076円。7万5034円の余力が生まれます。ここまでの金利上昇には耐えられると、金融機関は考えているということです。この7万5034円は年間では90万円にもなります。これを繰上返済に活用すれば、定年までの完済や将来の金利上昇リスクの軽減につながります。

4000万円／金利0・4％で35年返済ならば10万2076円の返済額になります（**図3－10**）。では、金利はそのまま0・4％とし、返済額を4％で計算した場合の17万7110円にしたら何年で返済は終わるでしょうか？　計算してみると、約19年7ヶ月（235ヶ月）で終わります。実際の金利に直すと35年までかからず、1時間目で記載した「実際の返済年数は20年」という数字に近づきました。このように金融機関は審査用の割高な金利を採用して安全策を取っています。

マネー雑誌などで「返済負担率は25％以内であれば安心」というアドバイスを見ることがありますが、これらは審査金利を考慮しておらず、適用金利で考えています。審査金利4％の場合、年収600万円／35年返済／返済比率35％で考えると3950万円程度が借入上限の目安です。この3950万円を0・4％の変動金利で返済すると、

図3-10 審査金利と適用金利の差（4,000万円・35年返済）

（円）

金利	4%	1.8%	0.4%
月返済額	177,110	128,437	102,076
年間返済額	2,125,320	1,541,244	1,224,912
4%との年間返済額差		584,076	900,408

月々10万0800円、年間120万9600円の返済になります。年収600万円で割ると20・16%。25%に収まります。返済比率40%で考えたらどうなるでしょうか。600万円の40%は240万円、12で割ると月20万円になります。審査金利4%、35年返済で考えると、借入元金は4517万円になります。この4517万円を0・4%／35年返済とすれば、毎月の返済額は11万5269円。年間では138万3228円の返済です。これを600万円で割ると、23・1%。やはり、25%以内に収まります。つまり、審査金利で考えていない場合、「返済比率は25%以内が安全です」というのは、実は「すべての借入れが安全です」といっているような楽観的な考えなのです。

また、「変動金利にすればたくさん借りられる」というアドバイスもみますが、前述のように、**審**

査では審査金利を使いますので融資額はどんな金利を使うかには左右されません。実際に返済の金利を決めるのは、融資実行の少し前であり（融資実行時の金利を適用する金融機関が多いため）、融資額はそれよりも前に決まっています。そもそも、**変動金利は途中で固定金利に変更できる**のですから、どんな金利を使ってもいいように考えています。大手銀行などでも、事前審査はインターネットでも可能となってきましたが、ホームページ上で入力する項目に「金利」はありません。返済で使う金利と審査には関連性がないということは、このことからもわかります。

(ii)審査の手法

審査の手法も日々変化しています。以前は、単純に商品要綱に照らし合わせて判定する「**要綱審査**」という方法が主流でしたが、近年では「**リスク計量化モデル審査**」を採用する金融機関（保証会社）が増えてきました（**図3－11**）。リスク計量化モデル審査とは、勤務先が「公務員」「上場企業」というケースであれば加点（多めに貸しても大丈夫）、自営業者なら減点（あまり貸しては危険）、勤続年数が長ければ加点、短ければ減点といった具合に、借主の属性を細かく判定し加点減点を行って融資額を決めるという手法です。

たとえば、「勤続年数は2年以上」という規定はよく見ます。勤務年数が1年程度の場合、要綱審査では単純に審査に通らないということになりますが、リスク軽量化モデル審査では、「転職先はどういった会社か」を考慮してくれます。最近では、前向きな**転職**（ステップアップ転職）をされる方もいらっしゃるので、「勤続年数は短いけれども、大きな会社に転職し年収も上がっている方なら融資可能」と判断されることがあります。

図3-11 審査の手法

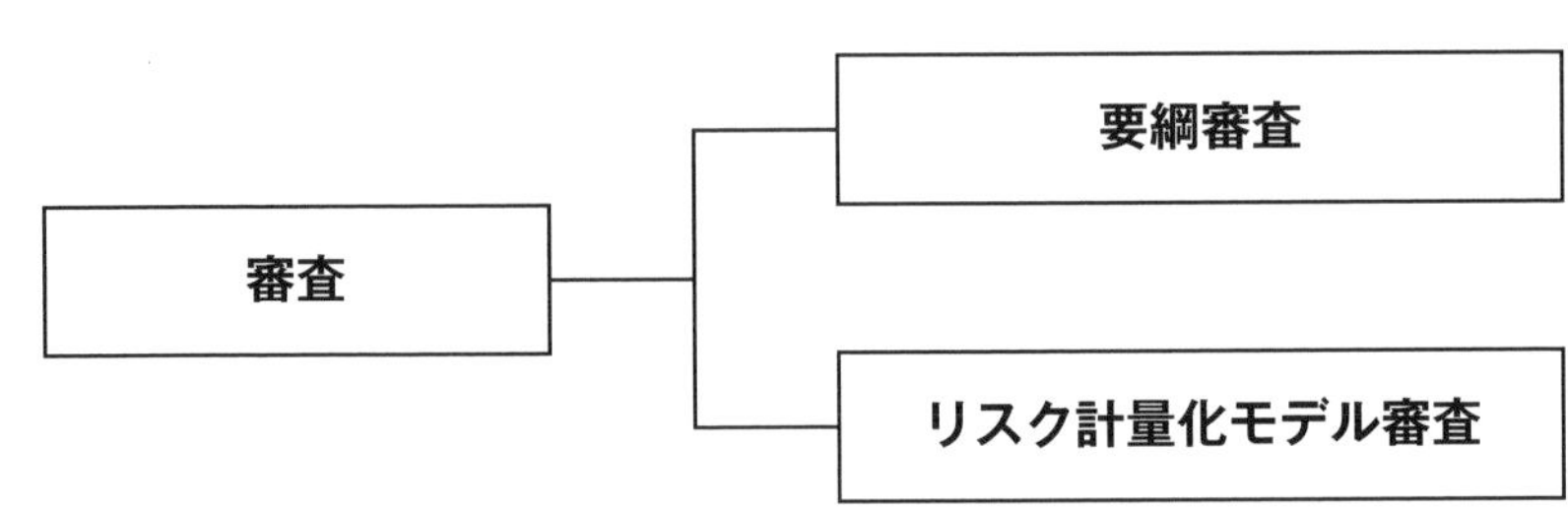

年収600万円でも上場企業に長年勤務されていれば、4000万円以上の融資が行われるケースもあります（**図3－12**）。

1時間目で「家は早く買ったほうがいい」という主旨のことを記載しましたが、審査面でもその影響があります。住宅ローンの実行年齢が50歳以上になると、定年後の返済計画を聴取されることになります。住宅ローンの実際の返済年数は平均20年程度なので、60歳以降の返済の見込みが、審査に影響を及ぼすということです。

会社勤めの方であれば、退職金や再雇用制度、その他資産（現金、有価証券、不動産など）、家賃収入、年金などで返済の見込みが立てば、プラスに作用します。また、年収が高く返済比率に余裕もあるというケースでは、それまでに完済の見込みが立つので、やはり審査においては有利になります。レアケースですが、マンションや注文住宅で引き渡しまでの期間が相応にあると、融資実行前に定年を迎えてしまうという可能性があります。その場合は、原則取り扱い不可となります。なお、自営業の方の場合は原則退職金はないものと考え、最長の返済年齢を70歳として借入額を判定します。

金融機関によっては、申込書だけでは読み取ることのできない情報については、別途「意見書」という書類を添付することによって、プラス材料の判断を仰ぎます。たとえば、両親の資産背景や資金援助状況、配偶者の収入の有無、定年退職金の見込みや保有資格、ステップアップ転職か否かといった借主の要素を追加で報告することによって、審査を有利に進めることもあります。

わかりやすさを優先すると、要綱審査のほうに軍配が上がりますが、柔軟性という面から考えれば、リスク計量化モデル審査が有利になります。また、返済比率も金融機関ごとに若干異なりますし、なかなか表には出ませんが「このハウスメーカーさんのお客様はきちんと返済している」という過去の実績から、「どの会社の物件か？」によっても若干お客様に有利に働くことがありま

図3-12 リスク計量化モデル審査のポイント

■属性

・年齢（完済時年齢）
・勤務先規模…公務員＞上場企業＞資本金＞自営業・小規模法人役員
・勤続年数（長期有利）
・年収
・有力国家資格有無（医師、弁護士、税理士、会計士、司法書士など）
・他借入残高、返済状況
・個人信用情報

■借入条件

・総事業費
・自己資金（自己資金が多いと有利）
・借入金額
・返済比率

す。このように審査については、やり方次第で融資の可否から増減まで変化してきているというのが最近の事情といえます。

2 個人信用情報

(i)信用情報登録機関

銀行はもちろんのこと、クレジットカードや消費者金融に携わる企業は、その顧客の利用状況（信用情報）を、専門の信用情報登録機関に登録することが義務づけられています。各金融機関は信用情報登録機関とオンラインで結ばれているので、**住宅ローンの申込みを受けると、最初にこの信用情報の確認を行います**。安全な融資を実行するために、今回申し込む住宅ローン以外に他の借入れはないのか、ある場合はきちんと返済をしているのかといった情報を確認しています。

住宅ローン審査においては、「**個人情報利用に関する同意書**」に借主が署名もしくは捺印をし、金融機関は真っ先にその信用情報を確認します。この信用情報は、借主の延滞といった事故情報を入手したり、**過剰貸付け**、**多重債務**の防止などに利用します。**延滞**が発生した場合、すべてが情報として登録されるかというと、そうではありません。一般的には、延滞が3ヶ月以上続いた場合や複数回発生した場合に登録されます。

最近は各種ポイント、マイルを貯めるために積極的にカード利用をする方がいらっしゃいますが、それらも住宅ローン審査に影響するという認識が必要です。それこそ、数千円の年会費と携帯電話代がたまたま引き落としできなかったがために、住宅ローンが利用できない可能性もあります。

住宅ローンの申込書欄には「他金融機関からの

借入れ」を記入する欄があり、借主の申告と実際の借入れに相違がないのかも確認しています。もし、申込書の申告と実際の借入れが大きく相違するような場合は**虚偽申告**として扱われ、最悪の場合は否決となります。この個人情報は過去の勤務先も登録されているので、**転職歴**や**勤続年数**が判明する可能性もあります。過去の借入れや他の借入れ、勤続年数などは金融機関側でも調べられるので、申込書には相違なく記入しましょう。

この信用情報の確認は、原則事前審査時と本申込時に行われますが、金融機関が必要と判断した際は、金消契約時にも行われることもあります。

クレジットカードは「**キャッシング**」も利用できるようになっていますが、住宅ローン審査においては、キャッシングは利用していなくても**極度額（限度額）**まで利用しているものとして貸し出しの判定をするケースがあります。キャッシングというのは、簡単にお金が引き出せてしまうからです。今ではクレジットカードは身近で便利なもので、複数枚お持ちの方もいらっしゃいますが、住宅ローン審査の際は注意が必要です。キャッシングは容易に借入れができるので、潜在的なキャッシング枠を顕在化して審査したほうがいいと判断しており、このキャッシングの極度額も信用情報として登録されています。

住宅ローン審査時に信用情報を確認する機関としては、銀行系の「**全国銀行個人信用情報センター（KSC）**」、信販・クレジット系の「**㈱シー・アイ・シー（CIC）**」、消費者信用系の「**㈱日本信用情報機構（JICC）**」の三つが挙げられます。この三つの信用情報登録機関は、CRIN（Credit Information Network）というネットワークシステムで結ばれており、事故情報については相互利用が可能となっていて、延滞などの事故情報は5年間登録されることになっています。

(ii)信用情報登録事項

・属性：氏名・生年月日・性別・住所・電話番号・勤務先名・勤務先電話番号

・借入明細：借入日・借入額・資金使途・担保有無・借入残高・返済履歴

※契約最終日（完済日）から5年間記録

・照会履歴：照会日から6ヶ月～1年を超えない期間

・官報（破産）情報：破産決定から7年～10年を超えない期間

(iii)個人情報が審査に及ぼす影響

①**代位弁済歴、債務整理（自己破産、個人再生手続）**などの事故情報（**ブラック情報**）があると、原則どの金融機関でも否決となります。

②**延滞**の事故情報がある場合、原則として金融機関は否決としますが、延滞実績から相当の日数が経過し、回数も最小限であれば承認する金融機関もあります。

③キャッシング限度額までの借入れ（**極度借入れ**）を数件（5件以上）している場合は、多重債務者とみなされ否決される可能性が高くなります。しかし、自己資金が多い場合（3割程度）は、承認されるケースもあります。少数ですがJICCの**借入履歴**があると、延滞がなくても否決する金融機関もあります。また、

キャッシング枠は通常潜在的な借入れとみなして返済比率に含む金融機関がある一方で、利用実績がなければ返済比率に加えない金融機関もあり、この辺りの対応はさまざまです。

④金融機関など信用情報の登録が義務づけられている機関から信用情報登録機関への報告は、リアルタイムになっているのは一部でしかありませんので、原則月1回の更新が義務づけられています。そのため、当月末に完済した場合でも翌月に反映されていない場合もあります。そういった場合は、審査時に口頭で伝えるなど確認をしておくといいでしょう。

(iv)信用情報をめぐる問題

この信用情報に関しては、トラブルが発生しています。そのトラブルの原因が私たちに身近な「携帯電話」の場合があり、経済産業省でも注意喚起をしているほどです。「なんで住宅ローンを借りるのに携帯電話が関係するの?」と思う方もいらっしゃるでしょうから、少し解説します。

最近皆さんは携帯電話の申込みを行いましたか? 近年では、携帯電話の本体代金を一括払いではなく24ヶ月に分割して支払うのが当たり前のようになっています。この携帯電話を分割払いで購入するということは、**割賦販売法**における「**個別信用購入あっせん**」に該当し、携帯電話購入にあたっても支払い能力の調査が義務づけられています。わかりやすくいえば、携帯電話の本体代は**クレジット契約になっている**ということです。携帯電話申込み書のタイトルは「**個別信用購入あっせん契約申込書**」となっていて、重要事項として「個別信用購入あっせん契約の申込みには審査があります」「当社の定める期日までに分割支払金をお支払いいただけない場合、加盟の信用情報機関にお支払いが遅延した事実が登録されます」と記載されています。携帯電話の機種変更であっても審査が行われていて、携帯電話の契約後はその情報を登録することが義務づけられています。

実際の携帯電話本体代金の支払いはどうなっているでしょうか。通常は通話料と一緒に口座引落とし、カード払い、コンビニ払いなどさまざまな形態で支払っています。たとえばコンビニ払いの方がうっかり支払期日を過ぎてしまったとしても、後日携帯電話会社の店舗で支払うことは可能です。携帯電話の通話料のことだけであればそれで済みますが、本体代はクレジット契約における「**遅延**」として扱われ、**信用情報登録機関**に「**事故情報**」登録されることがあります。多くの方は、携帯電話の本体代をクレジット契約として認識をしていませんので大した問題にならないと思っていますが、いざ住宅ローンの申込みにいって、以前遅延となった携帯電話支払いが原因で、住宅ローンやマイカーローンの審査が通らないといった事態が発生しています。そのため、経済産業省が注意喚起を行うようになりました。このような時代背景から考えても、携帯電話料金といえども安易に扱うことができないと認識してください（**図3−13**）。

２０１３（平成25）年に、ある携帯電話会社が携帯電話利用料金をきちんと支払っていた顧客の信用情報を遅延扱いで登録していたという問題が表面化しました。これは顧客側にはなんの問題もありませんが、この誤登録が原因で住宅ローン審査に通らないということも、可能性はゼロではありません。住宅ローンの審査に通る、通らないは家族にとっては死活問題です。本来、個人信用情報を扱う会社はその情報の重要性から徹底した管理が必要であり、安易な照会はもちろんのこと、その情報の流出、売買は厳しく制限され、社会的相応なモラルが問われています。

また、昨今は奨学金の未納が社会問題化していますが、２００８（平成20）年11月に日本学生支援機構は**全国銀行個人信用情報センターに加盟**しました。学生のときに借りた奨学金の返済が、将来のマイホーム取得に影響を及ぼすこともあるという時代になっています。奨学金を返済中の場合、その残高が審査に影響する金融機関と、影響しない金融機関が存在します。また、生命保険料の場合、銀行口座引き落としで未引き落としとなっても信用情報への影響はありませんが、**生命保険料をクレジットカード払いにしていると、同じ未引き落としでも、信用情報へ影響を及ぼしま**

図3-13 携帯電話契約のしくみ（経済産業省の資料より）

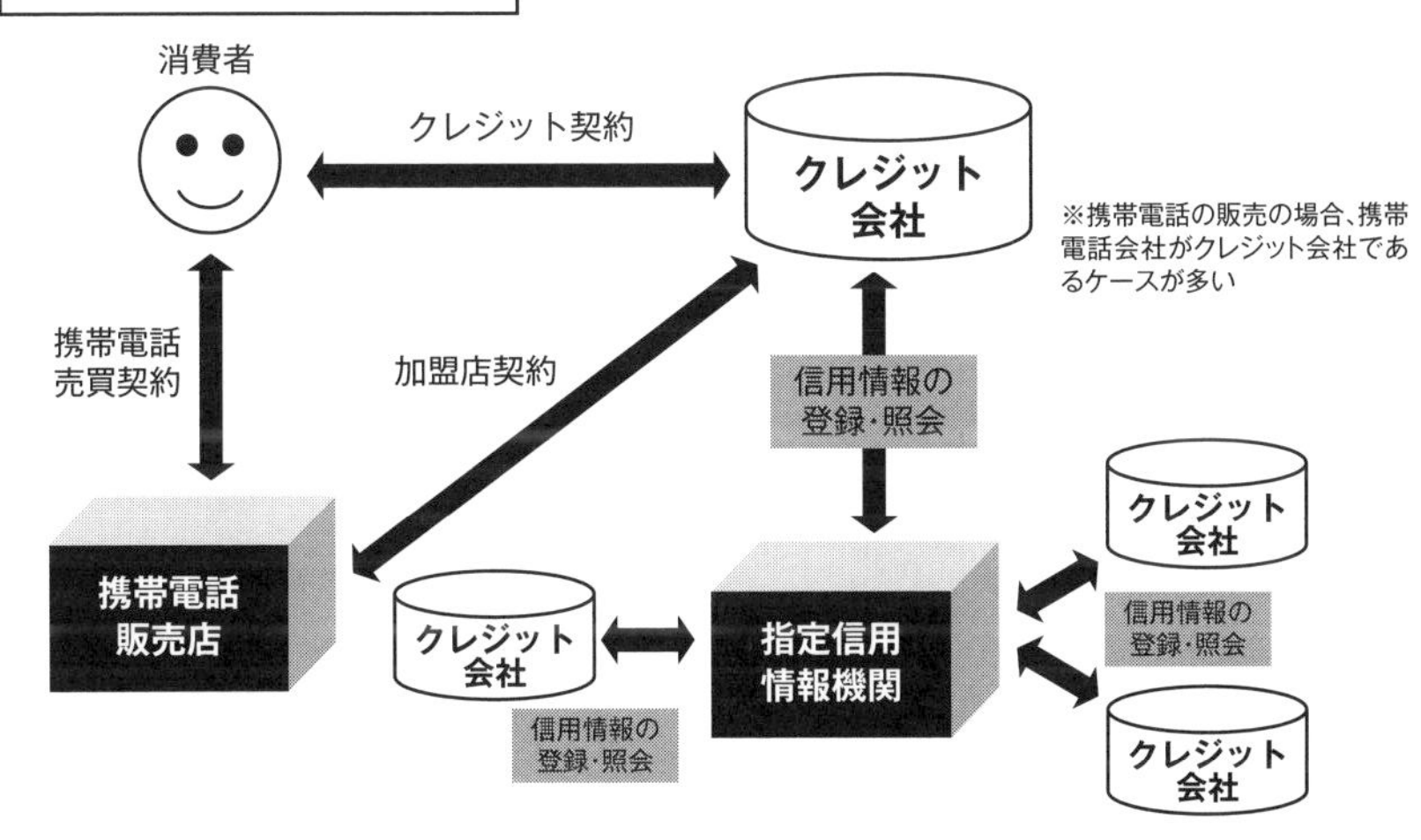

す。その他、銀行口座残高不足で、その不足分を自動的にクレジット決済する機能がある場合、その後そのクレジット返済が滞ると遅延として扱われることもあります。

住宅ローンの借り換えの場合、住宅ローン返済口座の直近6ヶ月~1年分の通帳コピーの提出を求めることがあります。それによって電気代やガス代の引き落としができていなかったりという信用情報として登録されていない情報も読み取ることができ、住宅ローン返済以外の資金繰りが審査へ影響を及ぼすこともあります。

(v) 信用情報の開示

信用情報は、本人であれば各信用情報登録機関に開示請求することも可能です（有料：請求方法は各信用情報登録機関により異なる・**図3－14**）。この信用情報を「自分で確認しましょう」という住宅ローン指南もありますが、「照会回数が多い＝他金融機関で否決され回遊している」と判断されることもあり、**直近での照会回数が審査に影響することもあります**。住宅ローン審査に通らなかった場合にその理由を金融機関は教えてくれませんので、原因を探るために照会することは結構ですが、自分で事前に照会したり、何件も審査を申し込んだがために不利になることもあるので、**安易な開示請求は避けたい**ものです。

しかし、開示請求の結果、登録情報に間違いが判明した場合は、必要に応じて訂正が行えます。また、同姓同名の場合で本人かどうか判明しない場合も、ごくまれにあります。その場合は、過去の居住地の確認を実施して本人を確定します。

図3-14 個人信用情報の照会

■信用情報登録機関

全国銀行個人信用情報センター（KSC）
http://www.zenginkyo.or.jp/pcic/
請求方法：郵便

㈱シー・アイ・シー（CIC）
http://www.cic.co.jp/mydata/index.html
請求方法：インターネット・携帯電話・郵便・窓口

㈱日本信用情報機構（JICC）
http://www.jicc.co.jp/index.html
請求方法：携帯電話・郵便・窓口

3 担保評価

住宅ローンを利用するときには、その土地と建物を担保として提供することとなります。あってはならないことですが、住宅ローンが支払えなくなったときには、その土地と建物が保証会社の手に渡るわけですが、保証会社としては**不良債権化**するのを防ぎたいので、土地・建物の価値（担保評価額）よりも、借入残高が少なくなるように考えて融資金額を決めています（借入金額≦担保評価額）。**担保評価**に関しては、保証会社を採用する住宅ローンの場合は保証会社が、保証会社を採用しない住宅ローンの場合は金融機関がそれぞれ行います。

そこで、新築のときはそれほど気にしなくていいのですが、金融機関を変えて住宅ローンを引き継ぐ「借り換え」のときは、この担保評価がネックになることがあります。理由としては、住宅ローンの支払初めのころは返済に占める利息の割合が高くなりがちで、住宅ローン残高はなかなか減りません。一方で、新築住宅でも住んでしまえばすぐに「中古住宅」になってしまうので、その価値は減少します。バブル崩壊後で考えてみると、金利は今よりも高かったので、元金はなかなか減らない状態です。借り換えの申込みをしても「借入金額＞担保評価額」というケースが多く、審査に通らないことがありました。その後、その事態を改善しようと金融機関も考え、近年では「担保評価＋500万円」「担保評価×2」など割増した新しい基準を担保評価額として、融資可能な範囲を拡げてきました。

では、借り換え審査のときに建物の価値をどう考えるかの一例を紹介したいと思います。金融機関は不動産会社の売買査定のような細部までは調査せず、新築時の購入価格に経過年度ごとに決められた係数（経過年数減価率・**図3－15**）を掛けて現在の建物の価値を判定したり、独自の**簡易評価方式**を採用し、建物の価値を判断しています。実際に物件を見る、見ないは、各金融機関の判断のようです。一般的には、新築と築2年の2年間と、築25年と築27年の2年間。同じ2年間でも、建物の価値の毀損具合は異なります。ですから、そういった年数による減価償却の割合や建物の構造などを勘案して評価しています。

なお、土地の評価ですが、住宅購入時は売買が伴うのでその売買価格で評価し、借り換えのときは、**路線価**によって評価します。

図3-15 経過年数減価率の例

経過年数	減価率(%)	経過年数	減価率(%)	経過年数	減価率(%)
1	9	11	64	21	86
2	17	12	67	22	87
3	24	13	70	23	88
4	31	14	72	24	89
5	37	15	75	25	90
6	42	16	77		
7	48	17	79		
8	52	18	81		
9	56	19	83		
10	60	20	84		

※新築時3,000万円の建物の10年後の担保評価額　3,000万円×(1−60%)=1,200万円
担保評価額×2まで融資可能な金融機関であれば2,400万円まで融資可能

4 収入判定

審査において重要になるのが、「収入と返済のバランス」と「収入の安定性」です。**61ページ**で「返済比率」という言葉が出てきましたが、借主の収入ごとに返済額の上限を定め、その上限以下の範囲で融資金額の承認をします。また、住宅ローンは長い期間をかけて返済するので、安定性については勤務形態、勤続年数や会社規模といった面から判断します。

まず収入と返済のバランスという面では、どのように収入を証明するのかということですが、**公的な収入証明書類を金融機関に提出**することになります。会社員の方（給与所得者）であれば、「**源泉徴収票**」「**所得証明書**」「**住民税決定通知書**」、

自営業の方であれば「**確定申告書**（控え）」「**納税証明書**（その1）（その2）（その3の2）」などです。**源泉徴収票**と確定申告書のサンプルで、どの項目を確認しているのかチェックしてください。

(i)給与所得者

住宅ローン審査において、勤務先規模は大きな要因です。これは、「収入の安定性」を重視するという点が起因しています。過去の住宅ローン返済の膨大なデータを基に、返済の延滞と企業の規模に関係があることが判明しています。会社勤めの方（給与所得者）は自営業者よりも安定的と考えられ、前年の源泉徴収票を提出することで事足ります。金融機関は、源泉徴収票の「支払金額」という欄を収入判定の基準としています（**図3－16**）。この項目を一般的な言い方に直すと、「**税込み年収**」ということになります。

図3-16 源泉徴収票

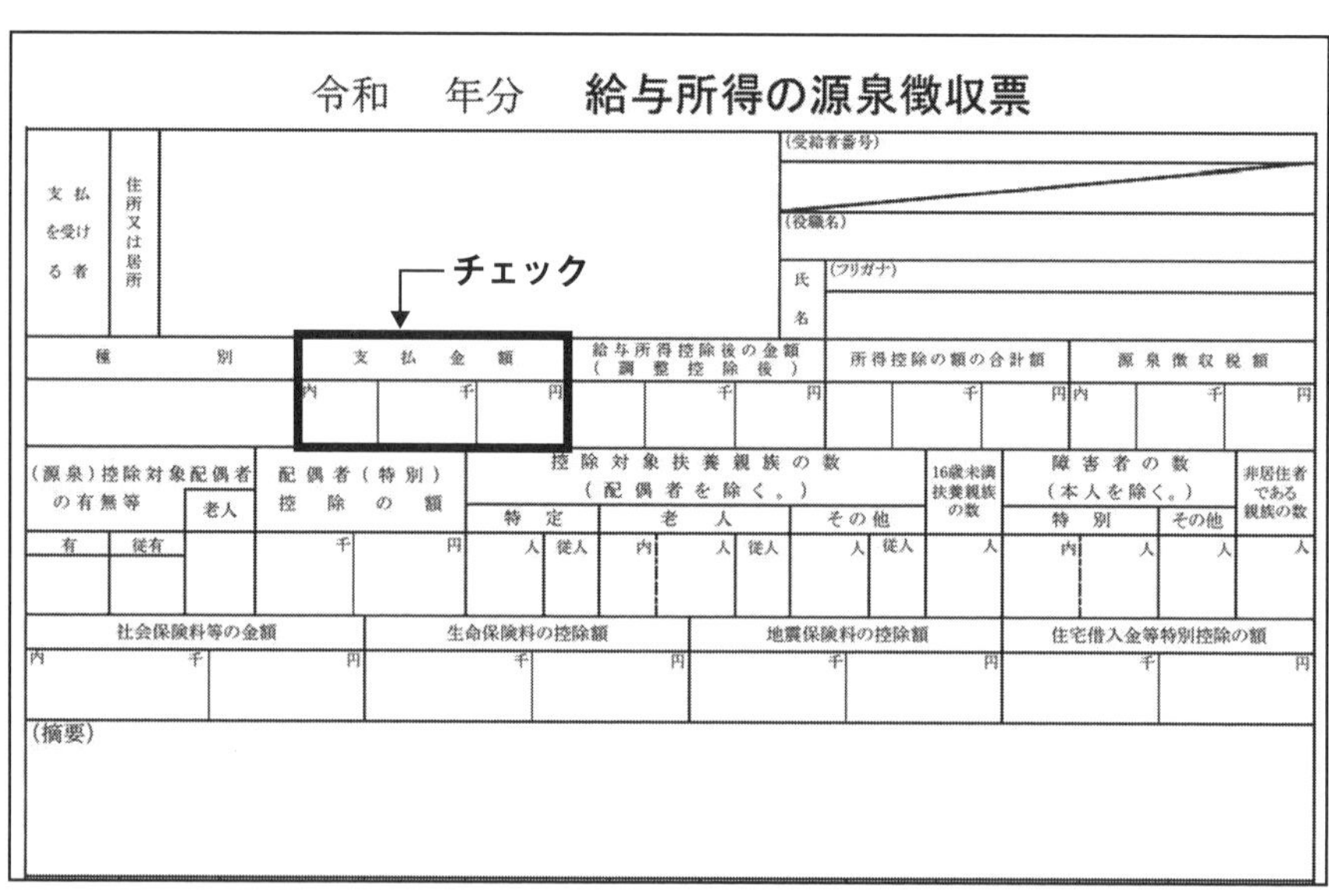

令和　年分　**給与所得の源泉徴収票**

支払を受ける者　住所又は居所
(受給者番号)
(役職名)
氏名 (フリガナ)

種別	支払金額	給与所得控除後の金額（調整控除後）	所得控除の額の合計額	源泉徴収税額
	内　千　円	千　円	千　円	内　千　円

(源泉)控除対象配偶者の有無等			配偶者(特別)控除の額	控除対象扶養親族の数（配偶者を除く。）						16歳未満扶養親族の数	障害者の数（本人を除く。）			非居住者である親族の数
有	従有	老人		特定		老人		その他			特別		その他	
			千　円	人	従人	内　人	従人	人	従人	人	内	人	人	人

社会保険料等の金額	生命保険料の控除額	地震保険料の控除額	住宅借入金等特別控除の額
内　千　円	千　円	千　円	千　円

(摘要)

最近では、給与所得者でも**歩合制**を導入している企業が増えていますが、その場合は歩合の割合はどの程度かといった聞き取りがされることがあります。歩合給の方で「経費を落としたい」という理由で確定申告している方もいますが、その場合は自営業者扱いとなり、「収入」での判定ではなく、「収入」から「経費」を引いた「**所得**」での判定となるので注意が必要です。

転職や産休・育休というケースに対しては、以前より金融機関は柔軟になってきています。どのように**収入判定**をしているかは以降で確認してください。

①転職（前年度、同一勤続先で一年間の勤務をしていない場合）

住宅ローン審査では、収入の安定性をはかるには**勤続年数**を指標にしています。**113ページ**で審査の形態には2種類あると記載しましたが、要綱審査の場合は、その規定を満たしていないと審査に通りません。しかし近年では、ステップアップ転職も以前より多くなり、一概に「転職＝収入が不安定」とは言えなくなってきましたので、**リスク計量化モデル審査**を採用している金融機関では、追加書類等の提出によって収入を判定することが可能です。とはいえ、直近で**転職**歴が多いということはマイナス要因となり得ることは、ご理解ください。

具体的には、原則3ヶ月以上の**給与明細**、**賞与明細**、**見込み収入証明**、**雇用契約書**、**職歴書**を提出し、給与明細から1ヶ月の平均給与を算出。それを12倍したものに賞与の実績を加算したものを見込み年収とし、それを判定材料とします。事前審査時に**試用期間**中の場合は、試用期間経過後に本申込となります。

なお、**転職**予定の方は原則として審査を受け付けられません。転職後であっても、最低1回は給与の支払いを受けた実績を証明し審査を申し込むこととなります。

②転籍

グループ会社への出向・転籍、合併による転籍の場合、給与水準が変わらなければ、以前の勤務先の収入と同額で収入の判定を行います。なお、転籍であっても退職金が出ている場合は、転職として扱うこととなります。

③産休・育休の場合

ライフスタイルの変化とともに、女性の皆さんがビジネスシーンで活躍する場面が増えました。出産・子育てを経て仕事に復帰することを予定している奥様も、ご主人と一緒に住宅ローンを申し込むというケースが増加傾向にあります。その際、金融機関がどのように収入の見込みを判定しているのかを記載します。

〈原則〉

共働き世帯の増加に伴い社会の要請もあり、大手銀行を中心に復職前実行も増えてきた。

・産休育休中実行可　↓　大手銀行を中心に
・産休育休中実行可も1年以内の復職条件
・ネット銀行では実行前復職条件もまだ多い

※**産休育休証明書**、**復職証明**、**復帰予定証明**、復帰後の給与明細書提出条件もある。

〈復職後の収入判定について〉
・産休育休前のフル勤務の収入
・フル勤務の90％～70％で収入判定
・復職後、**時短勤務**になる場合は、フル勤務の80％～70％で収入判定

④海外勤務

現在海外勤務中、もしくは前年海外勤務で帰国している場合、原則は海外での前年の**収入証明**が必要となりますが、多くの金融機関では、勤務先の帰国後の**見込み収入証明**で審査を受け付けられます。帰国後の収入証明が提出できない場合は、前年の海外での年収資料を提出の上、**海外勤務手当**が判明する資料の提出を求められたり、口頭での聞き取りが行われます。これは、海外勤務に関しては

図3-17 勤務形態別の申込み

	契約社員	派遣社員	パート・アルバイト
都市銀行A	50歳未満 勤続1年以上	不可	不可
都市銀行B	勤続3年以上 個人事業主扱い	勤続3年以上 個人事業主扱い	不可
都市銀行C	勤続3年以上 過去3年の平均年収の8割で判定	不可	不可
都市銀行D	勤続1年以上 実年収の6割で判定 勤続３年以上 実年収の８割で判定	勤続1年以上 実年収の6割で判定	勤続1年以上 年収の50%以上100%以内で収入合算可 実年収の50%で判定
信託銀行A	不可	不可	不可
地方銀行A	勤続1年以上	勤続1年以上	勤続1年以上
ネット銀行A	収入100%可	収入100%可	不可

「**危険手当**」を支給している場合があり、帰国後はその収入が見込めなくなるためです。

⑤その他勤務形態

契約社員、**派遣社員**、**パート**（アルバイト）の取り扱いについては、参考までに一覧表（**図3−17**）を作成しました。そちらをご確認ください。なお、**フラット35**の場合、**勤務形態**については**収入さえあれば正社員と同等で扱われ**、申込みが可能です。

(ii) 自営業者

自営業者は収入のアップダウンが激しく、安定性は給与所得者より劣ると考えられます。そのため**直近3年分の確定申告書や納税証明書の提出**を求められます。これが右肩上がりであれば問題ありませんが、上下している場合は3年間の平均値や一番低い所得を採用するといった作業をしています。これらのことから申し込むには必然的に**事業開始から3年以上経過**していることが求められます。しかし、特殊な国家資格（医師、弁護士、税理士、会計士、司法書士など）保有者の開業の場合は、1年でも利益が出ていれば申込み可能となる場合があります。

給与所得者の場合は「**収入**」を見て判定しますが、自営業者の場合は「収入」から「経費」を引いた「**所得**」を見て収入を判定しています。所得には10種類ありますが、住宅ローン返済では安定性を重視するので、**事業所得**、農業従事者は農業所得、**不動産所得**、**利子所得**、**配当所得**（確定申告書の①〜⑤）を考慮します（**図3−18**）。

各種節税対策を行っている自営業者の方はいらっしゃいますが、それは**所得を減少させること**

図3-18 確定申告書

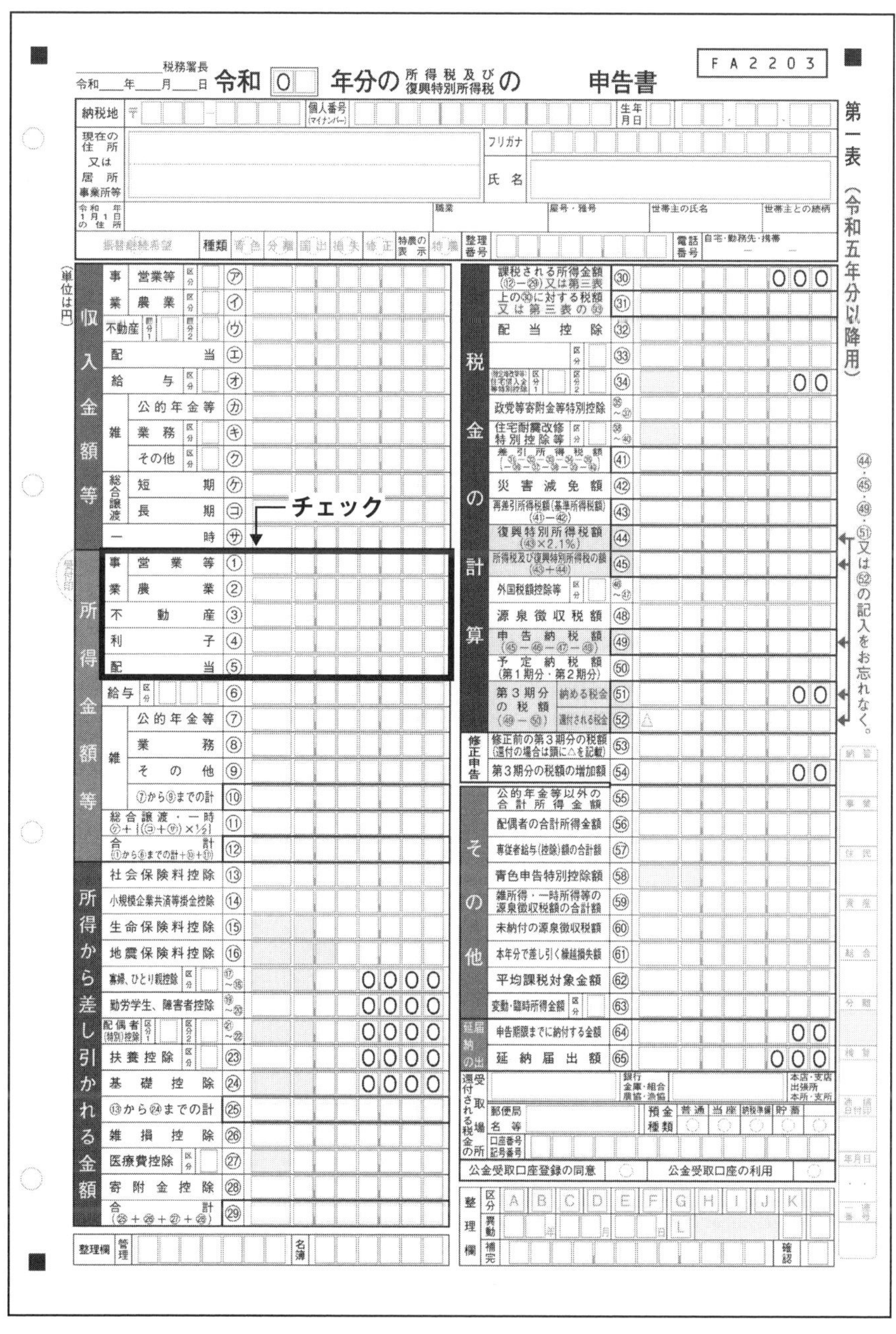

FA2203

＿＿＿税務署長
令和＿年＿月＿日　令和 0 年分の所得税及び復興特別所得税の　申告書

第一表（令和五年分以降用）

納税地	〒
個人番号（マイナンバー）	
生年月日	
現在の住所又は居所事業所等	
フリガナ	
氏名	
令和 年1月1日の住所	
職業	
屋号・雅号	
世帯主の氏名	
世帯主との続柄	
振替継続希望	
種類	青色 分離 国出 損失 修正
特農の表示	特農
整理番号	
電話番号	自宅・勤務先・携帯

（単位は円）

収入金額等	事業 営業等	㋐	
	事業 農業	㋑	
	不動産	㋒	
	配当	㋓	
	給与	㋔	
	雑 公的年金等	㋕	
	雑 業務	㋖	
	雑 その他	㋗	
	総合譲渡 短期	㋘	
	総合譲渡 長期	㋙	
	一時	㋚	
所得金額等	事業 営業等	①	
	事業 農業	②	
	不動産	③	
	利子	④	
	配当	⑤	
	給与	⑥	
	雑 公的年金等	⑦	
	雑 業務	⑧	
	雑 その他	⑨	
	雑 ⑦から⑨までの計	⑩	
	総合譲渡・一時 ㋘＋{(㋙＋㋚)×½}	⑪	
	合計 ①から⑥までの計＋⑩＋⑪	⑫	
所得から差し引かれる金額	社会保険料控除	⑬	
	小規模企業共済等掛金控除	⑭	
	生命保険料控除	⑮	
	地震保険料控除	⑯	
	寡婦、ひとり親控除	⑰〜⑱	0000
	勤労学生、障害者控除	⑲〜⑳	0000
	配偶者（特別）控除	㉑〜㉒	0000
	扶養控除	㉓	0000
	基礎控除	㉔	0000
	⑬から㉔までの計	㉕	
	雑損控除	㉖	
	医療費控除	㉗	
	寄附金控除	㉘	
	合計（㉕＋㉖＋㉗＋㉘）	㉙	

税金の計算	課税される所得金額（⑫－㉙）又は第三表	㉚	000
	上の㉚に対する税額又は第三表の㉝	㉛	
	配当控除	㉜	
		㉝	
	（特定増改築等）住宅借入金等特別控除	㉞	00
	政党等寄附金等特別控除	㉟〜㊲	
	住宅耐震改修特別控除等	㊳〜㊵	
	差引所得税額	㊶	
	災害減免額	㊷	
	再差引所得税額（基準所得税額）（㊶－㊷）	㊸	
	復興特別所得税額（㊸×2.1%）	㊹	
	所得税及び復興特別所得税の額（㊸＋㊹）	㊺	
	外国税額控除等	㊻〜㊼	
	源泉徴収税額	㊽	
	申告納税額（㊺－㊻－㊼－㊽）	㊾	
	予定納税額（第1期分・第2期分）	㊿	
	第3期分の税額（㊾－㊿） 納める税金	51	00
	第3期分の税額（㊾－㊿） 還付される税金	52	△
修正申告	修正前の第3期分の税額（還付の場合は頭に△を記載）	53	
	第3期分の税額の増加額	54	00
その他	公的年金等以外の合計所得金額	55	
	配偶者の合計所得金額	56	
	専従者給与（控除）額の合計額	57	
	青色申告特別控除額	58	
	雑所得・一時所得等の源泉徴収税額の合計額	59	
	未納付の源泉徴収税額	60	
	本年分で差し引く繰越損失額	61	
	平均課税対象金額	62	
	変動・臨時所得金額	63	
延届納の出	申告期限までに納付する金額	64	00
	延納届出額	65	000

㊹・㊺・㊾・51又は52の記入をお忘れなく。

還付される税金の受取場所：銀行・金庫・組合・農協・漁協　本店・支店・出張所・本所・支所　郵便局名等　預金種類 普通 当座 納税準備 貯蓄　口座番号・記号番号

公金受取口座登録の同意　公金受取口座の利用

整理欄 区分 A B C D E F G H I J K　異動 年 月 日　補完　確認

整理欄 管理　名簿

につながるので住宅ローン審査においては不利な要素となります。住宅ローン審査は書類で実施するため、有利に進めるためには3年計画でより正確な申告が求められます。なお、**青色申告控除に関しては、実際の支出ではないのでその面はプラスとして判定**できます。家族を専従者として**専従者給与**を支払っている場合は、専従者給与額を本人の所得に加算することが可能です。この場合は直近3年の平均値もしくは最小値を採用します。

補足情報ですが、現在**自宅兼事務所**という形態で賃料を経費として支払っている場合、新しい自宅を建築し以前と同様に自宅兼事務所とするのであれば、今後その賃料が発生しなくなるので、現在支払っている賃料を所得として割戻しができることがあります。審査の際、金融機関に確認をするようにしてください。また、事業用の借入れについては返済比率に加味するのが一般的ですが、一部それを除外する金融機関もあります。

(ⅲ)会社経営者

会社経営者の場合、その収入は**主宰会社**の業績に左右されるため、自営業者同様会社勤めの方たちよりも審査が厳しいという見方ができます。本人の収入はもちろんですが、**会社の業績の安定性が問われます**。会社の業績の安定性を説明できれば、本人の収入の安定性も担保できるということになります。

会社経営者の場合、審査時に過去3年分の源泉徴収票（もしくは確定申告書）といった本人の収入を証明する書類以外に、経営している会社の**直近3年分（3期分）の決算書を提出**し、それぞれ過去3年の平均もしくは最低値において審査を実施します。なお、過去の事例より会社経営者の返済はリスクが高いと判断されがちですので、**自己資金**を20％以上用意するといった条件がつくことが多いので注意が必要です。

たとえば、年収1200万円が継続している会社経営者がいて、2年前の決算では200万円の赤字、前期は200万円の黒字だったとしましょう。この場合、2年前の決算においては経営者の収入を200万円減額すれば会社は赤字ではなくなります。2年前の経営者の年収を、200万円減額した1000万円として収入を**割り戻す**（あるいは3年平均1133万円）ことで審査の土俵に乗せることは可能です（**図3－19**）。前期は1200万円かつ会社の業績も黒字なのですから、今後の見通し等も含め総合的に判断し、融資の可否が判断されることになります。このような工夫

図3-19 会社経営者の収入判定例

	2021（令和3）	2022（令和4）	2023（令和5）
当期利益	100万円	▲200万円	200万円
給与所得	1,200万円	1,200万円	1,200万円

給与所得	1,200万円	1,200万円	1,200万円
その他		▲200万円	
収入判定	1,200万円	1,000万円	1,200万円

⬆ 収入判定額

をしていくことで、赤字を改善することもできます。この辺りは融資担当者の技量ともいえる部分で、よく相談して進めていくといいでしょう。

(ⅳ)不動産所得について

本業とは別にアパートやマンションを貸していて不動産所得がある場合は、その所得を加算することができますが、空室リスクや修繕など収益にバラつきがあるので、注意が必要です。**不動産所得は過去3年の平均値もしくは最低値を採用**することになりますが、不動産所得がマイナスの場合は、単純に他の所得（事業所得など）からその分を差し引くことになり、審査においてはマイナス要素となります。なお、「**減価償却費**」と「**借入金利子**」については、所得として割り戻すことが可能です（**図3－20、3－21**）。また、会社勤めをしながら賃貸住宅経営をされていらっしゃる方の場合は、給与の収入に不動産所得を加減して判定が行われます。

5 収入合算

住宅ローンの借入れにあたっては、借主（主債務者）の年収によって借入金額の限度額が決定します。しかし、主債務者の収入だけでは借入額が不足する場合は、その他の人（**収入合算者**）の収入を加味して、借入金額を増加させることができます。これに該当するのは**夫婦や親子（義理でも可）での申込みであり、二人の収入を合算して申し込むことで借入額を増加できる**ことになります。申込み方によって、「**連帯保証**」「**連帯債務**」「**ペアローン**」という三つの形態が考えられます（**図3－22**）。この契約の形態は、非常に複雑かつ重要な事柄ですので、それらの違いをまず解説し

図3-20 不動産所得の例

平成二十五年分以降用

平成26年 2月16日

（自 1月 1日 至 12月 31日）

科目				金額（円）
収入金額	賃貸料		①	1540000
	その他の収入	礼金・権利金 更新料	②	
		名義書換料 その他	③	
		小計（②＋③）	④	
	計（①＋④）		⑤	1540000
経費	給料賃金		⑥	
	減価償却費		⑦	1074022
	貸倒金		⑧	
	地代家賃		⑨	
	借入金利子		⑩	550948
	その他の経費	租税公課	㋑	167400
		損害保険料	㋺	72976
		修繕費	㋩	452266
			㋥	444320
		雑費	㋭	20000
		小計（㋑～㋭までの計）	⑪	1156962
	経費計（⑥～⑩までの計＋⑪）		⑫	2781932
専従者控除前の所得金額（⑤－⑫）			⑬	▲1241932
専従者控除			⑭	
所得金額（⑬－⑭）			⑮	▲1241932
土地等を取得するために要した負債の利子の額				

収入金額等	事業	営業等	㋐	
		農業	㋑	
	不動産		㋒	1540000
	利子		㋓	
	配当		㋔	
	給与		㋕	9656764
	雑	公的年金等	㋖	
		その他	㋗	
	総合譲渡	短期	㋘	
		長期	㋙	
	一時		㋚	
所得金額	事業	営業等	①	
		農業	②	
	不動産		③	▲1241932
	利子		④	
	配当		⑤	
	給与		⑥	7491087
	雑		⑦	
	総合譲渡・一時 ㋘＋{(㋙＋㋚)×½}		⑧	
	合計		⑨	6249155

図3-21 不動産所得の収入判定例（図3−20のケース）

（円）

不動産所得	−1,241,932
減価償却費	1,074,022
借入金利子	550,948
①不動産収入判定	383,038
②給与収入	9,656,764
本人総収入（①＋②）	10,039,802

$$\text{返済比率} = \frac{\text{本件返済額}+\text{既借入返済額}}{\text{本人総収入}}$$

ます。それぞれメリット・デメリットがありますので、十分検討をしてご利用ください（**図3－23**）。

(i)連帯保証

収入合算者は「**連帯保証人**」となります。仮に返済が滞った場合、連帯保証人には「まず**主債務者**に請求してください」という「**催告の抗弁権**」、および「先に主債務者の財産を差し押さえてください」という「**検索の抗弁権**」がありませんので、事実上、債務者とほぼ同等の義務を負うことになります。

また、登記においては原則購入物件の持ち分を保有する必要はなく、主債務者の単独名義となりますが、一部、収入合算者も持ち分を保有し共有名義としなくてはいけない場合があります。

収入合算者が借入人とならなくても、持ち分を持たなくても借入れを増額することができる反面、**団体信用生命保険の適用がなく、住宅ローン控除が受けられない**という点にご注意ください。

なお、連帯保証人は主債務者と同居が原則です。

(ii)連帯債務

一つの契約を夫婦それぞれが債務者となる形態です。連帯債務の場合、**連帯債務者**は**主債務者**単独で申し込む場合の上限より増加した借入金額だけ債務を負うわけではなく、夫婦それぞれが借入全額の債務を負うことになります。

連帯債務の場合、**団体信用生命保険は連帯保証と同様に主債務者にしか適用しないものの、住宅ローン控除は夫婦それぞれで受けられ、夫婦それぞれで所有権（持ち分）を持つ**ことになります。その場合、持ち分の割合によっては贈与税の対象となってしまうことも考えられるので注意が必要です（２０９ページ）。なお、連帯債務は取り

図3-22 夫婦申込みの相違点（夫が主債務者の場合）

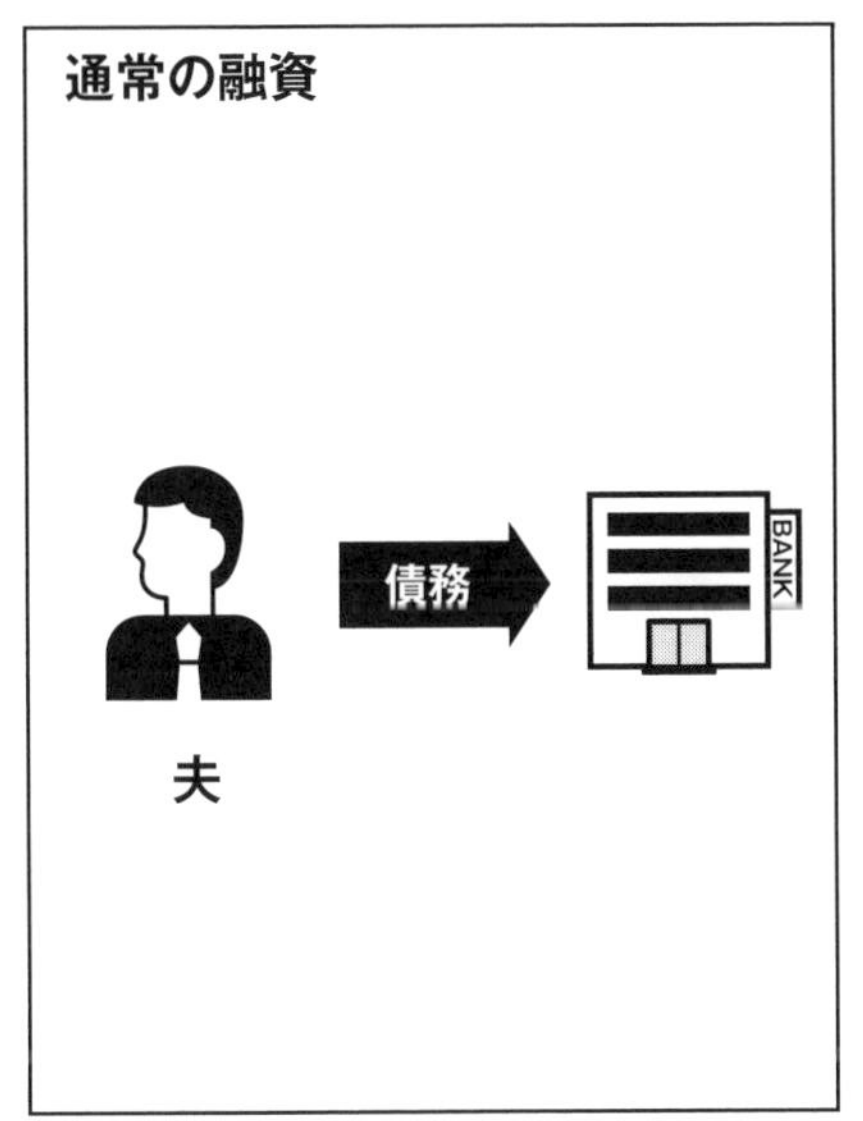

図3-23 借入れの形態による違い

		夫の単独債務	妻が連帯保証人	妻が連帯債務者	ペアローン
契約上の位置づけ	夫	主債務者	主債務者	主債務者	主債務者※1
	妻	―	連帯保証人	連帯債務者	主債務者※1
	債務者	夫	夫	夫・妻	夫・妻
ローン控除	夫	○	○	○	○
	妻	×	×	○	○
団体信用生命保険	夫	○	○	○	○
	妻	×	×	△※2	○
所有権	夫	○	○	○	○
	妻	×	×	○	○
返済期間		夫の年齢による	夫の年齢による	夫（主債務者）の年齢による	夫婦それぞれで判定
返済口座		夫	夫	夫（主債務者）	夫婦それぞれ同支店に開設

※1：相互に連帯保証人となる
※2：連生保険の場合は適用

（親子ローンの場合は、上記表の夫→親、妻→子に置き換えてください）

扱っていない金融機関があるので事前の確認が必要です。

(ⅲ)ペアローン

ペアローンとは、4000万円の借入れをご主人分3000万円、奥様分1000万円と分けて申し込み、一つの物件に対して二つの住宅ローン契約が存在する形態です。ペアローンの場合は、申込人それぞれで融資額を判断する金融機関と、申込人二人の収入を合計して、その合計金額から融資額を判断する金融機関があります。

申込人それぞれが各々の借入れに対する主債務者となるので、**それぞれの借入額分に対して団体信用生命保険が適用されます**。前述のケースで、仮に奥様の身に万一があった場合は、奥様の契約分1000万円に関しては団体信用生命保険で清算され、ご主人分は自分の契約した分の返済を続けます。なお、**住宅ローン控除はそれぞれの借入金額分受けることができます**。

ペアローンの場合、夫婦ペアローン、親子ペアローンともに申込人に収入があり同居が原則ですが、**単身赴任**の場合も利用可能となります。また、奥様が**産休・育休**となる場合、原則は住宅ローン実行時に職場復帰が条件となりますが、復帰前でも利用できる金融機関も一部あります。ペアローンは2本の契約を行うこととなるので、**事務手数料や印紙代などが通常の契約の2倍かかる**こととなります。

6 夫婦申込みの概要

(i)申込人

同居の夫婦が原則です。**婚約者**の場合、原則として**融資実行前の入籍が融資の条件**となり、金融機関によっては**婚約証明書**の提出が必要です。ごく一部ではありますが、同居を条件とすることで、**入籍条件**を必要としない金融機関もあります。入籍前に実行する場合は、結婚式場の予約や結婚式の明細、結婚式の案内状といった証明を提出することで、承認されるケースもあります。実務の流れとしては、続柄の記入された住民票で入籍を確認し、さらに入籍後の印鑑証明、住民票、戸籍謄本を徴求される場合もあります。

内縁関係（事実婚）や**夫婦別姓**の場合、相続時に問題が発生する可能性があるので、金融機関としては積極的に取り扱うことは難しいですが、ごく一部の金融機関では取り扱う場合もあります。

(ii)加味できる収入金額

原則は、前年度の収入実績を収入として算定してくれる金融機関が多いのですが、**収入合算者**分が合算できるのは主債務者の収入の80%、60%、50%までといった金融機関もありますので、事前に確認しましょう。**主債務者**より収入合算者の収入が多い場合、主債務者の収入と同額までを加味できたり、合算者の収入そのままを加味できたりと、金融機関毎に条件が異なります。

夫婦ペアローンの場合、それぞれの収入から算出された借入限度額まで申込みできますが、夫婦の総収入から算出された借入限度額まで融資をし、その場合の借入額の配分は夫婦の収入で案分しないでいいという金融機関もあります。

(iii)勤務形態による収入合算

収入合算者が**正社員**か、**契約社員・派遣社員**か、**パート・アルバイト**かといった勤務形態も審査に影響します。住宅ローン審査においては収入の安定性が優先されるので、収入合算者も正社員であることが望ましいのですが、借入金額が少ないなどといった場合は、正社員以外でも融資額の増額が見込めることがあります。これも金融機関ごとに異なります。

(iv)借入期間

連帯保証・連帯債務は一本の契約ですので、**主債務者の年齢により最長の返済年数が決まります**。ペアローンは、それぞれ**申込人の年齢によって返済年数が決まる**ので、一本が35年返済、もう一本が20年返済と異なる返済年数が可能です。

(v)団体信用生命保険

団体信用生命保険については、連帯債務、連帯保証の場合は主債務者が被保険者となるので、**収**

入合算者の身に万一があった場合には債務は清算されません。別途民間の生命保険などで準備しておくことをお勧めします。ペアローンの場合は、一般的な住宅ローンであればそれぞれに団体信用生命保険が付帯されているので、**それぞれその時点の借入金額は保障される**ことになります。夫婦申込みの団体信用生命保険は、**２４１ページ**から詳しく解説しています。

(vi)返済方法(口座)

連帯保証、連帯債務の場合は、**主債務者の口座のみで返済**。ペアローンの場合は、夫婦それぞれで同一支店に口座を開設し、それぞれの契約分を支払うこととなります。

7 親子による申込み

親子の場合は、「**親子リレーローン**」と「**親子ペアローン**」が考えられます。親子リレーローンは親が主債務者、子が連帯債務者となるので、基本的な考え方は夫婦の場合と同じです。返済は将来親から子へ引き継ぐことになり、親子が同時に返済することはなく、親の返済口座から返済を開始します。返済口座が子へ移転するタイミングは、金融機関によって取扱いが異なります。一方、ペアローンは夫婦の場合と同様に、同時期に親子で返済をします。親子ペアローンの返済年数はそれぞれ親子の年齢に対応して設定することになるので、親は25年返済、子は35年返済と異なるケースもあり得ます。

(i)申込人

同居の親子（義理でも可）が原則です。

(ii)加味できる収入金額

原則は、前年度の収入実績を収入として算定してくれる金融機関が多いのですが、収入合算者分が合算できるのは主債務者の収入の80％、60％、50％までといった金融機関もありますので、事前に確認しましょう。主債務者より収入合算者の収入が多い場合、主債務者の収入と同額までを加味できたり、合算者の収入そのままを加味できたりと金融機関ごとに条件が異なります。

(iii)勤務形態による収入合算

収入合算者が**正社員**か、**契約社員・派遣社員**か、**パート・アルバイト**かといった勤務形態も審査に影響します。収入合算者も正社員であることが望ましいのですが、借入金額が少ないなどといった場合は、正社員以外でも融資額の増額が見込めることがあります。これも金融機関ごとに異なります。

(iv)借入期間

まず、親子の場合は親の年齢が重要になってきますが、年齢に関しては単身で申し込む場合と同様一般的には70歳までとなります。親子リレーローンの返済年数については、子の年齢で判定することが可能なので、子が44歳以下であれば35年返済も可能です。一方、ペアローンは必然的に親の借入分に関しては、返済年数が短くなります。

(v)団体信用生命保険

親子リレーローンの団体信用生命保険については、金融機関(保証会社)ごとに異なります。返済開始から子のみが保険の対象者(被保険者)となり、借入金額全額が保障される(親は返済期間中一度も保障の対象にならない)もの、親の年齢が70歳に到達するまでは借入金額全額に対して親が被保険者となり、親が70歳に到達した以降の被保険者は全額子というもの、親が70歳に到達するまでは親子でローン残高の50%ずつが保障されて、70歳以降は全額が子の保障となるといったものなどさまざまです。一つの金融機関で複数の団体信用生命保険を扱っていて、借主が選ぶということもあります。一方、親子ペアローンに関しては夫婦ペアローンと同様、それぞれの借入分に対して保障されます。

(vi)返済方法(口座)

親子リレーローンに関しては、親の口座で返済を開始します。親子ペアローンの場合は、親子で同一支店に口座を開設し、それぞれの借入分を返済していきます。

※**ペアローン**の場合きょうだいは原則不可ですが、特例でペアローンが可能となる場合があります。取り扱いできる金融機関は少ないですが、他に身寄りがなく同居で相応の年齢である場合は、きょうだいのペアローンが可能となる場合があります。

8 住み替え

(i)住み替え住宅ローン

現在住んでいる物件を売却し、新しい物件を購入して住み替えをしようとする場合に、売却物件の住宅ローンを売却価格で清算できずに「**売却損**」が発生した際は、その売却損、売却と新規購入それぞれの諸費用、さらに新規購入物件価格の100%まで借入れできる「住み替え住宅ローン」の利用が考えられます(**図3-24**)。

図3-24 住み替え住宅ローンの融資対象

住み替え住宅ローンについては売却損の部分は無担保となるため、返済能力が大きく問われることになります。そのため、返済実績を確認するために直近1年分の返済口座の通帳コピーを提出することが求められます。この間に遅延の実績があると、原則として利用ができません。その他、返済比率や勤務先、勤続年数などが重視されます。手続に関しては、無担保部分と新規住宅ローンを分けて契約する金融機関と、分けずに1本で契約する金融機関があります。なお、住み替え住宅ローンは取り扱っていない金融機関もあります。

(ii) 既存住宅ローン併存

既存住宅ローン併存とは、住み替えなどで現在の自宅の住宅ローンと今回購入するための住宅ローンの2本が併存していてそれを同時に返済することです。「**ダブル返済**」と表現されます。ダブル返済は、現在の住宅ローンと新しい住宅ローンの取扱金融機関が同じ場合と異なる場合で取扱方法が異なります。

①取扱金融機関が新・旧住宅ローンで同じ場合

住宅ローンは「一金融機関一件」という原則があるので、新規の借入れの住宅ローンは取り扱いできません。新規の住宅ローンを借り入れる際は既存の住宅ローンを完済することが条件となります。

しかしごく一部の金融機関では、既存物件の売却先が未定で売却完了までの期間は返済比率オーバーとなる場合（売却後は返済比率基準内）でも、売却物件の借入残高が金融機関の評価した物件評価の70％～50％以下であれば、念書などの必要書類を提出することで承認を得られることがあります。念書には、新物件入居後6ヶ月以内に売却する旨と、6ヶ月以内に売却できない場合は、金利引き下げのないフリーローンに変更するという内容を記載します。

※必要書類…念書、売り出しのパンフレット、売却に関する**媒介契約書**など

②取扱金融機関が新・旧住宅ローンで異なる場合

他金融機関での借入れについては関知しないので、返済比率が基準以内であれば、ダブル返済でも承認されます。

返済比率を判定する際、新しい住宅ローンについては各金融機関の**審査金利**で算定しますが、既存住宅ローンの金利については、審査金利を採用する金融機関と実際の返済に適用している金利を採用する金融機関があり、対応はそれぞれ異なります。審査金利よりも適用金利のほうが低金利なので、適用金利を採用するほうが有利です。

既所有物件売却の売買契約が済んでいて引き渡し時期も決定している場合、売却が完了するまでは、返済比率をオーバーすることになります。その場合は、売却後の返済比率が所定の基準に収まるのであれば、売却物件の売買契約書と預金（通帳コピーなど）を提出し、併存する期間の返済分が返済できる原資の確証を提出すれば、承認されます（**図3－25**参照）。その際、金融機関は売却物件の売買契約書を確認し、**ローン条項**の期限が過ぎていることを確認します。ローン条項の期限切れる前であれば、買主のローンが未承認となり売買契約が解除となる可能性があるからです。

※ローン条項…住宅ローンの審査に通らなかった場合は売買契約が解除され、手付金等が申込人に返還される条項

図3-25 既存住宅ローン併存

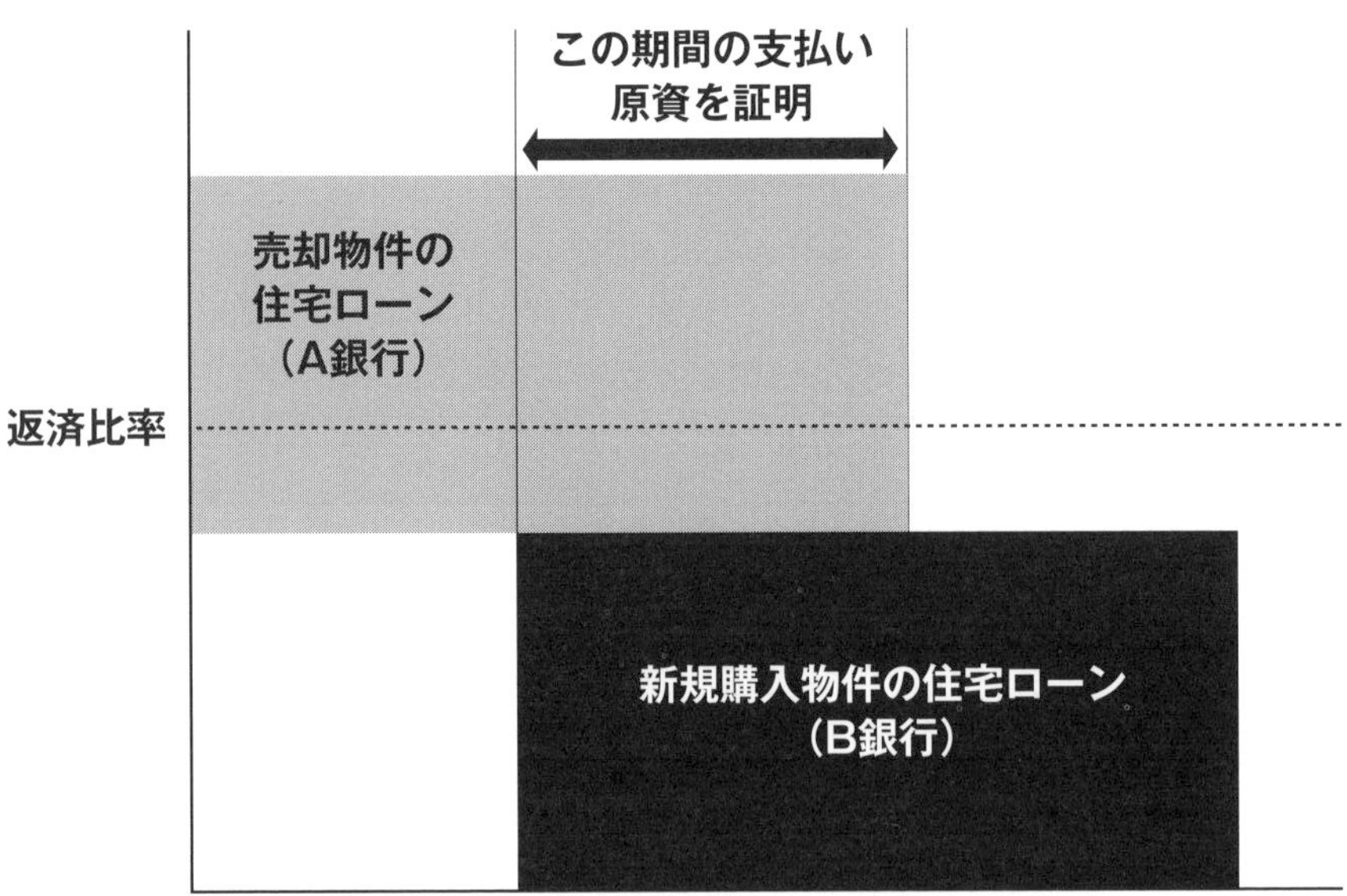

既存物件の売却先が未定で売却完了までの期間は返済比率オーバーとなる場合（売却後は返済比率基準内）は新旧同一金融機関のケースと同様に、売却物件の借入残高が金融機関の評価した物件評価の70%~50%以下であれば、必要書類を提出することで承認を得られることがあります。

※必要書類…念書、売り出しのパンフレット、売却に関する**媒介契約書**など

③その他

一部の不動産仲介会社では、売却の値段を保証する「**買い取り保証制度**」を採用しています。この場合は、新物件購入時に買い手が見つからなくても、その会社で旧物件を買い取ることになるため、**ダブル返済**とならずに新物件の住宅ローンを利用できます。

また、いわゆる民間金融機関の住宅ローンと**フラット35**（もしくは**住宅金融公庫融資**）のダブル返済を同一金融機関で行おうとする場合は、フラット35（もしくは住宅金融公庫融資）が**留守宅届**承認を受けている、親族居住用、セカンドハウス扱いであればダブル返済が可能となります。

9 その他

(i) セカンドハウスローン

①セカンドハウスとは

2時間目**55ページ**に記載のとおり、住宅ローンは原則として「借主の居住する物件」に対する融資です。それ以外の住まいに対する住宅ローンを「セカンドハウスローン」といいます（**図3－26**）。セカンドハウスとは、「借主本人が一時的に利用する住宅」と「借主本人以外が居住する住宅」と、使用目的によって2種類に分かれます。

図3-26 セカンドハウスの概要

本人が居住するセカンドハウス	通勤用として平日利用／週末の居住用 休養・出張用／書斎　など
本人以外が居住するセカンドハウス	単身赴任中で家族が居住／親族(両親・子ども)居住用（通学用の場合、子どもの独立後に賃貸として貸し出す可能性があるので原則不可）
セカンドハウスローン適用外	賃貸住宅／別荘（リゾート） 時期未定の転勤後居住用

②取扱内容

セカンドハウスローンは一般の住宅ローン以上に、金融機関ごとの**金利引き下げ**条件、借入額、収入合算といった取扱内容は異なります。一般の住宅ローンと同様の条件で利用できる金融機関もあれば、一般の住宅ローンよりも制限を設ける金融機関もあります。

なお、セカンドハウス建築地への住民票移動は不要です。主たる居宅の現住所で登記ができますが、**住宅ローン控除**は対象外となります。

(ii)世帯主以外の申込み

①世帯主以外の申込み

ご主人が世帯主になっている夫婦世帯で、奥様が単独で住宅ローンを申し込む場合、奥様の属性が融資基準に収まっていれば基本的には問題ありませんが、一部、ご主人を**連帯保証人**として徴求する金融機関があります（その際、ご主人の収入は審査に加味しません）。

②ご主人を連帯保証人として徴求する意味

住宅ローンは、世帯主が申し込むというのが一般的ですが、奥様が申し込む場合は、ご主人の**信用情報**に問題があり融資が受けられないという背景が予見できます。この場合は、「家族一体」という考えから、連帯保証人とした上で個人情報を照会し信用力を判断します。

(iii)離婚歴

①離婚歴のある場合は……

離婚後に**慰謝料**や**養育費**の支払い（「**かくれ債務**」という）をしている場合は、年間返済額にその分を考慮して借入額の判定をすることになります。しかし、これらは特殊な個人情報であるので確認できないことが多く、金融機関がその情報を入手できた場合に、別途聞き取りなどで対応しています。**離婚協議書**や家庭裁判所の**裁定**などがある場合は、それらを提出して詳細を確認します。

②留意事項

離婚調停中の場合は申込み不可ですが、養育費等の支払いを考慮して年収を10%カットして審査する金融機関もあります。しかし、夫婦のみであったという場合には、一般的には養育費などを考慮しません。

なお、自宅購入後に離婚をした場合、その自宅の住宅ローンが残っていたり、連帯保証人になっていると、それを加味した審査となります。連帯保証人の場合は、相手方が返済しているので実質的な支払いは発生していませんが、新しい住宅ローンの審査においては、以前の住宅ローンも本人の債務として計算されるので注意が必要です。

(ⅳ)外国籍の方の申込み

①外国籍の方は住宅ローンを申し込めるか

外国籍の方でも、所定の要件を満たせば住宅ローンの申込みは可能ですが近年では縮小傾向にあります。その際、住宅ローンは本人が居住するための住宅に対する融資ですので、「**永住性**」が最大のポイントとなります。

②条件

一般的には、**永住権**の取得を必要とします。その際、同居の親族・配偶者が連帯保証人となりま す。永住権のない場合は、一部の金融機関では配偶者が日本国籍を有している、もしくは**永住権取得**者で親族(親子)が連帯保証人になることで申込みが可能です。永住権の申請中であるという場合は原則取扱不可となりますが、永住権取得の条件を満たしていて、申請書控えを提示することができれば、取り扱われる場合があります。

上記のどれにも当てはまらない場合は、日本に5年以上居住している、上場企業(上場関連企業)に3年以上勤務、自己資金2割以上、という条件をすべて満たせば、承認が出ることがあります。

③その他

留意事項としては、申込み以前の日本での居住年数が5年から7年程度あり、現勤務先の勤続年数が3年以上あるということ。通訳なしで日本語が理解でき、日本語で住所、氏名の記入ができることなどが挙げられます。お子さんがいらっしゃる場合は、日本人学校に通学されているということで永住の意志があるとみなされます。審査の際、来日の理由や永住希望の理由に関する聞き取りが行われることがあります。なお、**単身者**の取扱いは原則不可となっています。

審査時には住民票、**パスポート**（在留資格期間のあるもの）、「**在留カード**」「**特別永住権証明書**」などで公的確認を実施します。

(v)障がいをお持ちの方

障がいをお持ちの方でも、その状況により**団体信用生命保険**の承認を得て、住宅ローンを利用できる可能性はあります。近年では各企業が障がいをお持ちの方でも積極的に社員として採用し、貴重な一員として活躍されていらっしゃいます。社会的に労働する力が認められていますので、今後も勤務可能と判断されれば取り扱うことが可能な金融機関はあります。

4時間目

コンサルティング

金利上昇不安の解消と返済プランの構築

不安要素 no.1

住宅購入時は悩みや不安がつきまとい、なかなか決断が下しにくいものです。これは、本人にとって人生最大の買い物となることや、現金での購入が難しく住宅ローンを利用せざるを得ないことなどが起因しています。特に住宅ローンについては、何千万円という高額かつ長期間にわたる返済により多くの利息負担を強いられるので当然のことでしょう。

また、住宅ローンの金利については昨今金利の低い変動金利の利用が増えていますが、将来の金利上昇リスクを抱えています。それを回避するために長期固定金利へシフトすれば、より高い金利となるため借り初めの返済額増加、利息負担などが避けられません。

購入物件自体に対する不安も根強くあります。物件の価格評価の妥当性、将来の値下がり、本人の収入や人生設計において妥当性があるのか、青田買い（未完成物件）マンション購入時には実物を見ていないなど、不安要素を挙げればキリがありません。

図4-1 購入に対する不安

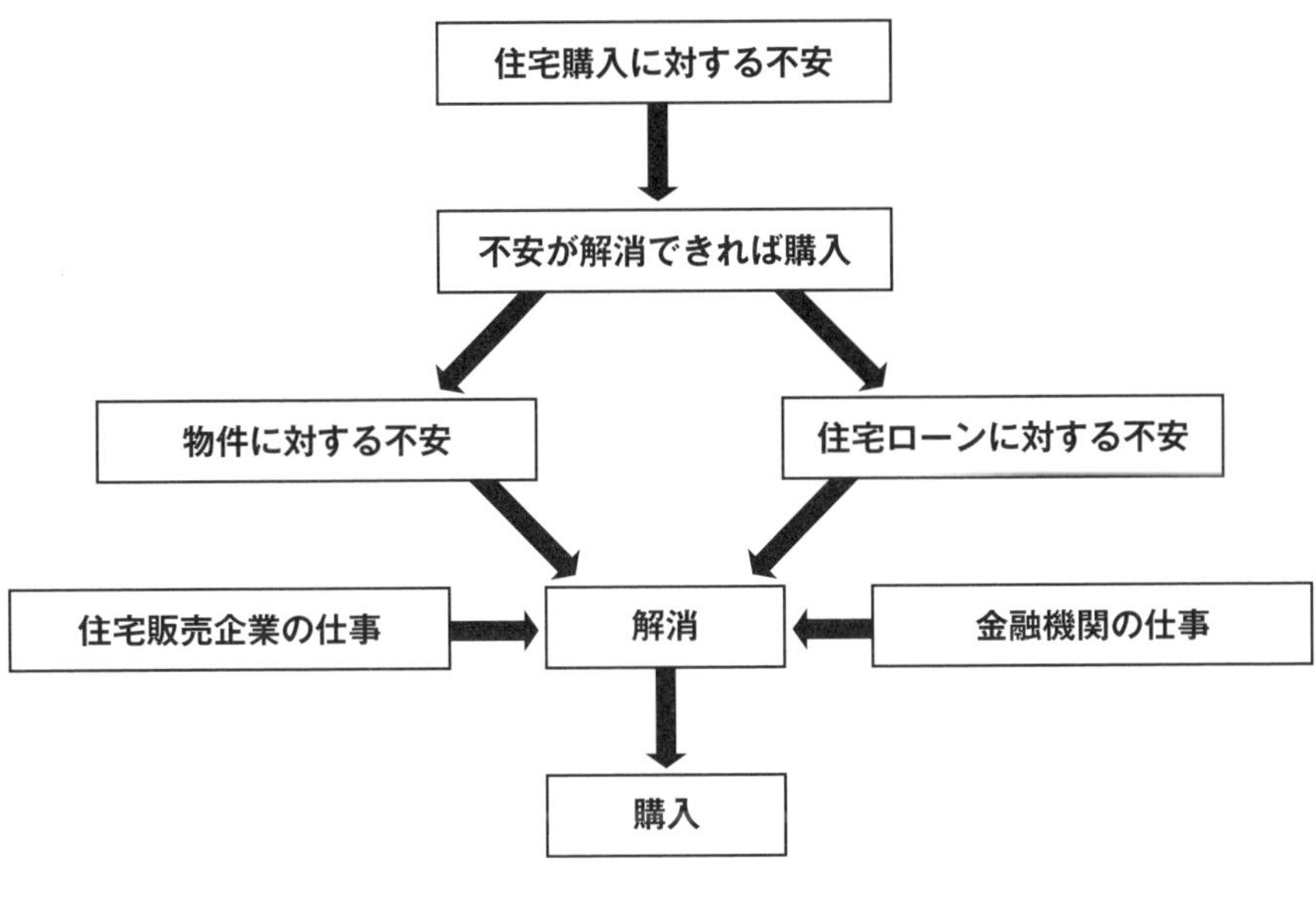

これら住宅購入時に関する不安は大きく

（1）物件に対する不安

（2）住宅ローンに対する不安

に分けられます。「物件に対する不安」に関してですが、私たちは不動産の販売に従事しているわけではありませんので、ご希望の物件を販売するプロの方たちに納得いくまで説明をしてもらうようにしてください。その代わりに「住宅ローンに対する不安」については、この時間で解説していきたいと思います。

頭金

no.2

住宅ローン指南においては、従来から「**頭金は2割必要です**」といわれてきましたが、そもそもこれは今となっては観念的な議論です。では、なぜ「頭金は2割」といわれるようになったのでしょうか。これには住宅ローンの歴史、背景を知る必要があります。バブル期の住宅ローン事情ですが、銀行は変動金利しか扱っておらず金利が著しく高い水準だったので（**164ページ・図4－8**）、住宅金融公庫（現：住宅金融支援機構）融資が主体でした。当時、**住宅金融公庫の住宅ローン融資額は「物件価格の8割まで」という規定でした**（**図4－2**）。10から8を引いて2。だから頭金が2割必要だったということ。頭金2割の語源はこれです。

参考までに、バブル期（金利5％）に頭金が2割ある場合と、今の時代に（金利1・8％）頭金なしで購入する場合の比較表を作りました（**図4－3**）。一目瞭然、支払いが多いのは**頭金2割のほう**です。バブルが崩壊し時代が変わったので、それに合わせた資金計画を立てるように心がけて

図4-2 2005(平成17)年住宅金融公庫のパンフレット

図4-3 バブル期と現在の資金計画比較：物件価格3,000万円

	バブル	現在
頭金	2割	なし
頭金額	600万円	0円
借入額	2,400万円	3,000万円
返済年数	35年	
金利	**5%**	**1.8%**
月返済額	121,125円	96,327円
総返済額	5,087万円	4,046万円
支払利息	2,687万円	1,046万円

⬅ 今の金利はバブル期の半分以下

ください。

1億円の物件を買おうとすれば、頭金が5割あっても年収500万円では買えません。しかし、頭金が1割でも年収が2000万円あれば買えます（**図4－4**）。**物件価格が決まらなければ「○割」の計算もできません。**つまり、結局は買いたい物件がいくらで、いくら借りられて、足りない分は手元資金でまかなえるのか？　が資金計画の本質です。家賃を支払いながら頭金を貯めるというのは大変です。なにより、住宅ローンの開始が遅れ、老後に影響を及ぼします。頭金は2割必要というのはバブルの名残ですので、大きく事情の異なった現代では強く意識する必要はありません。

図4-4 頭金○割に実質的な意味はない

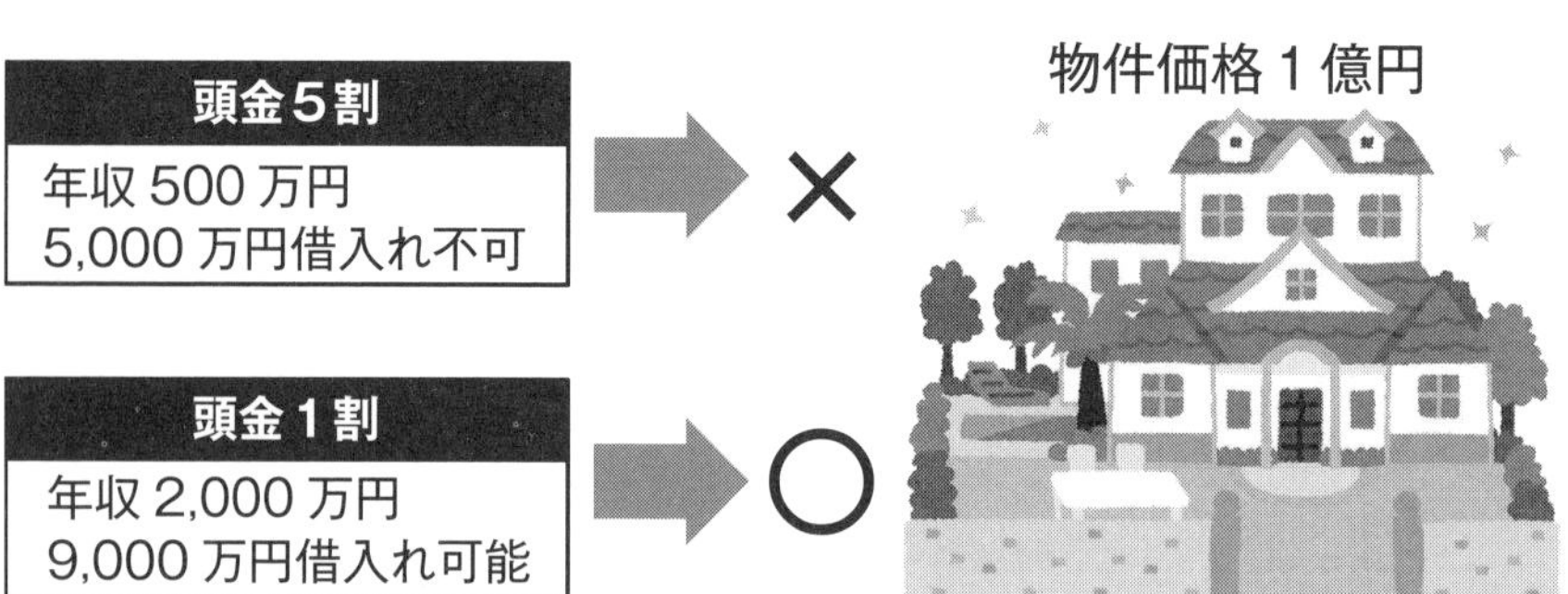

金利の指標

no.3

1 固定金利の指標

まずは、住宅ローンの金利はどのように決まるかを確認しましょう。固定型の住宅ローン金利の指標としては、「**長期国債（新発物10年国債）**」が挙げられます。長期国債は**長期金利**の代表といえ、頻繁に目にする指標の一つです。長期金利が変化するにはさまざまな要因が考えられますが、その一つは将来の物価や金利の「**予想**」が挙げられます。たとえば「近い将来金利が上がる」と予想が成り立っているときに、低い金利で長期間貸してしまったらどうなるでしょうか？　単純に貸し手が損をしてしまいます。ですから、貸し手はそれを回避するために予想を考慮して（金利を上げて）お金を貸し出すということです。

しかしながら、長期金利は予想以外にも変化する要因があります。２０１３（平成25）年5月中旬からは短期間で０・６％から・９％に上昇したということが起きましたし、２０１６（平成26）年１月から２０２４（令和５）年３月までは、日銀が金融政策によってコントロールしていました（**図４－５**）。

２ 変動金利の指標

一方、変動金利の指標は「**無担保コールレート・オーバーナイト物**」であり、これは**日銀の金融政策**でコントロールされています（**政策金利**）。「無担保コールレート・オーバーナイト物」は、短期金利の代表で「**短期プライムレート**」など、その他の短期金利に影響を及ぼします。変動金利の店頭金利は「短期プライムレート＋１％」という設定が多いので、それらは連動して変化するということです。

日銀の**金融政策決定会合**は、現在年８回実施されています。２００８（平成20）年９月にリーマンショックが起きましたが、当時政策金利は０・５％、変動金利の店頭金利は２・８７５％でした。その後、日銀は政策金利を０・５％から２００８（平成20）年10月に０・３％、２００８（平成20）年12月に０・１％へと下げました（**図４－６**）。変動金利の店頭金利も連動して２・４７５％まで下がっています。

現在、日銀は物価上昇率２％を目指して**大規模金融緩和**中。ですから、物価上昇率２％を達成するまで政策金利を上げるとは考えにくく、ある程度とはいえ、先行きは予想できます。

変動金利については、「急に上がったらどうしよう」という不安をお持ちかと思いますが、変動金利は日銀の金融政策の影響を受けるので、日銀の金融政策について理解しておけば安心です。また、日銀は日本銀行法（日銀法）という法律下で

図4-5 住宅ローン金利の指標

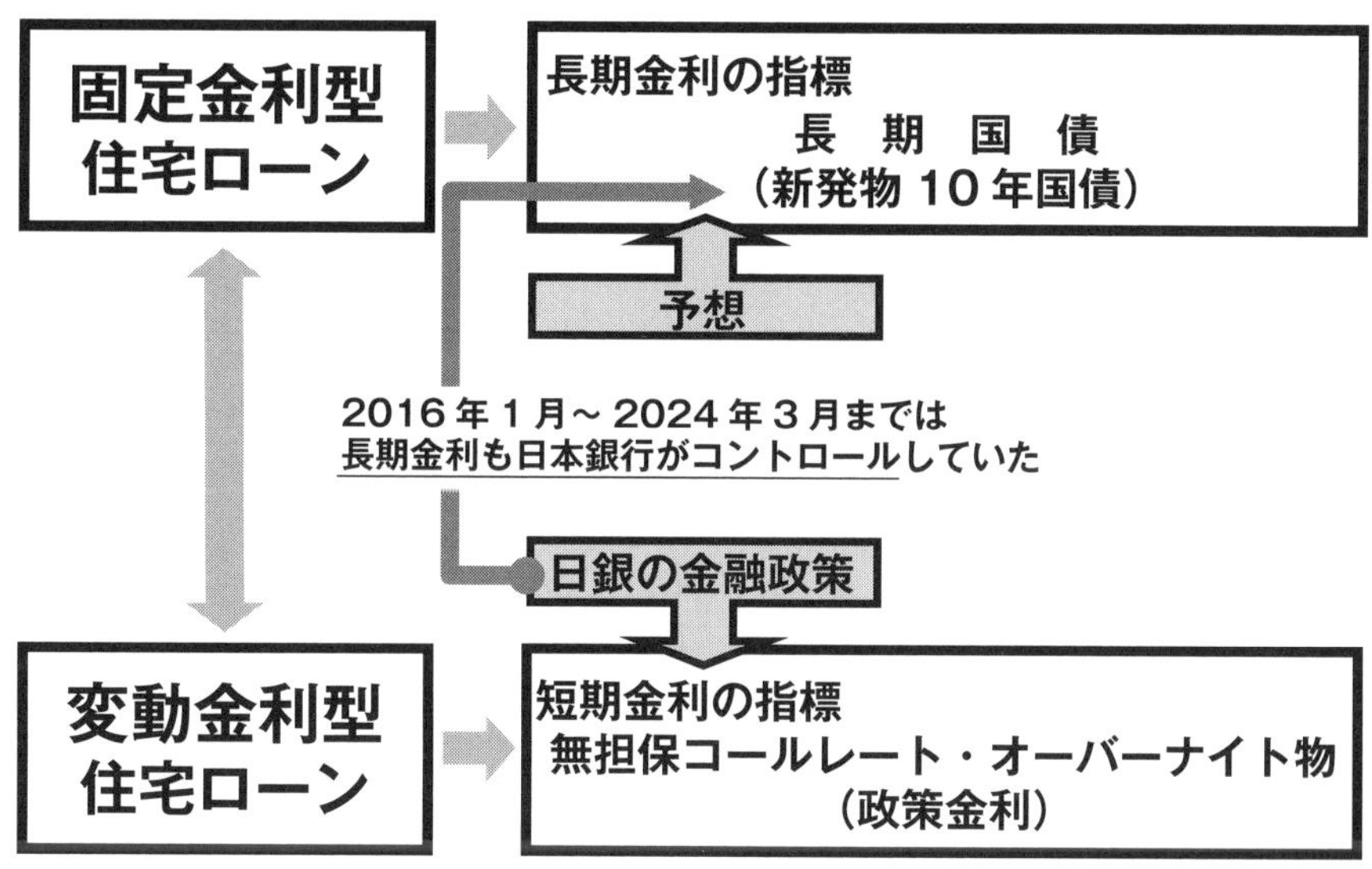

図4-6 日銀の金融政策

２００８年１２月１９日
日　本　銀　行

金融政策の変更について

１．日本銀行は、本日、政策委員会・金融政策決定会合において、以下のとおり、政策金利を引き下げることを決定した。また、別紙のとおり、「金融調節手段に係る追加措置」を決定した（全員一致（注１））。

（１）金融市場調節方針の変更（賛成７反対１（注２））

無担保コールレート（オーバーナイト物）の誘導目標を０．２％引き下げ、０．１％前後で推移するよう促す（公表後直ちに実施）。（別添１）

（２）基準貸付利率（注３）の変更（全員一致（注４））

補完貸付については、その適用金利である基準貸付利率を０．２％引き下げ、０．３％とする（公表後直ちに実施）。（別添２）

業務を行うことと決められていて、日本銀行法第1章2条には次のように規定されています。

（通貨及び金融の調節の理念）
第2条　日本銀行は、通貨及び金融の調節を行うに当たっては、物価の安定を図ることを通じて国民経済の健全な発展に資することをもって、その理念とする。

このことからも、常識的に考えればいきなり2倍、3倍になるようなものではありません。実際、どのような金融政策が採られてきたか、それにより変動金利はどのように変化したかは**図4-7**をご覧ください。

図4-7 日銀の主な金融市場調節方針と変動金利（店頭金利）の推移

決定日	金融市場調節方針	変動金利（店頭金利）
2006.3.9	無担保コールレート（オーバーナイト物）を、概ねゼロ%で推移するよう促す。	2.375%
2006.7.14	無担保コールレート（オーバーナイト物）を、0.25%前後で推移するよう促す。	2.625%
2007.2.21	無担保コールレート（オーバーナイト物）を、0.5%前後で推移するよう促す。	2.875%
2008.10.31	無担保コールレート（オーバーナイト物）を、0.3%前後で推移するよう促す。	2.875%
2008.12.19	無担保コールレート（オーバーナイト物）を、0.1%前後で推移するよう促す。	2.475%
2010.10.5	無担保コールレート（オーバーナイト物）を、0〜0.1%程度で推移するよう促す。	2.475%
2016.9.21	日本銀行当座預金のうち政策金利残高に▲0.1%のマイナス金利を適用する。10年物国債金利が概ね現状程度（ゼロ%程度）で推移するよう、長期国債の買入れを行う。	2.475%
2021.3.19	日本銀行当座預金のうち政策金利残高に▲0.1%のマイナス金利を適用する。10年物国債金利がゼロ%程度で推移するよう、上限を設けず必要な金額の長期国債の買入れを行う。（変動幅±0.25%）	2.475%
2022.12.20	日本銀行当座預金のうち政策金利残高に▲0.1%のマイナス金利を適用する。10年物国債金利がゼロ%程度で推移するよう、上限を設けず必要な金額の長期国債の買入れを行う。（変動幅±0.5%）	2.475%
2023.7.28	日本銀行当座預金のうち政策金利残高に▲0.1%のマイナス金利 を適用する。10年物国債金利がゼロ%程度で推移するよう、上限を設けず必要な金額の長期国債の買入れを行う。（10年物国債金利1.0%の指値オペ実施）	2.475%
20243.19	無担保コールレート（オーバーナイト物）を、0〜0.1%程度で推移するよう促す。	2.475%

3 長期金利と短期金利の関係

164ページの図4－8は、1983（昭和58）年から35年間の住宅ローン金利の推移です。グレーの線は短期金利（変動金利）、黒い線は長期金利（全期間固定金利）を示しています。ここで知っておいていただきたいのは、**金利が高い時期は短期金利のほうが長期金利より高く、金利の低い時期は長期金利が短期金利よりも高くなる**ということです。

お金は、「金融市場」という市場（いちば）で取引されています。相対的に景気が悪い時期は「低い金利を長く続けたい」と借り手は思うので、低い金利の長く続くほうに人気が集まります（需要が高くなる）。人気の品は市場では値段が上がるのですから、固定期間が長いものほど金利が高くなります。反対に、景気がいいときは「将来金利が下がる見込みがあるほうで借りたい」と考えるので、金利を固定する期間が短いほうに人気が集まります。人気が集まると値段が上がるのが市場の原理ですから、金利固定期間が短いほうの金利が高くなります。

住宅ローンの金利選択では「低金利期は長期固定、高金利期は短期固定で借りるのが鉄則」といわれてきましたが、現実的には**高金利期（1990（平成2）年前後）に長期固定よりも著しく金利の高い短期固定で借りたいと思う人はいませんでした**。これは「間違った鉄則」ですから誤解をせず、冷静に判断して返済プランを考えましょう。変動金利は高金利期には借りていないということは、低金利のときにこそ存在価値があるといえ、それについては後述します。

図4-8 住宅ローン金利推移

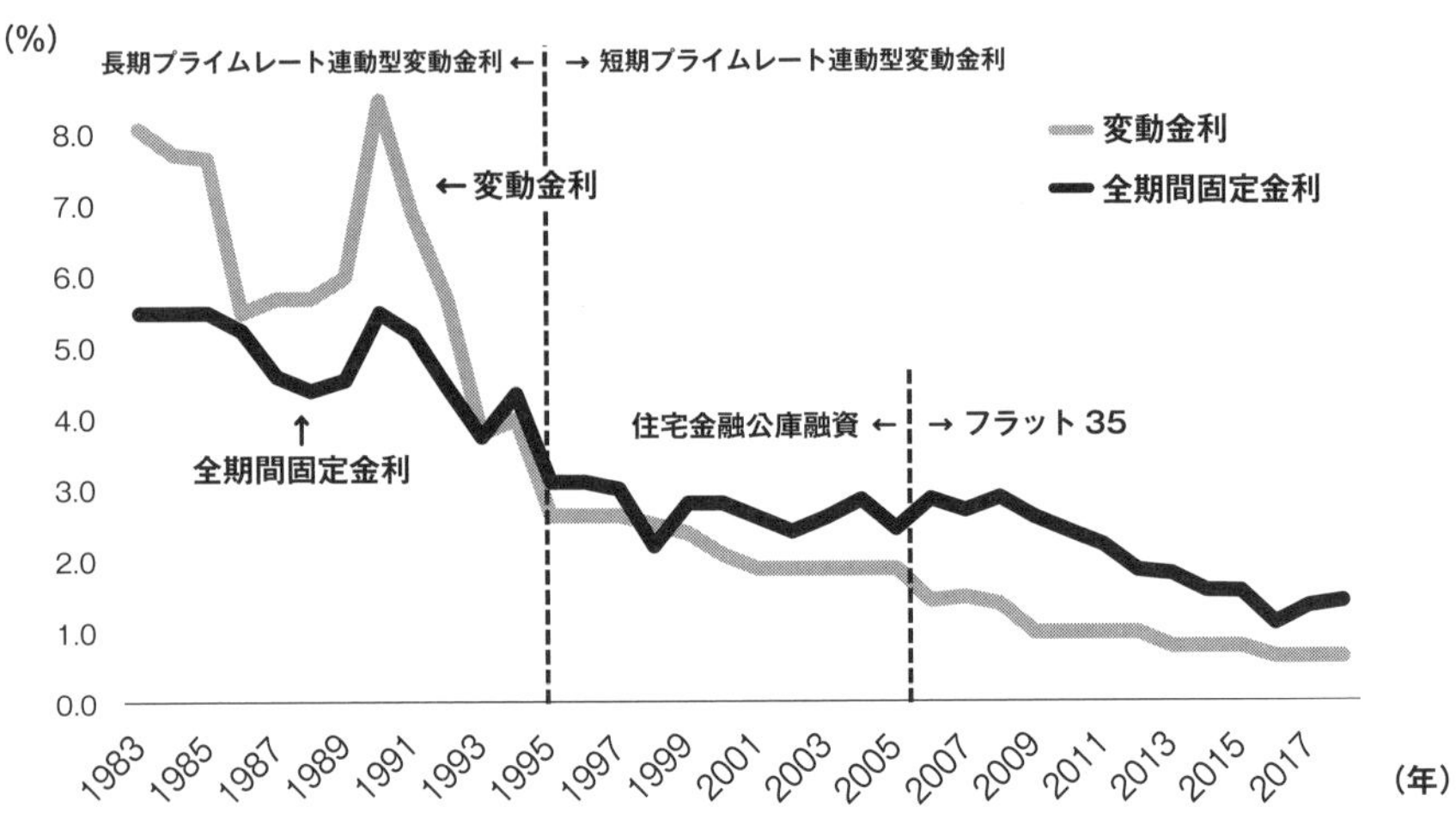

4 変動金利の指標の変遷

変動金利については、1994(平成6)年8月までは現在と異なる指標を採用していました。1994(平成6)年8月までは銀行の資金調達は預金(短期資金)のみでしたので、銀行は変動金利型住宅ローンしか扱っておらず、固定金利に関しては必然的に住宅金融公庫を利用していました。預金(短期資金)は請求があればいつでも支払う必要がありますが、住宅ローンについては短期資金で調達して長期の融資をするため、そのリスクヘッジとして長期金利(興長銀プライムレート)を基準としました。折からの好景気も反映し、乱高下が激しくなりました。

1994(平成6)年9月以降、銀行も市場で長期資金を調達することが可能となったので、固

図4-9 住宅ローンの歴史

1950年	住宅金融公庫設立
1981年	変動金利型ローンの導入
1994年	金利に関する規制廃止 （大蔵省による金融自由化によって、民間金融機関の住宅ローン参入増加）
2003年	住宅金融公庫による証券化ローン （現在のフラット35）の誕生
2007年	住宅金融公庫を廃止 住宅金融支援機構の設立

定金利型住宅ローンを扱うようになりました。それにより、変動金利は預金を原資とする日銀の政策金利に連動させることとし、固定型は長期資金を調達し、それに金利を上乗せして貸し出すこととしました（**図4－8、図4－9**）。

「変動金利はバブル期に9％にもなったことがあります」といった住宅ローン指南を目にすれば、不安になるのは当然でしょう。しかし、当時は**図4－8**のとおり、変動金利より固定金利のほうが金利が低かったので、今のような変動金利主体の資金計画は組まれていません。また、金利が頻繁に動いているのは、景気がよかったことも原因の一つですが、もう一つ**長期金利を指標としていた**ことも影響しています。しかし、現在では日銀の政策金利を指標としているので、当時のような動きとは異なってくると考えられます。

5 変動金利の誤解

(ⅰ)「金利が急上昇したら変動金利は危険です」

金利を「上がる、上がらない」で判断するのは、短絡的です。変動金利に将来の金利上昇の可能性があるのは確かですが、リスクとは「可能性の有無」ではなく「**可能性の高低**」で考えるべきものです。変動金利の基になっているのは、日銀の金融政策における「**無担保コールレート・オーバーナイト物**」であり（**160ページ**）、日銀は**2024（令和6）年現在大規模金融緩和中**です。確かにその先は不確定ですが、日銀が金融政策を実施する際は、**物価の安定を図らなければいけないと日銀法で規定**されています（**162ページ**）。これらから「金利が急上昇する可能性は低い」と考えるのが妥当といえるでしょう。将来金利上昇することも十分考えられますが、将来であるならば**残高は減っています**。この「残高が減る」という観点も重要です。

「金利が上昇して返済額が増えれば返済負担率が上がる」という論調もありますが、**変動金利が上昇するような景気であれば、国民の所得も増加している**と予測できますので、一方的に負担が増えるというのは懐疑的です。現に、2024（令和6）年春闘では、多くの企業で満額回答となりました。逆の見方をすれば「国民の所得が増えないのに日銀の利上げがあるのか」を考える必要があるということになります。

(ⅱ)「変動金利は金利上昇に伴って破綻者続出」

これは基本的な商品知識不足といえます。変動金利の返済額は**金利が何%になっても5年間は一**

定ですし、5年後に返済額が上がっても、**それまでの返済額の1・25倍が上限**と決まっています**（68ページ）**。破綻とは返済額上昇により発生するわけですが、変動金利は金利上昇が返済額上昇に直結しておらず安全策が採られています。

(iii)「未払い利息が出るから危険」

これは（i）と関連しますが、**未払い利息**が出るしくみになっていることは確かですが、**未払い利息が出るかどうかは別の話**です。変動金利型住宅ローンは、バブル期に誕生しました。当時の金利は高い水準でしたので、金利上昇が起こりやすい状況でした。それを考慮した「バブルの名残り」といえるしくみです。そもそも「**未払い利息が出るような金融政策を日銀が選択するか**」、「**万一そうなった場合に世の中はどうなるのか**」という視点が欠落しています。

未払い利息が出るということは借主にとって一大事ですが、それよりも**金融機関にとって一大事**です。なぜならば、金融機関は利息を受け取ることによって企業経営をしています。「未払い利息」が出るということは、「**今すぐ受け取るべき利息を何年も先まで受け取れない**」ということです。一般企業で考えれば「未収金」が発生し、何年も先まで払ってもらえないということです。これは企業にとって死活問題であり、金融機関経営が立ち行かない状態になりかねません。当然、その影響を受けて不景気になり金利は降下するでしょう。「未払い利息が永遠と出るような状態」というのも、可能性の「有無」でなく「高低」で考え、さらに金融機関の事情まで考える必要があるでしょう。

(iv)国債が暴落したら金利上昇するので変動金利

は危険

これも基本的な知識不足といえます。**変動金利は国債の利回りに直接影響を受けません**。国債が関係するのは**固定金利**です（**159ページ**）。事実、2013（平成25）年5月の**長期国債利回り上昇**時でも、変動金利の基になる**無担保コールレート・オーバーナイト物**は安定していました。なにより、「日本国債が簡単に暴落するのか」という点から考えるべきでしょう。

(V)変動金利を固定金利に変えるのは無理

変動金利は、申し出をすればいつでも固定金利に変更できます。ですから、将来金利が上昇したら固定金利に切り替えるということが可能です。多くの専門家（?）は、「変動金利が上昇しているころには固定金利もかなり上昇しているから金利の変更は無理だ」と言います。

確かに変動金利が上昇しているころには、固定金利も上昇していると考えることは間違いではありません。しかし、住宅ローンを考えるにあたっては「金利」にだけ着目すると本質を見誤ります。確かに将来金利が上がることはあるでしょう。しかし、将来であるならば**残高は減っています**。この点がこの論調には欠落しているのです。

変動金利で借入れすれば、当初から固定金利で借りるよりも残高の減少は促進されます。月々の返済額は固定金利よりも少ないので、繰上返済資金もより多く作れます。それを適宜活用すれば、元金返済はより進みます。当初から固定金利を選んだ場合の金利を超えても、**残高が少ないので返済額の上昇は抑制されます**（**188ページ**参照）。もし、金利が大幅に上昇すると考えるならば、繰上返済をしないで日本株式型投資信託を買ってもいいでしょう。**アベノミクス**以降、変動金利が上昇しなくても、日経平均株価が上昇しましたから相当利益が出たでしょう。

将来金利が上昇したとしても固定金利のほうが高ければわざわざ切り替える必要はありませんし、変動金利が固定金利を超え、その状態がどのくらい継続するかによって選択する固定金利を考えればいいでしょう。

なにより注意しなければいけないのは、変動金利を固定金利にした場合の負担増です。**36ページ**からその影響について指摘しました。変動金利を固定金利に変えれば安心というものではありません。なお、日本では未だかつて**そのような金利情勢になったことがありません**。事実が存在しておらず、その時にならなければ判断できないことをあらかじめ無理だと断言するのもいかがなものでしょうか。

金利と利息

1 利息の計算式

ここまで金利について解説してきました。確かに金利は非常に大切な要素であることは間違いではありません。しかし、住宅ローン返済を考えるにあたって考えるべきは**金利よりも利息**です。この金利と利息の違いを理解することは、住宅ローン返済プランを立てるのに有益です。「金利と利息の違い」は、馴染みがないので少々わかりにくいかもしれませんが安心してください。**算数ができれば十分**です。

具体的に比較をしてみましょう。6000万円／35年返済として変動金利0・4％と全期間固定1・8％で返済額を比較します。変動金利の返済額は15万3114円。一方全期間固定のほうは19万2655円となり、約4万円の差があります。返済額は金融機関のホームページなどでも試算できるので、誰でも簡単に算出できます。

その返済額には利息と元金が含まれています。

では、1回目の利息と元金を確認してみると、変動金利の1回目の支払利息は2万円です。15万3114円からその金額を引いた13万3114円が、実際の借入返済（元金）に回ります。では、全期間固定金利の利息はいくらになるでしょう。ひと月4万円多く返済するのですが、**1回目の利息は変動金利よりも7万円も多い9万円**です。そして元金に充当するのは、残りの10万2655円になります。**返済額が多くなるのに実際の借入れの返済（元金）は、3万円も少なく**なります。たった1回の返済でもこれだけ負担が異なるにもかかわらず、この点を欠落させてきたことが、従来の住宅ローンプランニングの大きな問題といえるでしょう（**図4－10**）。

では次に利息の計算方法を考えてみます。利息の計算というと一見難しそうですが、次の計算式

図4-10　4,000万円・35年返済の第1回目の返済の内訳

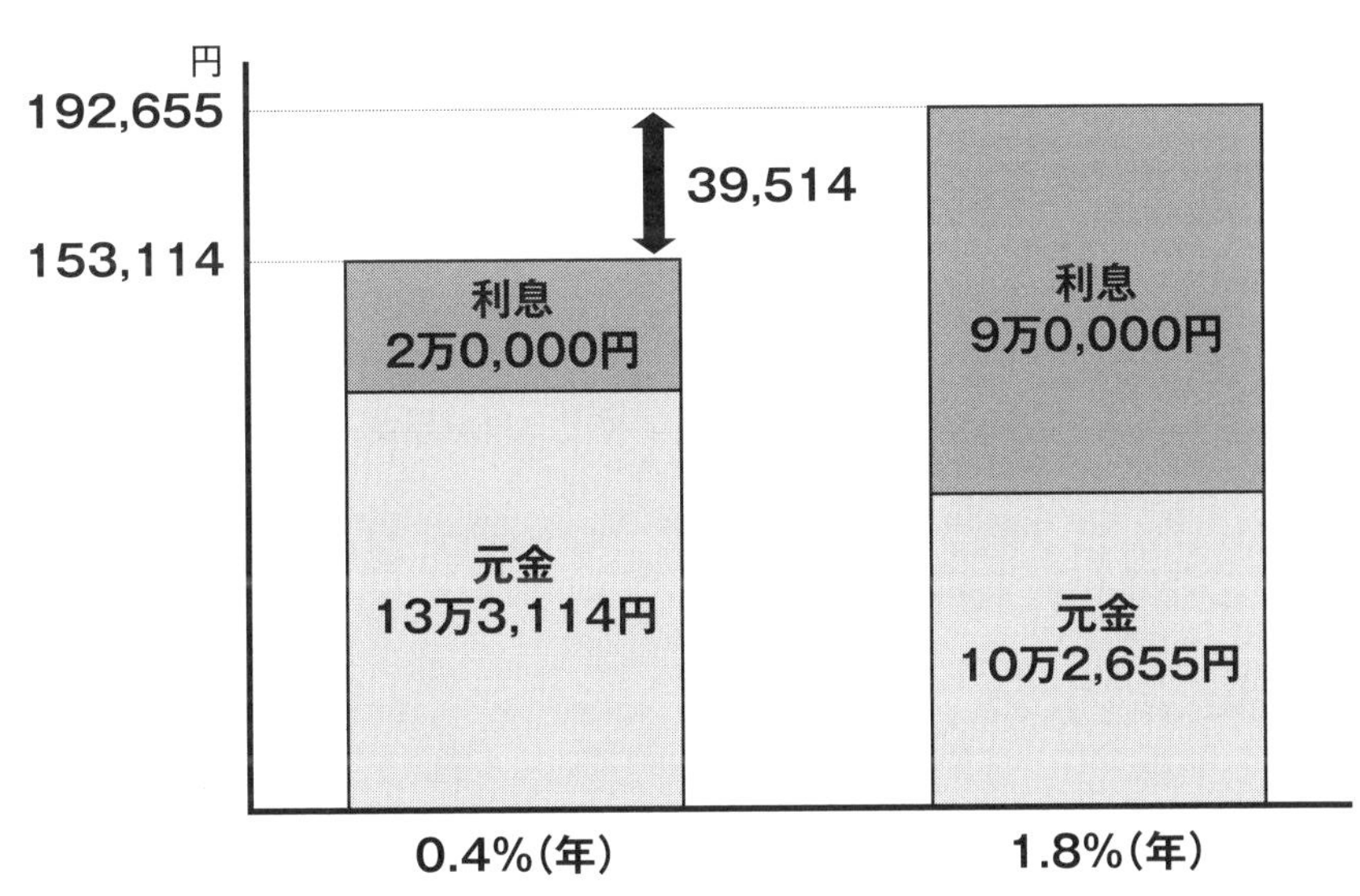

で表されます（**図4－11**）。

利息　＝　その時点の借入残高　×　金利

金利1・8％は0・4％の4・5倍ですから、初回の利息も2万円を4・5倍した9万円になります。返済額の成り立ちを知らないと、「1・8％のほうは4万円余計に払っているのだから元金の返済も進むだろう」と思われるかもしれませんが、利息は7万円も多く支払い、その代償として元金返済が3万円減ります。

2回目の利息を計算するのも、その時点の借入残高さえわかればあとは1回目と同じ計算をするだけです。1回目が終わった時点の借入残高は、当初の借入額6000万円から1回目の元金充当額を差し引いてください（**図4－12**）。住宅ローン計算とは、この作業を繰り返しています。使っ

図4-11 利息の計算式

利息 ＝ **その時点の借入残高** × **金利**

借入残高6,000万円のときの1回目の利息額計算
金利0.4％　：　6,000万円×0.4％÷12＝2万円
金利1.8％　：　6,000万円×1.8％÷12＝9万円
（金利は年利表示なので月利に直すために12で割ります）

図4-12 2回目の利息額計算

金利0.4％：
（6,000万円－13万3,114円）×0.4％÷12＝1万9,956円

金利1.8％：
（6,000万円－10万2,655円）×1.8％÷12＝8万9,846円

ているのは「×」「÷」「＝」だけです。もうこれで皆さんはもう金利と利息の違いがおわかりになったと思います。

2 金利上昇リスク

従来の住宅ローン指南では、「変動金利には金利上昇リスクがあるので将来金利が上がったら危険」といわれてきました。確かに0・4％の変動金利は、将来金利上昇するでしょう。しかし、将来であれば利息を形成するもう一つの要素である**元金は確実に減っています**。この「元金が減る」という部分が消費者の皆さんには見えにくいのですが、返済プランニングでは大変重要です。将来の金利上昇のない全期間固定金利はたった1回で**7万円も余計な利息を支払います**。これは、**変動金利の将来の金利上昇が借り初めに起こっている**ということです。変動金利であれば金利上昇は**潜在的**ですが、全期間固定金利は金利上昇を**顕在化**しています。すなわち、金利上昇リスクというのは、変動金利だけではなく全期間固定金利にもあるのです。変動金利にあるのは「**将来の金利上昇リスク**」。一方、全期間固定金利にあるのは「**借り初めの金利上昇リスク**」です。

変動金利は、将来金利が上がる可能性があるからリスクが高いといわれてきましたが、住宅ローンのリスクとは、突き詰めて考えれば「**利息**」です。利息の金額を具体的に把握すれば、「変動金利は将来金利が変わるからリスクが高い」というのは、短絡的な考えといわざるを得ません。全期間固定金利型は残高の多い時期に高い金利を使うので、借入れ当初の利息負担は膨大になります。その後、変動金利が急上昇してそれが継続する

図4-13 金利上昇リスク

※金利上昇リスクはどちらにも存在している

・変動金利 ➡ **将来**金利上昇する

・全期間固定金利 ➡ **借り初め**に金利上昇する

（日本の好景気が永遠と続く）という事態にならないと変動金利よりも有利にならないので、**低金利の今では、リスクの高い選択**といえるでしょう。

将来の金利上昇と借り初めの金利上昇のどちらのリスクを受け入れるかは、利息や元金、残高を把握することがポイントです。

残高の減少というのは非常に重要です。**170ページ**の例（借入金額6000万円／35年返済）で計算をわかりやすくするために、変動金利は2年間0・4％が続いたとしましょう。2年間の総返済額は変動金利が367万円で全期間固定が462万円。その差は95万円です。では、2年間の返済が終わったときの借入残高はいくらになるでしょうか。変動金利は約5679万円ですが、一方の1・8％の全期間固定金利は5749万円。その差は70万円です。つまり、たった2年で95万円も多く返済するほうが70万円も多く残高が残っているということです。**その差を合計すると165万円**にもなってしまいます。

0・4％の変動金利が3年目から1・8％になったとしましょう。現実的にはそのような金利上昇も返済額の上昇もありませんが、計算をわかりやすくするためにすぐに返済額が上昇したとすると、3年目からの返済額は18万9138円です。最初から1・8％で借りている19万2655円より少なくて済みます。なぜかというと、2年で**借入残高を少なくしている**からです。住宅ローンプランニングの際は、この利息、元金、残高の確認をしていただきたいと思います。

そして、元金を減らしていくためにポイントになるのが「**繰上返済**」です。毎月の返済では利息を負担しますが、繰上返済はその資金から利息は1円も取られず、**全額が元金に充当**します。金利の低い変動金利を利用すれば、毎月の返済で元金返済が促進される。返済額が全期間固定金利より少ないから繰上返済資金をより多く捻出できる。その貯まった資金で繰上返済すれば元金返済が進むと非常に効率のいい返済が可能です。

今は低金利ですから将来金利上昇する可能性は十分ありますが、その対策には大まかにいって2通りの方法があります。一つは金利の低い変動金利を借りて繰上返済をする＝**残高を減らして金利上昇対策をする**という方法と、もう一つは全期間固定金利を借りる＝**借り初めに利息を多く払って金利上昇対策をする**という方法です。そして、どちらを選ぶかは具体的な数字を見ながら皆さん自身で自由に決めていただければ、それが「わが家のベストプラン」といえるでしょう。

なお、消費者の皆さんがこの利息や元金、残高を把握するのも簡単です。本書の8時間目では便利なエクセル計算書の作り方、ローン電卓の操作方法を紹介しています。ぜひご参考にしてください。

繰上返済

老後の不安解消や金利上昇対策として有益なのが、決められた返済以外にまとまったお金を随時返済していく**繰上返済**です。この繰上返済の活用は、住宅ローン返済の肝といえますので、しっかりと計画を立てていきたいものです。本項では、繰上返済とはどういうものかを解説します。繰上返済は、その資金がすべて元金に充当されるので借入残高が減少し、その後支払うはずであった利息を軽減する効果があります。

1 繰上返済の種類

繰上返済には、残りの借入金額の一部を返済する「**一部繰上返済**」と全額を返済する「**全部繰上返済**」の二つがあります。

一部繰上返済実施時には、返済期間を短縮する「**期間短縮型**」（**図４－14**）または返済額を下げる「**返済軽減型**」（**図４－15**）のどちらかを選択します（一部金融機関は併用可）。

図4-14 期間短縮型繰上返済

毎月の返済額はそのままで、返済期間を短縮する方法

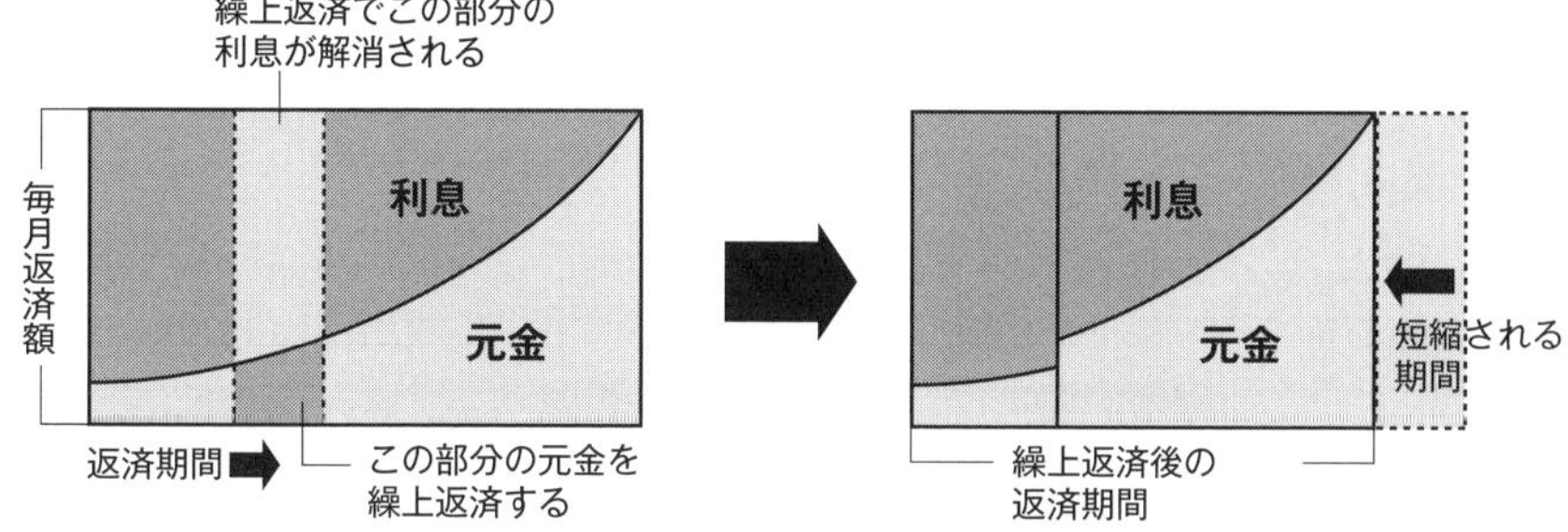

6,000万円／35年返済／1.8%　月返済額：19万2,655円
３年後に100万円の期間短縮型繰上返済を実施すると
⬇
返済期間：９ヶ月短縮
利息軽減額：約77万円

図4-15 返済軽減型繰上返済

返済期間はそのままで、毎月の返済額を減額する方法

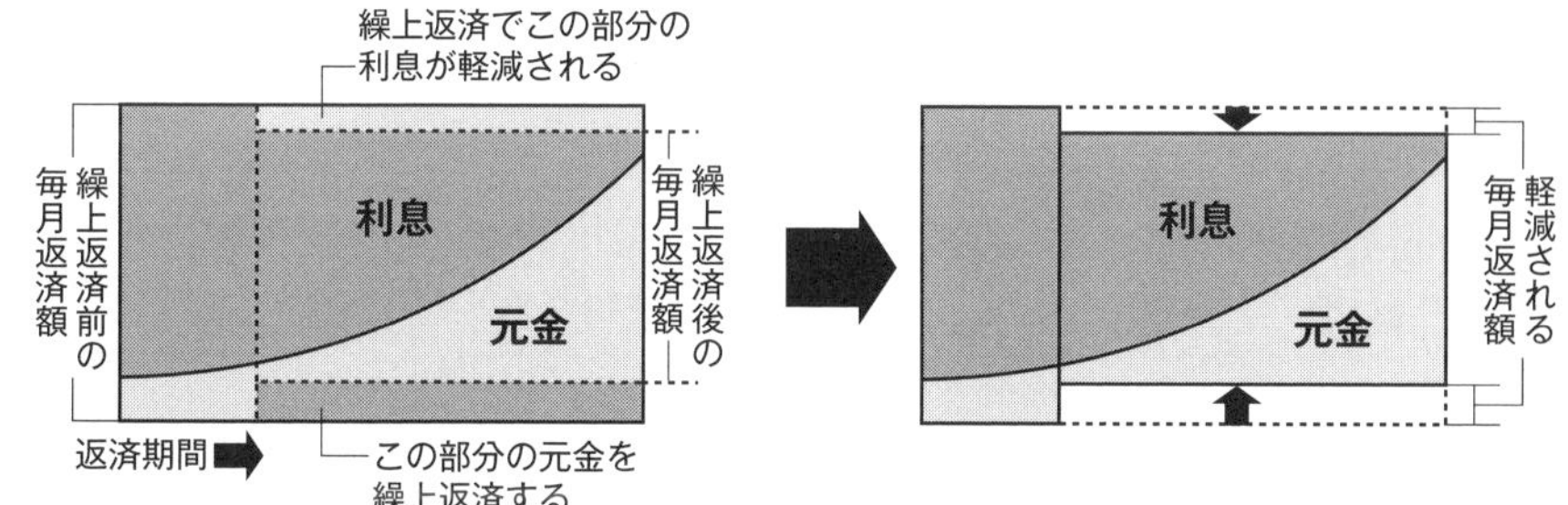

6,000万円／35年返済／1.8%　月返済額：19万2,655円
３年後に100万円の返済軽減型繰上返済を実施すると
⬇
返済軽減額：3,427円（４年目以降の返済額：18万9,228円）
利息軽減額：約32万円

図4-16 期間短縮型と返済軽減型の比較

6,000万円／ 35年／ 1.8%：3年後に100万円を繰上返済

	期間短縮型	返済軽減型
短縮月数	9	−
返済軽減額	−	3,427円
利息軽減額	767,231円	316,328円
差額	450,903円	

期間短縮型のほうが軽減効果が高い

図4-17 実施時期による比較

6,000万円／ 35 年／ 1.8%：100万円を繰上返済

■期間短縮型

繰上返済時期	3年後	10年後
短縮月数	9	8
利息軽減額	767,231円	559,456円
差額	207,775円	

■返済軽減型

繰上返済時期	3年後	10年後
返済軽減額	3,427円	4,141円
利息軽減額	316,328円	242,616円
差額	73,712円	

実施時期が早いほうが軽減効果が高い

図4-18 金利による比較

6,000万円／35年：３年後100万円を繰上返済

■期間短縮型

金利	1.8%	2.8%
短縮月数	9	10
利息軽減額	767,231円	1,419,359円
差額	652,128円	

■返済軽減型

金利	1.8%	2.8%
返済軽減額	3,427円	3,946円
利息軽減額	316,328円	515,021円
差額	198,693円	

金利が高いほうが利息軽減効果が高い

図4-19 返済年数による比較

6,000万円／1.8%：３年後100万円を繰上返済

■期間短縮型

返済年数	35年	30年
短縮月数	9	7
利息軽減額	767,231円	617,271円
差額	149,960円	

■返済軽減型

返済年数	35年	30年
返済軽減額	3,427円	3,900円
利息軽減額	316,328円	263,269円
差額	80,089円	

返済年数が長いほうが軽減効果が高い

図4-20 借入金額による比較

1.8%／35年：3年後100万円を繰上返済

■期間短縮型

借入金額	6,000万円	4,000万円
短縮月数	14	29
利息軽減額	767,231円	761,219円
差額	12円	

■返済軽減型

借入金額	6,000万円	4,000万円
返済軽減額	3,427円	3,428円
利息軽減額	316,328円	316,172円
差額	156円	

借入金額が多いほうが利息軽減効果が高い

2 繰上返済のさまざまな比較

本項で比較した結果、原則論として利息軽減効果が高いのは次のとおりです。

（ⅰ）返済軽減型より期間短縮型
（ⅱ）時期は早いほう
（ⅲ）金利は高いほう
（ⅳ）返済期間は長いほう
（ⅴ）借入金額は多いほう

しかし、ここで注意が必要です。（ⅰ）と（ⅱ）は、繰上返済後の景気動向によっては、その効果が逆転する可能性があります（**183ページ**）。また、（ⅲ）（ⅳ）（ⅴ）は利息軽減効果が高い＝毎月の返済では利息を多く払っているということなので、単純に繰上返済による利息軽減効果だけで判断しないように気をつけてください。

3 繰上返済のセオリーの盲点～長期固定に繰上返済はトクしない

ここでは、前項の(i)と(ii)について違った角度で考えてみたいと思います。繰上返済のセオリーは「**繰上返済は早いほうがトク**」「**期間短縮型のほうがトク**」といわれていますが、月々支払う住宅ローンの金利選択と結び付けて考えることが大切です。本時間でのシミュレーションは、計算をわかりやすくするために全期間固定金利1・8%で行っていますが、**実際にはその他の金利タイプの選択も可能**です。

全期間固定金利を選ぶ場合、「近い将来の金利上昇」を前提にしているでしょう。その前提で考えると、繰上返済をしなければ繰上返済用資金は**殖やすことが可能**と考えられます。

お金を借りる人にとって金利上昇はマイナス要因ですが、お金を殖やしたい人にとってはプラスに働きます。反対に、金利の低下はお金を借りる人にとってはプラスですが、お金を殖やしたい人にとってはマイナスです。このように、**お金を借りることと殖やすことは相反する関係**なのですが、繰上返済のセオリーというのは、**繰上返済資金の時間の経過による増減を加味していない**単純計算でできあがっているので注意が必要です。

アベノミクスで考えてみると、株価が上昇して金利上昇が懸念されました。数多くの住宅ローン相談を受けてきた中で「金利上昇はいや」という方は多くいらっしゃいますが、住宅ローンを離れてその方たちに「では、日本株で儲けられると思いますか?」という質問をすると、「いや、そんなに簡単に儲けられない」という答えが多く返ってきます。お金はつながっているので、**金利上昇するると考えるのであれば株価の上昇が見込めるは**

図4-21 お金はつながっている

	金利上昇	金利低下
借入れ	×	○
利　殖	○	×

現実は○と×の組み合わせ

ずですが、「多額の借入れ」を目の前にすると冷静な判断がしにくくなってしまいます。「ローンの金利は上がるけれども日本の株価は上昇しない」というのは、景気予測としては矛盾しており、「長期固定金利で借入れして繰上返済をする」という行為は、合理性の低い矛盾した考えといえます。返済プランというのは何とおりも考えられるので、

「そんなに簡単に景気回復しないから変動金利で借りて元金返済を促進させる」

←

「変動金利で借りれば返済額が下がるので、その分繰上返済資金として確保する」

←

「繰上返済資金は日経平均株価に連動する投資信託で運用する」

←**「投資信託の運用益が出てくると金利上昇の可能性が高まるので、金利上昇する前に投資信託を解約して繰上返済をする」**

ということでも構いません。確かに将来は不確定ではありますが、事実として2019（令和元）年の日経平均株価は2万円程度、2022（令和4）年は2万6000円〜2万8000円程度でしたが、2024（令和6）年には4万円を超えたのですから、日経平均株価に連動するような投資信託で運用した場合は2倍程度になっています。一方で変動金利は上昇していません。借入れ3年後に、100万円の繰上返済した場合とその2年後に150万円繰上返済した場合で軽減する利息額を計算すると、セオリーと逆の結果が得られます（**図4−22**）。

図4-22 繰上返済は早いほうがトクとは限らない

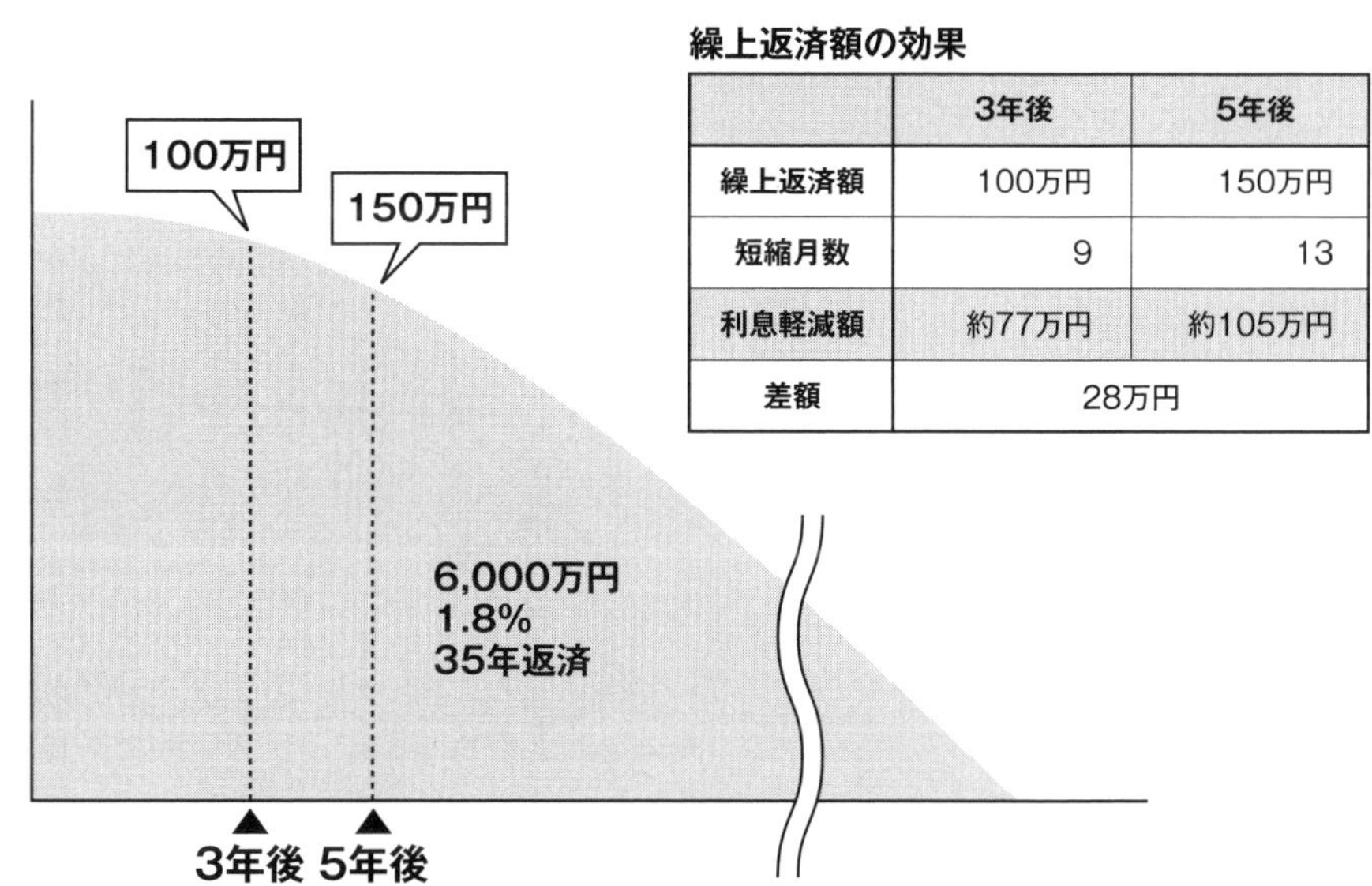

繰上返済額の効果

	3年後	5年後
繰上返済額	100万円	150万円
短縮月数	9	13
利息軽減額	約77万円	約105万円
差額	28万円	

同様に、**期間短縮型**と**返済軽減型**の比較でも「**返済軽減を選んで、軽減した分を殖やす**」という選択肢もあり、それによって損得が逆転することもあります。「軽減分を積み立てても全然殖えない」と考えるのであれば、どういう金利を選択するべきかまで考えてみてください。**繰上返済をしなかった場合のお金がどう変化するか（景気予測）と、住宅ローンの金利選択に一貫性を持たせる**ということも、返済プランニングでは重要です。

なお、本書では運用を勧めているわけではなく、「**多様な考え方が存在する**」「**景気と金利の関連性を考える**」ということを提案しているに過ぎません。投資信託などに馴染みのない方、興味のない方は、預貯金で確実に積み立てながら適宜繰上返済をするというように、**自分にとってストレスのない方法が最善の策**です。「期間短縮型か、返済軽減型か」についても、「どっちがトクか」よりも、「定年までに終わらせたいから期間短縮」「将来の教育費負担を考えて返済軽減」など、皆さんのライフプランに合った方法を選んでください。皆さんが自分本位に考え、自分で出した答えは、最終的には「**すべてが正解**」と尊重します。本書は固定概念に縛られてさまざまな選択肢を見過ごさないようにと考えているに過ぎません。

当たり前のことですが、繰上返済はあくまで余裕資金で行うべきものであり、使う目的のあるお金（教育資金など）とは切り離して考えるようにしてください。余裕の作り方としては、低い金利を選ぶ、住宅ローン控除の還付金を活用する、生命保険の見直しをするなどが挙げられます。

4 繰上返済の留意点

（ⅰ）繰上返済は、金融機関によって手数料の有無、方法、金額の制限などが異なるので、事前に確認が必要です。その際、**80ページ**記載の「**保証料返戻手数料**」も考慮してください。

（ⅱ）期間短縮型繰上返済をした場合、その後再度期間を延長することはできません。

（ⅲ）0・7%未満の金利で借り入れている場合、借入額の状況、所得税納税額によっては繰上返済をすることで、**住宅ローン控除の還付額が減少することがあります**。住宅ローン控除は、12月末の残高で計算するため、12月に繰上返済するよりも翌年1月に繰上返済を実施したほうが控除額が多いということがあります。

（ⅳ）住宅ローン控除（**219ページ**）を受けるには**返済年数が10年以上**必要です。**期間短縮型繰上返済**の際、借り初めからの返済年数が10年未満にならないよう気をつけてください。

（ⅴ）ボーナス併用払いをしている場合は、**繰上返済資金をボーナス返済分から充当する**金融機関があります。

（ⅵ）毎月3万円を繰上返済するのと、1年間貯蓄して1年後36万円を繰上返済するのであれば、若干ですが**毎月繰上返済するほうが利息軽減効果が見込めます**。このような場合、（ⅰ）の繰上返済手数料や保証料返戻手数料などと関連付けて金融機関選びをしましょう。

図4-23 繰上返済比較表（インターネットバンキング利用時）

	繰上返済手数料（変動）	繰上返済金額	手続可能時間	保証料返戻手数料	その他
大手銀行A	無料	1円～	24時間可	不可	月4回
大手銀行B	無料	1円～	24時間可	可（手数料16,200円）	月1回期間短縮は返済日に手続き（2営業日前に手続）
大手銀行C	無料	1万円～1億円	24時間可	不可	月1回期間短縮は次回返済日の2営業日前に手続
大手銀行D	無料	30万円～	24時間可	不可	月1回ボーナス返済併用の場合は按分返済
信託銀行E	無料	1万円～	9時～20時	不可	1日1回
地方銀行F	無料	1万円～	24時間可	不可	月1回2営業日前に手続
地方銀行G	無料	1円～	24時間可	不可	月1回
ネット銀行H	無料	1円～	19時迄	可　無料	固定金利33,000円

返済プランニング

本項では返済方法の一例を提示してみます。全期間固定金利は借り初めから返済終了まで金利が変わらないのでわかりやすいのですが、変動金利は将来の金利上昇を加味しなくてはいけません。返済計画の立て方は何とおりもありますが、一つの考え方をご紹介してみます。なお、返済期間が進むにつれて不確定要素が多くなりますので、まずは当初の計画をどのように考えるかに絞って解説してみます。

1 全期間固定金利と変動金利の比較（借入金額4000万円・35年返済）

（ⅰ）全期間固定1・8％と変動金利0・4％の返済額の比較（図4－24）

（ⅱ）返済額の差額（2・6万円）を毎月積み立てて5年後に繰上返済（図4－25）

図4-24 全期間固定1.8%と変動金利0.4%の返済額の比較

ローン①		全期間固定金利	
借入額（万円）	4,000	固定期間（年）	35
年利（%）	1.8	返済年数	35
月々支払	128,437		

5年間の返済総額	7,706,193	5年後の借入残高	35,706,724

ローン②		変動金利	
借入額（万円）	4,000	固定期間（年）	5
年利（%）	0.4	返済年数	35
月々支払	102,076		

1

5年間の返済総額	6,124,567	5年後の借入残高	34,622,736

4

変更（年目）	6	年利（%）	2.027
返済額（円）	128,440		

1 変動金利は当初５年間一定とする
2 ５年間の返済額の差は約108万円
3 ５年後の借入残高は全期間固定が3,571万円、変動金利は3,462万円
4 ６年目金利が2.027%になると全期間固定金利の返済額と同等

図4-25 返済額の差額（2.6万円）を毎月積み立てて５年後に繰上返済

ローン①		全期間固定金利	
借入額（万円）	4,000	固定期間（年）	35
年利（%）	1.8	返済年数	35
月々支払	128,437		

繰上返済（円）	

ローン②		変動金利	
借入額（万円）	4,000	固定期間（年）	5
年利（%）	0.4	返済年数	35
月々支払	102,076		

繰上返済（円）	1,560,000

1

2

変更（年目）	6	利率（%）	2.371
返済額（円）	128,431		

1 全期間固定と変動金利は月2.6万円の差があるので、毎月積み立てると５年後156万円
2 156万円を繰上返済した場合、その後全期間固定金利での返済額と同等になるのは、図4－24より0.344%高い2.371%

(iii)繰上返済の本当の効果

変動金利を利用することによって、全期間固定金利よりも少ない返済額で元金返済が進みます。さらに全期間固定金利との返済額の差額を積み立てて繰上返済することによって、金利上昇の影響を小さくすることができることがわかります。この点からいえることは、**繰上返済**は「返済期間を短くする」「返済額を下げる」点が取り上げられますが、本当の効果とは**「金利上昇対策になる」**ということです。繰上返済は、低い金利と組み合わせることによってその効果が最大限に発揮できます。一方、全期間固定金利のような高い金利と繰上返済の組み合わせというのは、「毎月の返済では利息負担が多い」「繰上返済資金も作りにくい」ということになるので、相性の悪い組み合わせといえます。

(ii)では変動金利の適用金利が2・371%という水準になりますが、これは2・075%金利引き下げ後の金利ですので、店頭金利で考えると4・446%ということ。返済シミュレーションで大切なのは「金利が○%まで上がったら」で終わらせず、「金利が○%になるか」まで考えることです。あくまで過去の例ではありますが、4%を超えているのは1993(平成5)年以前の話であり、その約20年、変動金利の店頭金利は2%台です。現状の世の中の情勢から「5年間でそこまでの金利上昇があるかどうか」といったことを各自で判断するようにしてください。

(iv)(ii)に家計の見直しで繰上返済資金を100万円プラス(図4-26)

繰上返済の資金は

- ・住宅ローン控除で還付されるお金を残しておく
- ・生命保険の見直しを行い保険料を貯める

図4-26 (ii) に家計の見直しで繰上返済資金を100万円プラス

ローン①		全期間固定金利	
借入額（万円）	4,000	固定期間（年）	35
年利（%）	1.8	返済年数	35
月々支払	128,437		

ローン②		変動金利	
借入額（万円）	4,000	固定期間（年）	5
年利（%）	0.4	返済年数	35
月々支払	102,076		
繰上返済（円）	2,560,000		
変更（年目）	6	年利（%）	2.605
返済額（円）	128,444		

ローン控除や家計の見直しで
繰上返済資金を年20万円を
捻出できると、2.6% まで許容できる

・購入後は頭金を貯める必要がなくなるので貯蓄計画を見直す

などいろいろと考えられます。それらの資金も繰上返済することによって、2・2%の金利上昇にも耐えられるようになります。このように繰上返済によって将来の返済負担を軽減することができます。

2 10年固定という選択肢

変動金利は金利が低いというメリットはありますが、繰上返済の計画が不確定であったり、「**金利や返済額がある程度安定しているほうがいい**」という方もいらっしゃるでしょう。その場合は「**10年固定**」という選択肢を検討してみてはいかがでしょうか。この金利タイプも各金融機関の競争が激しくなった結果、**3年固定や5年固定との金利差が縮まりました**。少しの金利負担をするだけで金利固定期間を2倍、3倍にできるので、安心を優先する方にとっては選びやすい金利タイプになってきたといえるでしょう。1と同様に4000万円／35年返済で具体的なプランを考えます。

(i)全期間固定1・8%と10年固定0・9%の返済額

図4-27 全期間固定1.8%と10年固定0.9%の返済額の比較

ローン①		全期間固定金利	
借入額（万円）	4,000	固定期間（年）	35
年利（%）	1.8	返済年数	35
月々支払	128,437		

10年間の返済総額	15,412,386	10年後の借入残高	31,009,449

ローン②		10年固定	
借入額（万円）	4,000	固定期間（年）	10
年利（%）	0.9	返済年数	35
月々支払	111,060		

1

10年間の返済総額	13,327,165	10年後の借入残高	29,825,669

4

変更（年目）	11	年利（%）	2.138
返済額（円）	128,431		

1 10年間金利が固定できる
2 10年間の返済額の差は約208万円
3 10年後の借入残高は全期間固定が3,101万円、10年固定は2,983万円
4 11年目金利が2.138%になると全期間固定金利の返済額と同等

の比較（図4－27）

(ⅱ)返済額の差額を積み立て繰上返済（図4－28）

(ⅳ)10年固定のメリット

10年固定は、教育費と関連付けて考えると非常に使い勝手のいい金利タイプともいえます。中学校に入学すると塾や部活動などでお金がかかりますし、最近では中学から私立への進学が増えていると聞きます。中学校3年、高校3年、大学4年を合計するとちょうど10年。ですから、お子さんが中学生以上というご家庭の場合、10年固定にすることによって**進学や就職というお子さんにとって大切な時期に住宅ローンのことは考えなくてすみます**。11年目金利の見直しになりますが、そのころにはお子さんは立派な社会人となって独立し

図4-28 返済額の差額を積み立てて繰上返済

ローン①		全期間固定金利	
借入額（万円）	4,000	固定期間（年）	35
年利（%）	1.8	返済年数	35
月々支払	128,437		

繰上返済（円）	

ローン②		10年固定	
借入額（万円）	4,000	固定期間（年）	10
年利（%）	0.9	返済年数	35
月々支払	111,060		

繰上返済（円）	2,040,000	1

変更（年目）	11	年利（%）	2.768	2
返済額（円）	128,434			

1 全期間固定と10年固定金利は月1.7万円程度の差があるので、毎月積み立てると10年後204万円
2 その204万円を繰上返済すると、その後全期間固定金利での返済額と同等になるのは、図4－27より0.63%高い2.768%

ているでしょうから、教育費負担がなくなっていきます。このように、少し金利は高くなりますが、安心、安定を優先するという目的であれば選択に値する金利タイプといえるでしょう。

3 全期間固定金利の選択

本項では、変動金利や10年固定金利（固定期間選択型）という金利タイプの返済方法を考えてきましたが、もう一つ全期間固定金利型が残っています。多額かつ長期間の借入れですからさまざまな不安があり、「将来の金利変動は絶対嫌だ！」という考えを持たれるのも当然です。そのような方は、全期間固定を選択することで**将来の金利上昇不安は解消**できます。本項の比較によると、借入れ当初の金利が上がることによって利息負担は増えますが、それは**安心をお金で買っている**ということです。各自「なにを優先したいか」はそれぞれの価値観によるところが大きく、納得して支払うお金には価値があります。

これはどの金利タイプを選んでもいえることですが、住宅ローンは長い付き合いになりますので「どれがトクか」という面以上に、「どれが自分にとってストレスがないか」という観点で考えてみてください。

借り換え

no.7

1 借り換えとは

当初金利引き下げ制度を利用して3年固定、5年固定といった固定金利選択型で借り入れると、多くのケースで固定金利特約終了と同時に金利引き下げ幅が減り、どの金利タイプを選んでも、新規借入れよりも適用金利が高くなるケースが多数です（**71ページ**）。また、全期間固定金利は同じ金融機関で金利タイプを変えることはできません。3年前、5年前に「金利が上がるかな」と考えて全期間固定金利を選んだ方は、現在の金利状況はその当時の予想とは違う結果になっていることでしょう。そこで、金融機関を変えて金利を下げる「**借り換え**」を活用して返済を有利に進めてみてはいかがでしょうか。

従来より借り換えに関しては「**借入残高1000万円以上・金利差1%以上・残存期間10年以上あればメリットが出る**」といわれてきましたが、これは**無視して結構**です。金利差がなくても金利タイプが変わることによって、借主の満足度、安心感が向上することもありますし、借り換え前後の金利差が大きければ、残高が少なくても残存期間が短くても借り換えメリットが出るケースはあります。大切なのは**きちんと計算して判断する**ということです。借り換えのメリットが出ないということは、いい方を変えれば**返済中の住宅ローンがベスト**だということですので、胸を張って今の住宅ローンを続けてください。

本書では以下のケースを例示して**200ページ**から具体的にシミュレーションをしてみます。

・固定金利特約期間が終了し、金利引き下げ幅が小さくなっている（**図4－31**）

・固定金利特約期間が終了し、とりあえず変動金利にしている（**図4－32**）

・長期固定金利で返済しているが、低金利を活用したい（**図4－33**）

2 借り換えの費用

(i) 借り換えで必要な費用

借り換えをする際、新しい金融機関で一から住宅ローン申込みを行うことになるので、購入時と同様に次のような各種の手数料が発生します。

・事務手数料（3万円～5万円程度または融資実行金額の2・2％など）

・印紙（借り換え残高1000万円超～5000万円の場合：2万円）

・登録免許税（借り換え残高の0・4％）

・司法書士手数料（金融機関により6万円～10万円程度）

・(保証料) ※保証料のかからない金融機関もあり

これらは借入れ時に一括で支払ってもいいですし、**借り換え残高に上乗せして借り入れることもできます**。本書では**借り換えのメリットの実感しやすさを優先**して、借り換え残高に上乗せする方法で計算していきます。そうすると、借り換え時に必要なお金は印鑑証明、謄本といった最小限の費用負担ですみます。もちろん、手元資金でそれらの費用を支払ってもいいですし、それら資金は今まで支払っていた住宅ローンの返済に使えば、借り換え残高を減らすことができます。

借り換えを躊躇している方の多くは、この借り換え時の手数料がネックになっています。大きなお金を支払えば、その後に返済額が下がっても返済の軽減を実感しにくいというのは当然です。諸費用まで借り換え残高に上乗せすることによって、**手元のお金はそのままで返済額が下がれば単純に借り換えていい**と判断もしやすくなります。

また、借り換えローンでは**借り換え時に実施するリフォーム資金も借り入れることが可能**です。そこで、現在の住まいに太陽光発電設備を導入するご家庭が徐々に増えてきました。**工事代金はかかりますが金利が下がるのでその分の負担軽減が見込めます**し、自治体から補助金がもらえることもあります。なにより、家計の中での**電気代を削減できる**(あまれば売ることもできる)ので、住宅ローンの返済以外に好影響を与えることにもなります。

なお、借り換え時は前述のように新しい金融機関で再度事前審査から申込みをしますので、審査

図4-29 借り換えの費用の例

・事務手数料	30,000円（税別）程度
・印紙代	20,000円
・登録免許税	借り換え残高の0.4%
・司法書士手数料	6万円～10万円程度

借り換え額 3,000 万円の場合

・事務手数料	33,000円
・印紙代	20,000円
・登録免許税	120,000円
・司法書士手数料	80,000円
合計	253,000円

の回答なども含め融資実行まで短くても1ヶ月程度の手続期間をみるようにしてください。

(ii) 借り換え費用の誤解…ローン保証料

(i)で借り換えを躊躇する方の多くは、手数料を気にしていると書きました。従来の住宅ローン指南では、「借り換えには手数料が何十万円もかかります」ということがいわれてきました。残高3000万円/残返済年数30年で借り換えをすると、外枠方式（一括払い）の保証料は57万円程度になります。それに前述の25万円を足せば80万円を超えますので、確かに気になります。

しかし、**ローン保証料は借り換えの実質的な手数料ではありません**。借り換えを実施すると、ローン保証料を一括払いしていれば**未経過分は一定の計算式に則って戻ってきます**ので**（図4-30）**、当初の保証料支払いと比べて割安となりますが、その分はかかった費用から差し引けます。借り換え前後のローンで保証料内枠方式（金利上乗せ）を選べばまとまった保証料負担は一切なく、借り換え前後で保証料率がどちらも０・２％という場合であれば、借り換えが保証料に与える影響はありません。本書ではこの観点も考慮して、借り換えメリットの判断ができるようなアドバイスをします。

図4-30 借り換え時の保証料

・以前の住宅ローンの保証料を外枠方式で支払っていれば未経過分が戻ってくる
・借り換えローンの保証料は内枠方式を選べる

保証料外枠方式の場合

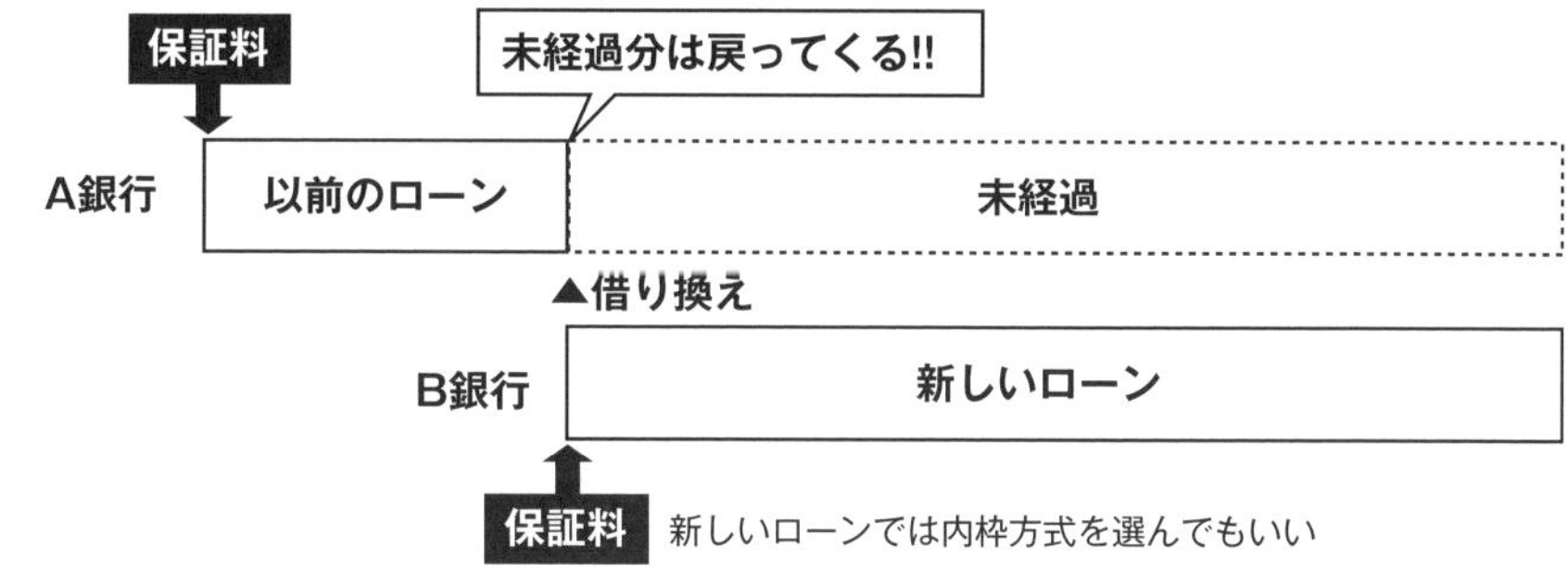

保証料内枠方式の場合

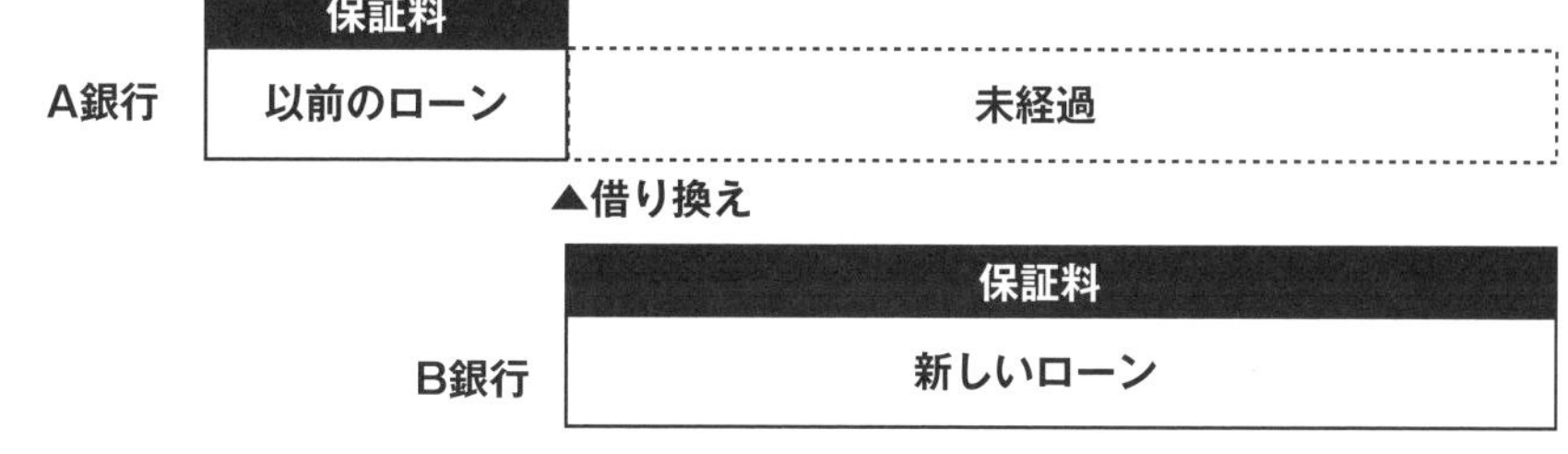

保証料と残高の考え方

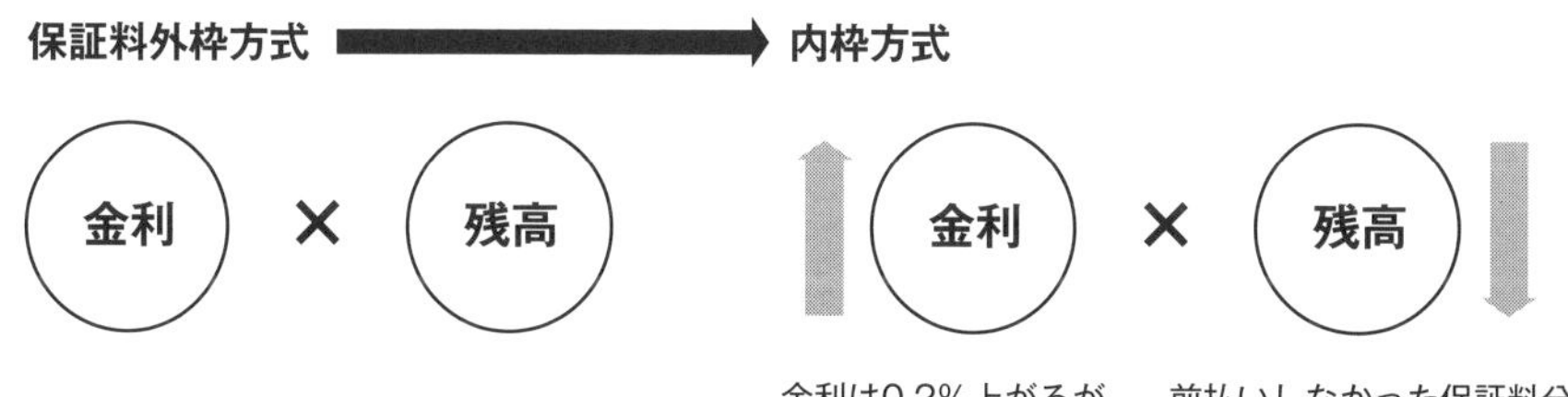

図4-31 固定金利特約期間が終了し、金利引き下げ幅が小さくなる

【基本条件】
当初借入金額 3,200 万円・35 年返済・3年固定1%（当初期間引下げ）で借入れ。
4年目以降は店頭金利より 1.0%引下げ。
4年経過時点で再度3年固定を選ぶと 2.0%（店頭金利 3.0%）となり、4年目からの返済額は 104,688 円。
⇒他行の 10 年固定 0.9%（＋保証料 0.2%）に借り換え

基本情報

借入額	32,000,000
返済年数	35
金利(年)	1%
月返済額	90,331

回	金利	返済額	利息	元金充当額	借入残高
1	1%	90,331	26,667	63,664	31,936,336
2	1%	90,331	26,614	63,717	31,872,618
3	1%	90,331	26,561	63,770	31,808,848
35	1%	90,331	24,838	65,493	29,739,890
36	1%	90,331	24,783	65,548	29,674,342
37	2%	104,688	49,457	55,231	29,619,112
38	2%	104,688	49,365	55,323	29,563,789

▲1 万 2,201 円

借り換え後

借り換え額	29,674,342
手数料含	29,926,040
残返済年数	32
金利(年・保証料含)	1.1%
月返済額	92,487

借り換え手数料

事務手数料	33,000
印紙代	20,000
登録免許税	118,697
司法書士費用	80,000
合計	251,697

回	金利	返済額	利息	元金充当額	借入残高
1	1.1%	92,487	27,432	65,055	29,860,985
2	1.1%	92,487	27,373	65,114	29,795,871
3	1.1%	92,487	27,313	65,174	29,730,697
4	1.1%	92,487	27,253	65,234	29,665,463

借り換え前の返済額　104,688円
借り換え後の返済額　92,487円
10年間の返済額軽減効果　12,201円×120ヶ月≒146万円

図4-32 固定金利特約期間が終了し、変動金利になる

【基本条件】
当初借入金額 3,200 万円・35 年返済・3年固定1%（当初期間引下げ）で借入れ。
４年目以降は店頭金利より 1.0%引き下げ。
３年経過時点で変動金利を選ぶと 1.475%（店頭金利 2.475%）となり、４年目からの返済額は 96,990 円。
⇒他行の変動金利 0.4%（＋保証料 0.2%）に借り換え

基本情報

借入額	32,000,000
返済年数	35
金利(年)	1%
月返済額	90,331

回	金利	返済額	利息	元金充当額	借入残高
1	1%	90,331	26,667	63,664	31,936,336
2	1%	90,331	26,614	63,717	31,872,618
3	1%	90,331	26,561	63,770	31,808,848
35	1%	90,331	24,838	65,493	29,739,890
36	1%	90,331	24,783	65,548	29,674,342
37	1.475%	96,990	36,475	60,515	29,613,827
38	1.475%	96,990	36,400	60,590	29,553,237

▲1 万 1,317 円

借り換え後

借り換え額	29,674,342
手数料含	29,926,040
残返済年数	32
金利(年・保証料含)	0.6%
月返済額	85,673

借り換え手数料

事務手数料	33,000
印紙代	20,000
登録免許税	118,697
司法書士費用	80,000
合計	251,697

回	金利	返済額	利息	元金充当額	借入残高
1	0.6%	85,673	14,963	70,710	29,855,330
2	0.6%	85,673	14,928	70,745	29,784,585
3	0.6%	85,673	14,892	70,780	29,713,805
4	0.6%	85,673	14,857	70,816	29,642,989

借り換え前の返済額　96,990円
借り換え後の返済額　85,673円
返済額軽減効果　11,317円×384 ヶ月≒435万円
（以降の金利変動考慮せず）

図4-33 長期固定金利で借入れしたが低金利を活用したい

【基本条件】
当初借入金額 3,200 万円・35 年返済・全期間固定金利 1.8%で借り入れて３年経過した。
⇒他行の 変動金利0.4%（＋保証料 0.2%）に借り換え

基本情報

借入額	32,000,000
返済年数	35
金利(年)	1.8%
月返済額	102,749

回	金利	返済額	利息	元金充当額	借入残高
1	1.8%	102,749	48,000	54,749	31,945,251
2	1.8%	102,749	47,918	54,831	31,890,420
3	1.8%	102,749	47,836	54,913	31,835,507
35	1.8%	102,749	45,138	57,611	30,034,106
36	1.8%	102,749	45,051	57,698	29,976,408
37	1.8%	102,749	44,965	57,784	29,918,623
38	1.8%	102,749	44,878	57,871	29,860,752

▲1 万 6,208 円

借り換え後

借り換え額	29,976,408
手数料含	30,229,313
残返済年数	32
金利(年・保証料含)	0.6%
月返済額	86,541

借り換え手数料

事務手数料	33,000
印紙代	20,000
登録免許税	119,906
司法書士費用	80,000
合計	252,906

回	金利	返済額	利息	元金充当額	借入残高
1	0.6%	86,541	15,115	71,426	30,157,887
2	0.6%	86,541	15,079	71,462	30,086,425
3	0.6%	86,541	15,043	71,498	30,014,928
4	0.6%	86,541	15,007	71,533	29,943,394

借り換え前の返済額　　　102,749 円
借り換え後の返済額　　　86,541 円
（借り換え後10年間金利変動がなかったとすると）
10 年間の返済額軽減効果　　16,208 円×120 ヶ月≒194 万円

5時間目
税金関連

住宅購入は大きなお金が動くので、各種の税金が関係してきます。税率に目がいきがちですが、税制は毎年改正されるものもあるので、適用時期の確認を怠らないように気をつけてください。なお不明な点は、最寄りの税務署、都道府県税事務所、税理士といった専門機関に助言を仰ぐように心がけてください。

no. 1

購入時にかかわる税金

1 消費税

住宅のような大きな買い物については消費税の影響が大きく、増税のたびに話題となりました。しかし、**住宅購入において消費税が関係するのは新築の住宅のみ**です。土地の購入、中古住宅の購入では、考慮する必要はありません。

2 贈与税

住宅購入時、親御さんから資金提供を受けるというケースがあります。そのような財産の受け渡しに関係するのが**贈与税**です。贈与税は、毎年1月1日から12月31日までの1年間で受け取った財産について課税されます。贈与税は、相続税逃れを防ぐために高い税率になっていますが、住宅購入においては**軽減措置**があるので、上手に活用したいところです。うっかり適用条件から外れると、多額の税負担をすることとなりますのでしっかり確認しましょう。贈与税の課税方法は現在**「暦年課税」**と**「相続時精算課税」**の2種類あり、財産を受け取った人がどちらかを選択して申告をします。なお、婚姻期間が20年以上の夫婦間であれば、マイホームを贈与しても最高2000万円の**配偶者控除**を受けることができます。

(i)暦年課税

贈与税の基本となるのが「暦年課税」という課税方法です。1年間に贈与を受けた財産額に応じて贈与税額が決まります(**図5－1**)。なお、年間110万円(基礎控除)まで贈与税の負担はありません(**図5－2**)。贈与税は次のように計算をします。

(課税価格 － 基礎控除)× 税率 － 控除額

(ii)相続時精算課税

贈与を受けた場合に一定の計算式で贈与税額を計算し、贈与者(財産をあげた人)が亡くなったときにその贈与した財産と相続財産を合計して相続税を計算するというものです。暦年課税では110万円まで贈与税はかかりませんが、相続時精算課税制度を利用すると2500万円までの特別控除が受けられます。贈与税の軽減にはなりますが、相続税の軽減にはなりませんので注意をしてください。なお、**一度相続時精算課税を選択すると、以後、同じ贈与者からの贈与は暦年課税が選択できません**。相続時精算課税制度を利用する際は、贈与税の申告時に相続時精算課税届出書の提出が必要です(**図5－3、図5－4**)。

図5-1 暦年課税の計算

〈計算方法〉

●1年間（1月1日～12月31日）に贈与を受けた財産の価額の合計金額（課税価格）から基礎控除額110万円を差し引いた残額（基礎控除後の課税価格）について、次の速算表により贈与税額を計算します。

◇贈与税の速算表（2015（平成27）年1月1日から）

20歳以上の者が直系尊属から贈与を受けた場合			左記以外		
基礎控除後の課税価格	税率	控除額	基礎控除後の課税価格	税率	控除額
200万円以下	10%	－	200万円以下	10%	－
400万円以下	15%	10万円	300万円以下	15%	10万円
600万円以下	20%	30万円	400万円以下	20%	25万円
1,000万円以下	30%	90万円	600万円以下	30%	65万円
1,500万円以下	40%	190万円	1,000万円以下	40%	125万円
3,000万円以下	45%	265万円	1,500万円以下	45%	175万円
4,500万円以下	50%	415万円	3,000万円以下	50%	250万円
4,500万円超	55%	640万円	3,500万円超	55%	400万円

図5-2 暦年課税の計算

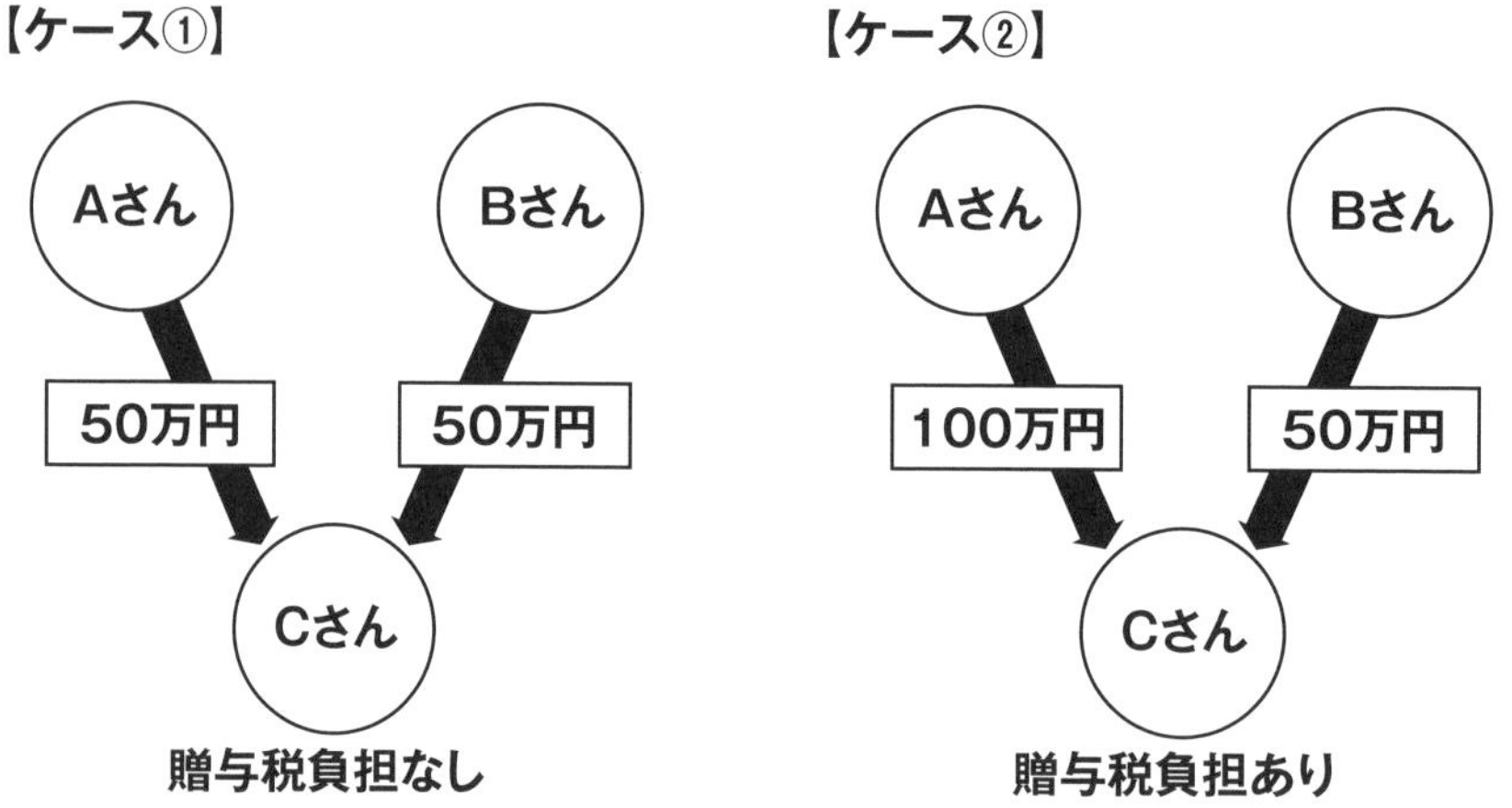

図5-3 相続時精算課税制度を利用できる対象者など

・贈与者（贈与をする人）は60歳以上の父母または祖父母
・受贈者（贈与を受ける人）は18歳以上の贈与者の推定相続人

※年齢は贈与の年の1月1日現在の年齢

図5-4 相続時精算課税

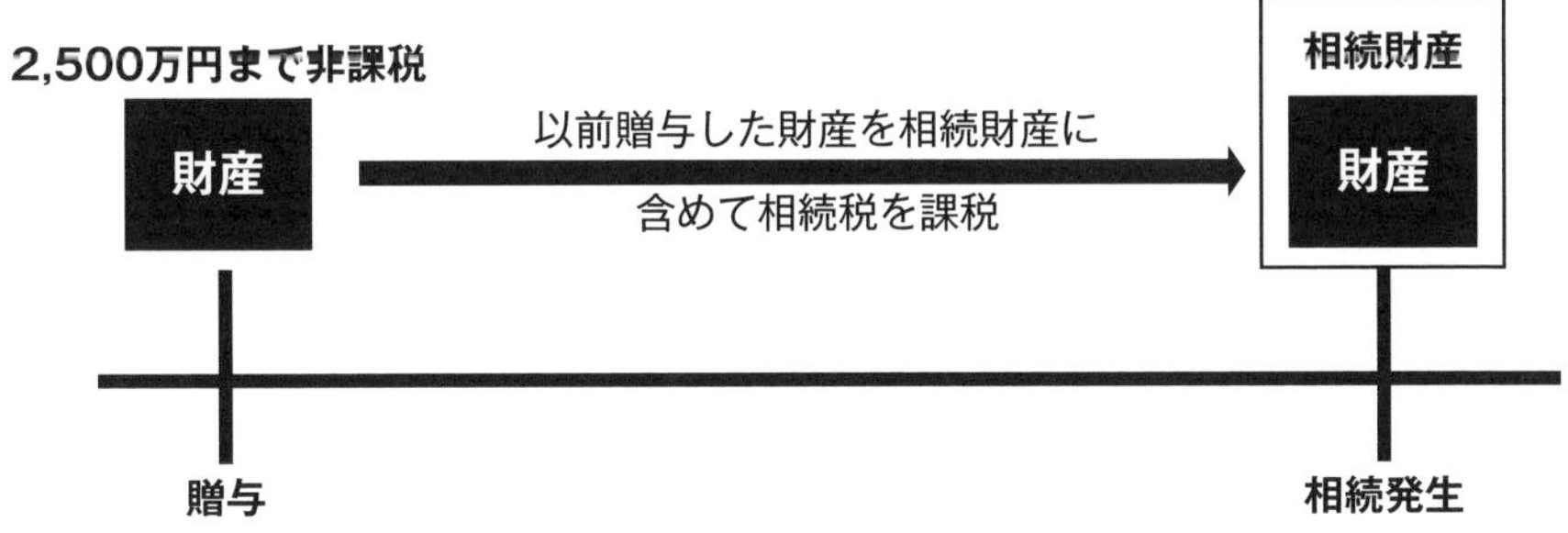

ⅲ）贈与税の配偶者控除

婚姻期間20年以上の夫婦であれば、自宅または自宅購入資金の贈与をしても、基礎控除110万円の他に最高2000万円の配偶者控除が受けられます。

ⅳ）住宅取得資金の贈与の特例

住宅購入資金は、一定の要件を満たすことによって贈与税の軽減措置があります。

①住宅取得資金の贈与税の非課税

2026（令和8）年12月31日までに直系尊属（父母、祖父母）から住宅資金援助を受けた場合、省エネ等住宅であれば1000万円まで、その他の住宅であれば500万円まで贈与税がかかりません。**暦年課税**と**相続時精算課税**は併用ができませんが、この制度に関しては「住宅取得資金の贈与税の非課税＋暦年課税」「住宅取得資金の贈与税の非課税＋相続時精算課税」という具合に併用することが可能です。つまり、暦年課税と併用すれば良質な住宅の場合、１１００万円（１０００万円＋１１０万円）まで贈与税が非課税となります（**図５－５**）。省エネ等住宅を証明する書類については、**図５－６**に記載します。

②相続時精算課税制度選択時の特例

一定の要件を満たすことによって、贈与者（父母）が60歳未満であっても相続時精算課税制度を選択することができます。

①、②の特例要件の詳細は国税庁のホームページでご確認ください。

(v)適用条件の確認

(iv)の軽減措置を利用する際は、前述の適用条件を必ず確認するようにしてください。特に注意していただきたいのが次の要件です。

・贈与を受けた年の翌年3月15日までに、その住宅に居住しているか、または居住することが確実であると見込まれること

つまり、贈与を受けた翌年の3月15日までに引き渡しを受けている（注文住宅であれば棟上げまで終わっている）という状態でなければ、この非課税措置は使えないということです。注文住宅や

図5-5 住宅取得資金の贈与税の非課税制度のイメージ(2024(令和6)年)

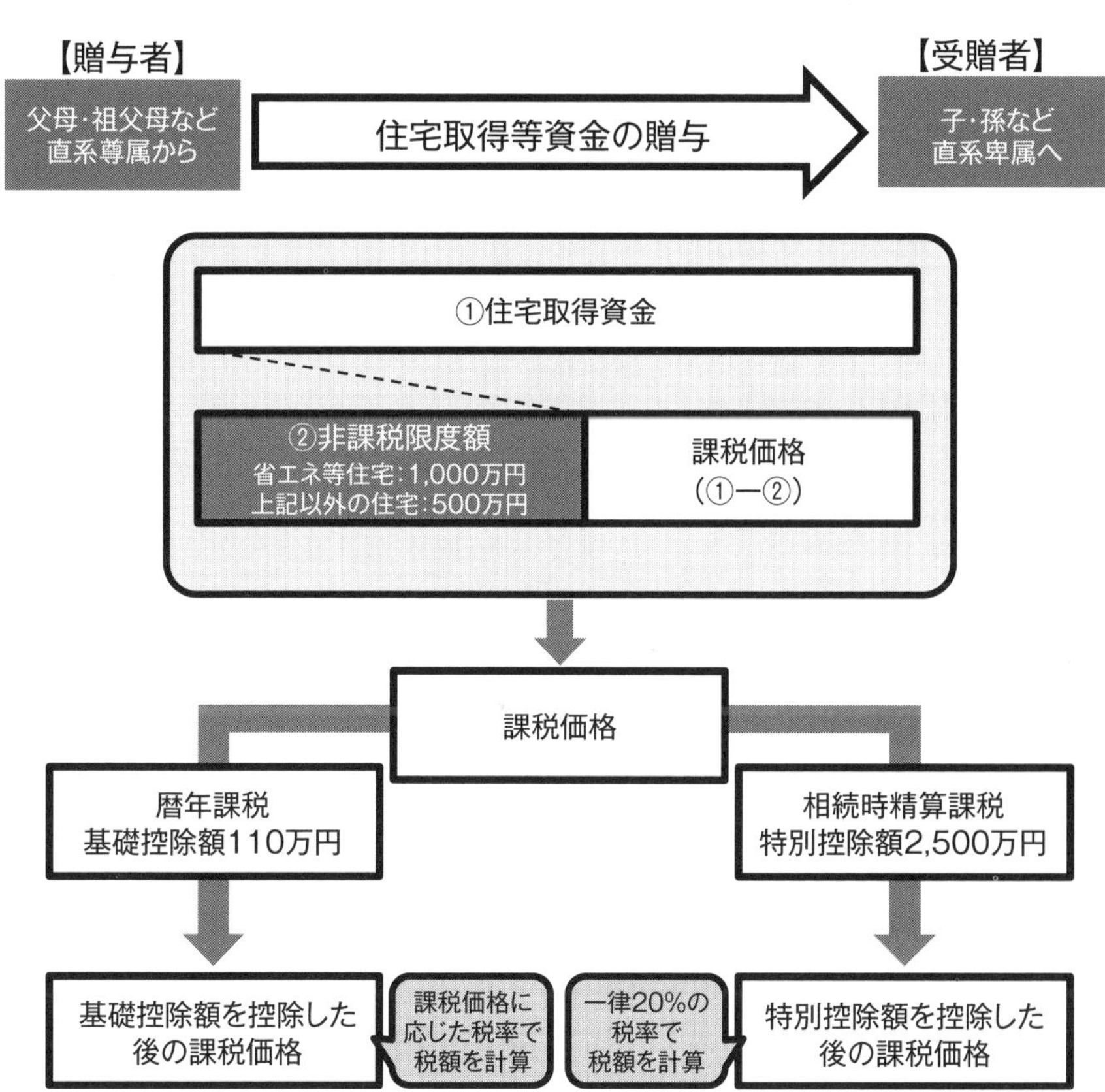

マンションなどで、引き渡しが翌年の3月15日を著しく越える場合は特例制度が使えません。

(v)登記との関係

自宅を購入すると、その土地や建物が誰の所有物なのか所有権の登記をします。所有権の配分（持ち分）をどのようにするかはもちろん個人の自由ですが、持ち分の割合によっては贈与税が発生することがあるので注意をしましょう。

土地2000万円、建物2000万円で4000万円の自宅を購入したとしましょう。奥様が専業主婦のご家庭の場合で、

図5-6 省エネ等住宅の証明書類

省エネ等住宅 省エネ等住宅とは、省エネ等基準（①断熱等性能等級４以上若しくは一次エネルギー消費量等級 ４以上であること、②耐震等級（構造躯体の倒壊等防止）２以上若しくは免震建築物であること又は③高齢者等配慮対策等級（専用部分）３以上であることをいいます。）に適合する住宅用の家屋であることにつき、次のＡからＦのいずれかの証明書などを贈与税の申告書に添付することにより証明がされたものをいう。

<table>
<tr><th colspan="3">証明書などの種類</th><th>証明対象の家屋</th></tr>
<tr><td>A</td><td colspan="2">住宅性能証明書</td><td rowspan="2">① 新築をした住宅用の家屋
② 建築後使用されたことのない住宅用の家屋
③ 建築後使用されたことのある住宅用の家屋
④ 増改築等をした住宅用の家屋</td></tr>
<tr><td>B</td><td colspan="2">建設住宅性能評価書の写し</td></tr>
<tr><td>C</td><td colspan="2">住宅省エネルギー性能証明書（※２）</td><td rowspan="8">① 新築をした住宅用の家屋
② 建築後使用されたことのない住宅用の家屋
③ 建築後使用されたことのある住宅用の家屋</td></tr>
<tr><td rowspan="3">D</td><td colspan="2">次のａ及びｂの両方の書類（※３）</td></tr>
<tr><td>a</td><td>長期優良住宅建築等計画等の（変更）認定通知書の写し（※４）</td></tr>
<tr><td>b</td><td>住宅用家屋証明書（若しくはその写し）又は認定長期優良住宅建築証明書</td></tr>
<tr><td rowspan="3">E</td><td colspan="2">次のｃ及びｄの両方の書類</td></tr>
<tr><td>c</td><td>低炭素建築物新築等計画の（変更）認定通知書の写し</td></tr>
<tr><td>d</td><td>住宅用家屋証明書（若しくはその写し）又は認定低炭素住宅建築証明書</td></tr>
<tr><td>F</td><td colspan="2">増改築等工事証明書（※６）</td><td>④ 増改築等をした住宅用の家屋</td></tr>
</table>

頭金800万円を**ご主人の口座から支払い**、3200万円の住宅ローンを**ご主人名義で申し込んだ**場合、土地と建物の**すべての持ち分をご主人**とすれば（単独名義）、誰にも財産が受け渡っていないので**贈与税は発生しません**。

　しかし、「夫婦仲良く」ということで**持ち分を50対50で登記**すると、奥様はご主人から土地、建物の**贈与を受けたということになり**、奥様が**贈与税の負担**をすることになります。もし、頭金は奥様も自分の口座から400万円建物に支払ったということであれば、建物2000万円のうち400万円ですので、建物の持ち分はご主人80%、奥様20%というように、全体の資金計画から奥様の負担した分は、奥様の持ち分で登記（共有名義）すれば贈与税の心配はありません。

　反対のケースとして、夫婦ペアローンで申し込んだにもかかわらず、持ち分をその割合で按分せ

図5-7 贈与税負担のない持ち分の例（土地2,000万円・建物2,000万円）

				頭金	住宅ローン	持ち分
夫のみ	土地	2,000万円	夫	0円	2,000万円	100%
			妻	0円	0円	0%
	建物	2,000万円	夫	0円	2,000万円	100%
			妻	0円	0円	0%
妻も頭金を負担	土地	2,000万円	夫	0円	1,600万円	80%
			妻	400万円	0円	20%
	建物	2,000万円	夫	0円	2,000万円	100%
			妻	0円	0円	0%
夫婦でローンも負担	土地	2,000万円	夫	100万円	1,100万円	60%
			妻	300万円	500万円	40%
	建物	2,000万円	夫	0円	1,500万円	75%
			妻	0円	500万円	25%

図5-8 親子間の場合

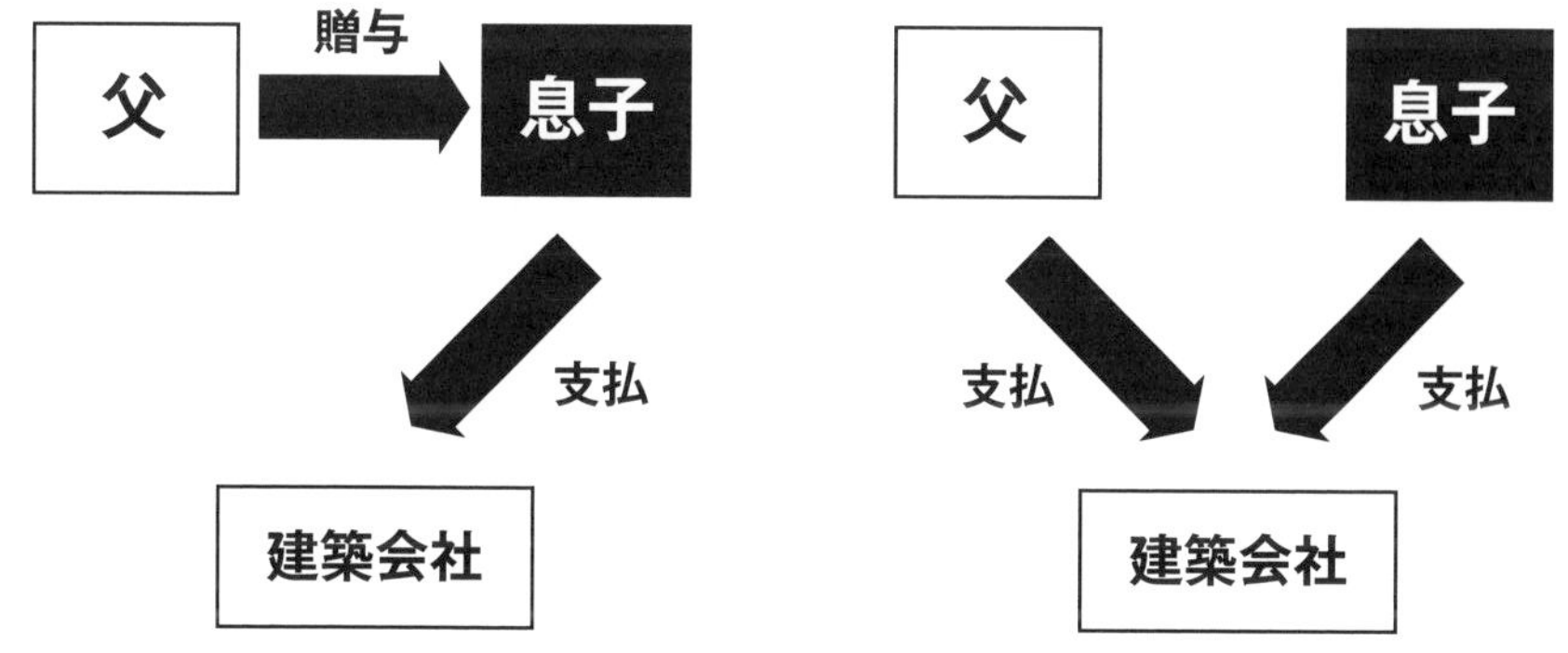

ず、どちらか一方の単独名義にした場合は贈与とみなされ、単独名義人となる方に贈与税の負担が発生します。

連帯債務の場合は、年収の比率など合理的な基準に基づいて持ち分を定めて登記に反映させることがポイントです。連帯債務であるのにどちらかの単独名義であれば、贈与税負担が生じる可能性が出てきます。

親子の場合はどうでしょうか。贈与を実施した場合はそのお金はお子さん経由で支払っているので、贈与した分もお子さんの単独名義で登記すれば、贈与税の負担の心配はありません。もし、贈与をしないで親御さんが直接建築会社に支払ったとすると、建物価格から親御さんが支払った金額分を按分しての共有名義にすれば贈与税の負担はありませんが、建物すべてをお子さんの単独名義にすると親から子に建物の贈与をしたとみなされるので、お子さんに贈与税の負担が発生します。

なお、負担した額というのは【頭金＋住宅ローン借入額】の合計で計算してください。

(vi) 住宅ローン申込みと共有者

登記のところで「**共有**」という言葉が出てきました。ここで共有について触れておきます。物件購入時に資金の負担をした人は、その負担した割合に見合った分の所有権を保有（**持ち分**）し、持ち分を持っている人たちを「**共有者**」といいます。住宅ローンを利用する場合、購入物件に**担保設定**（**抵当権**もしくは**根抵当権**）の登記が必要となり、所有権を持っている人たちは**担保差入人**となります。この担保差入人のことを「**物上保証人**」といいます。

「保証人」という言葉は他でも出てきました。「連帯保証人」です。連帯保証人と物上保証人の違いですが、**連帯保証人は自らが債務を負う**のに対して、**物上保証人は債務を負いません**。担保のために財産を提供するだけです。父親の手元資金1000万円を頭金、息子が2000万円の住宅ローンを申し込んで3000万円の住宅を建築したとしましょう。その物件に抵当権を設定しますが、原則として父親は物上保証人となるだけで、息子の住宅ローン債務には関与しません。しかし一部の金融機関では、このようなケースで父親を連帯保証人として徴求することもあります。

なお、共有者として認められるのは申込者本人の父母、配偶者、婚約者です。それ以外の血縁関係者が共有者となると、住宅ローンが支払えず代位弁済となったときにトラブルの元になりかねないので、原則として認められません（フラット35は**内縁関係**でも可）。また持ち分の比率に関しては、無条件の金融機関が多いのですが、一部、申

図5-9 金銭消費貸借契約書に添付する印紙

融資金額	印紙代
100万円超　500万円以下	2,000円
500万円超　1,000万円以下	10,000円
1,000万円超　5,000万円以下	20,000円
5,000万円超　1億円以下	60,000円

図5-10 不動産契約に係る印紙税軽減措置の対象

契約書作成年月日	契約書	記載された契約金額
2024(令和6)年4月1日～ 2027(令和9)年3月31日	不動産譲渡契約書	10万円を超えるもの
	建設工事請負契約書	100万円を超えるもの

図5-11 印紙税の軽減税率(参考)

契約金額		本則税率	軽減後の税率	参考(軽減額)
不動産譲渡契約書	建設工事請負契約書			
500万円超　1,000万円以下		1万円	5,000円	5,000円(50%軽減)
1,000万円超　5,000万円以下		2万円	1万円	1万円(50%軽減)
5,000万円超　1億円以下		6万円	3万円	3万円(50%軽減)
1億円超　5億円以下		10万円	6万円	4万円(40%軽減)

込者の持ち分が50％以上（共有者の持ち分は50％未満）という金融機関もあります。

3 印紙税

(i)金銭消費貸借契約書に添付する印紙

図5－9参照

(ii)不動産契約に関する印紙税の軽減措置

２０２４（令和６）年４月１日から２０２７（令和９）年３月31日までに作成される「不動産譲渡契約書」および「建設工事請負契約書」については軽減措置があります（**図5－10**、**図5－11**）。

図5-12 登録免許税の税率

登記の種類・原因		土地	建物	住宅用家屋の特例
所有権の移転登記	売買	1.5%（※1）	2.0%	0.3%（※2）
	贈与	2.0%		
	相続	0.4%		
所有権の保存登記		0.4%		0.15%（※2）
抵当権の設定登記		0.4%		0.1%（※2）

※1　令和8年3月31日までの間に受ける登記について適用
※2　令和9年3月31日までの間に住宅用家屋の新築股を取得をしその新築又は取得後1年以内に受ける登記について適用

5 不動産取得税

住宅の建築（新築・増築・改築）や土地・住宅の購入、贈与、交換などで不動産を取得したときは、登記の有無にかかわらず、取得した方に次の計算式に則って**不動産取得税**が課税されます。なお、相続による取得の場合は課税されません。

(i)不動産取得税の税額

税額 ＝ 取得不動産価格（課税標準額）× 税率

課税標準額とは、購入価格や建築工事価格ではなく**固定資産税評価額**のことをいいます。税率は土地、建物ともに4％ですが、2027（令和9）年3月31日までは軽減措置により**税率は3％**、土地の課税標準額は【**取得不動産価格×1／2**】と

図5-13 中古住宅の不動産取得税の軽減控除額

■要件
① 1982（昭和57）年１月１日以降に建築されたもの
② ①に該当しない場合は、新耐震基準に適合している証明がされたもの

新築された日	控除額
1976（昭和51）年1月1日～1981（昭和56）年6月30日	350万円
1981（昭和56）年7月1日～1985（昭和60）年6月30日	420万円
1985（昭和60）年7月1日～1989（平成元）年3月31日	450万円
1989（平成元）年4月1日～1997（平成9）年3月31日	1,000万円
1997（平成9）年4月1日以降	1,200万円

なります。

(ii)不動産取得税の軽減措置

①新築住宅の軽減措置

建物の床面積が50㎡以上２４０㎡以下の場合は、１２００万円（課税標準価格が１２００万円未満の場合はその額）が控除できます。なお、２０２６（令和８）年３月31日までに長期優良住宅を取得した場合は、控除額が１３００万円に引き上げられます。

不動産取得税額＝（住宅価格－控除額）×税率

②中古住宅の軽減措置

中古住宅の場合は、必要な要件を満たすことによって建築された日に応じた控除が受けられます（**図5－13**）。

不動産取得税額＝（住宅価格－控除額）×税率

③住宅用土地取得に対する軽減

住宅用の土地を取得したときは、**図5－14**のいずれかの要件に当てはまれば、土地の税額の軽減が受けられます。ただし、この軽減措置はその土地の上にある建物が不動産所得税の軽減に該当する建物であることが条件となります。

図5-14 住宅用土地の取得に対する不動産取得税の軽減

（1）新築住宅用の土地の取得

ア	土地を先に取得した場合	土地を取得後３年以内に、当該土地上に住宅が新築されていること ただし、次の①②のいずれかに該当する場合に限る	
		①	土地の取得者が、住宅の新築までその土地を引き続き所有していること
		②	土地の取得者からその土地を取得した方（譲渡の相手方）が、住宅を新築したこと
イ	新築住宅を先に取得した場合（同時取得を含む）	①	住宅を新築した方が、新築後１年以内にその敷地を取得していること
		②	新築未使用の住宅とその敷地を、新築後１年以内（同時取得を含む。）に同じ方が取得していること

（2）中古住宅用の土地の取得

ア	土地を先に取得した場合（同時を含む）	土地を取得した方が、当該土地を取得した日から１年以内（同時取得を含む。）にその土地上の中古住宅を取得していること
イ	中古住宅を先に取得した場合	中古住宅を取得した方が、当該住宅を取得後１年以内にその敷地を取得していること

（3）軽減される額

次のア、イのいずれか高いほうの金額が税額から軽減されます。

ア　45,000円（税額が45,000円未満である場合はその税額）

（注）2018（平成30）年3月31日までに宅地等（宅地及び宅地評価された土地）を取得した場合は、価格を2分の1にした後の額の1㎡当たりの額とします。
なお、住宅の持分を取得した場合は、上記イで算出された金額にその持分を乗じた金額になります。

no.2 購入後にかかわる税金

1 所得税…住宅ローン控除

(i)住宅ローン控除

住宅ローン控除とは、住宅ローンを利用して住宅購入した場合に、借主の負担軽減を目的として導入されました。毎年12月末の住宅ローン残高の0・7%を控除額とし（上限あり）**13年間（中古住宅は10年間）にわたり所得税が還付**されます。**納税している所得税の額が控除額より少ない場合は、住民税からも一部控除されます。**（**図5－15**）。

住宅ローン控除の申請は、世帯単位ではなく住宅ローンの申込人ごとに申請をするので、連帯債務やペアローンの際は各自で申請をするようにしましょう。なお、住宅ローン控除の対象となる借入れは、金融機関から資金調達したものに限られます。個人の間の借入れ、親子間の借入れなどには適用しません。申請には住宅を取得した年の翌

図5-15 住宅ローン控除の概要（2024～2025年）

新築既存		借入限度額		控除期間	床面積要件
		2024（令和6）年入居	2025（令和7）年入居		
新築住宅買取再販	長期優良住宅 低炭素住宅	子育て世帯・若者世帯※： 5,000万円 その他の世帯：4,500万円	4,500万円	13年	50㎡ ※新築住宅の場合、令和6年末までに建築確認：40㎡ （取得要件1,000万円）
	ZEH 水準省エネ住宅	3,500万円	3,500万円		
	省エネ基準適合住宅	3,000万円	3,000万円		
	その他の住宅	0円		―	
既存住宅	長期優良住宅 低炭素住宅 ZEH 水準省エネ住宅 省エネ基準適合住宅	3,000万円		10年	
	その他の住宅	2,000万円			

【主な要件】
①自らが他居住するための住宅　②合計所得金額が2,000万円以下　③住宅ローンの借入期間が10年以上
④引き渡し又は工事完了から6ヶ月以内に入居　⑤昭和57年以降に建築又は現行の耐震基準に適合　等

※「19歳未満の子を有する世帯」又は「夫婦のいずれかが40歳未満の世帯」

年2月16日から3月15日までの間に確定申告をする必要がありますが、会社勤めの方は初年度だけ確定申告をすれば、翌年からは年末調整ですみます。会社勤めの方の確定申告の仕方については、住宅金融支援機構のホームページでも大変くわしく解説してありますので、以下URLでご確認ください。

■会社員が住宅ローン控除を受けるための「はじめての確定申告」

http://www.flat35.com/user/helpful/kakutei1.html

(ii) 控除額

自分がいくら控除を受けられるのかは、自分が

いくら所得税を納税しているかで決まりますので、所得税の納税額をまず確認しましょう。どのように確認するかですが、会社勤めの方（給与所得者）の場合は、源泉徴収票の「**源泉徴収税額**」（**図5－16**）、自営業者の方（事業所得者）の場合は確定申告書の「**課税所得に対する税額**」の欄（**図5－17**）を確認してください。

(iii)留意事項

①借入額の上限

２０２４（令和６）年、２０２５（令和７）年の制度では、控除額の上限は**図５－15**のとおりとなっています。住宅の性能により、借入額への上限が変化します。たとえば、長期優良住宅を購入し、年末の残高が６０００万円だったとしたとしても、４５００万円（子育て世帯、若者世帯の場合５０００万円）を超えた額は考慮されず、借入

図5-16 給与所得者の場合

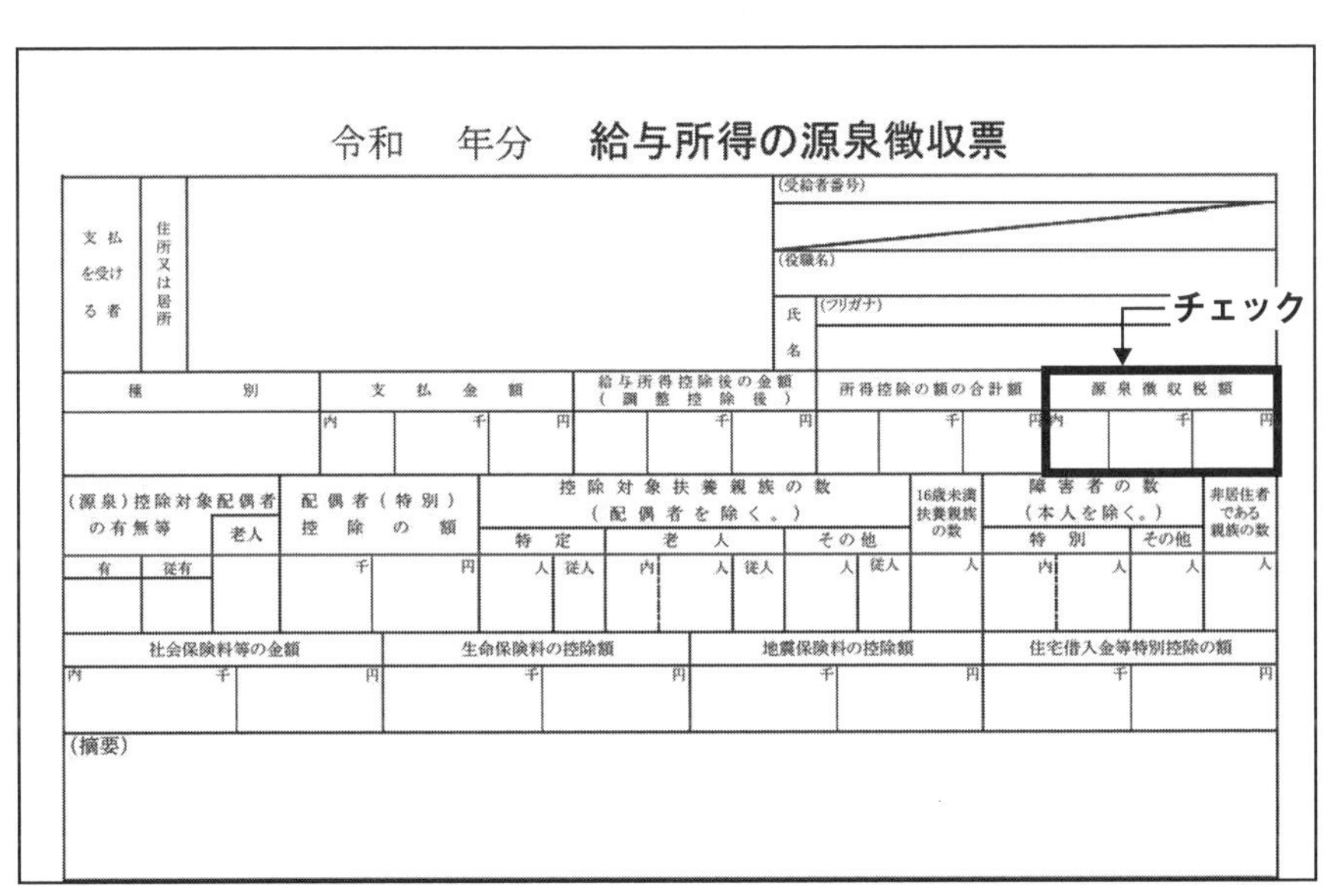

令和　　年分　給与所得の源泉徴収票

支払を受ける者	住所又は居所		(受給者番号) / (役職名) / 氏名 (フリガナ)

種別	支払金額	給与所得控除後の金額（調整控除後）	所得控除の額の合計額	源泉徴収税額
	内　千　円	千　円	千　円	内　千　円

(源泉)控除対象配偶者の有無等		老人	配偶者(特別)控除の額	控除対象扶養親族の数（配偶者を除く。）特定	老人	その他	16歳未満扶養親族の数	障害者の数（本人を除く。）特別	その他	非居住者である親族の数
有	従有		千　円	人　従人	内　人　従人	人　従人	人	内　人	人	人

社会保険料等の金額	生命保険料の控除額	地震保険料の控除額	住宅借入金等特別控除の額
内　千　円	千　円	千　円	千　円

(摘要)

図5-17 自営業者の場合

税金の計算	項目	番号	金額
	課税される所得金額（⑫－㉙）又は第三表	㉚	000
	上の㉚に対する税額 又は第三表の93	㉛	
	配当控除	㉜	
	区分	㉝	
	(特定増改築等)住宅借入金等特別控除 区分1 区分2	㉞	00
	政党等寄附金等特別控除	㉟～㊲	
	住宅耐震改修特別控除等 区分	㊳～㊵	
	差引所得税額（㉛－㉜－㉝－㉞－㉟－㊱－㊲－㊳－㊴－㊵）	㊶	
	災害減免額	㊷	
	再差引所得税額(基準所得税額)（㊶－㊷）	㊸	
	復興特別所得税額（㊸×2.1%）	㊹	
	所得税及び復興特別所得税の額（㊸＋㊹）	㊺	

チェック

額の上限に0・7%を掛けた額が控除されます。

②控除額の上限

住宅ローン控除というのは、ローンを支払っている方たちの税負担を軽減する目的の制度です。ある年の所得税額を28万円、その年の12月末の残高を3000万円とします。その年の控除額は納めた所得税28万円ではなく、残高の0・7%である21万円となります。**住宅ローンの残高の0・7%を超える所得税額は控除されません。**

③納税額の上限

住宅ローン控除の原資は借主が納めた税金ですので、納めた税金以上のお金を受け取ることにはなりません。「(ii) 控除額」で「納税額の確認をしましょう」と記載しましたが、原則としては、その金額が上限です。控除期間中のある年の所得税納税額が13万円、その年の12月末時点の借入残高が3000万円の場合、控除額の上限は21万円になり、**納めた所得税13万円が還付されます**。しかし、このような【控除可能額＜所得税納税額】の場合、**一定額までは住民税から還付を受けることができます**。

④住民税からの控除

2007（平成19）年に税源移譲が行われたことによって所得税が減額となり、所得税で控除できる金額が減少するケースが出てきました。そこで、所得税の住宅ローン控除制度を受けている方で、所得税から控除しきれなかった額がある場合は、翌年度の**個人住民税から控除できるとした制度が施行**されました。住民税から控除される額は、控除額の上限から所得税額を引いた額が対象となりますが、課税所得の5％と9万7500円の低いほうの金額が上限となります。

⑤連帯債務の場合

連帯債務の場合は、それぞれの収入の割合に応じて借入負担割合を決めるなど、**合理的に定める必要があります**。具体的な判定が困難な場合は税務署、税理士に問い合わせるようにしてください。

連帯債務の場合は、確定申告の際に「**連帯債務がある場合の住宅借入金等の年末残高の計算明細書**」という書類を別途添付します（**図5－18**）。

(ⅳ)長期優良住宅・低炭素住宅・ZEH水準省エネ住宅・省エネ基準適合住宅

①長期優良住宅

日本の住宅は「作っては壊し」を繰り返してきました。世界的な環境問題意識の高まりとともに、廃棄物問題にも国レベルで取り組まなくてはいけない時代になり、長持ちしない家は住む人にとっても将来負担になります。そこで、２００９（平成21）年に「長期優良住宅の普及の促進に関する法律」が施行され、住宅の解体や除去に伴う廃棄物を抑制することで環境保全に努めるとともに、住宅の建て替えに伴う国民の費用負担の軽減を図ることになりました。

長期優良住宅を建築する人にとっては、**フラット35の金利引下げを受けられる、住宅ローン控除枠の拡大**など経済的なメリットがあります。長期優良住宅として認定を受ければ「良質な住宅」を公に証明できるので、**将来の売却時も有利**に働きます。**長期優良住宅**は「２００年住宅」ともいわれ、長持ちする良質な中古住宅の増加を見込んでいます。そのため、建築後のメンテナンス計画、メンテナンスの記録の保全なども、認定には必要

図5-18 連帯債務がある場合の住宅借入金等の年末残高の計算明細書（抜粋）

2 各共有者の住宅借入金等の年末残高

各共有者の負担すべき連帯債務による借入金の額（⑦－⑧－⑨）	⑬	（赤字のときは0）円	（赤字のときは0）円	（赤字のときは0）円	
連帯債務による借入金に係る各共有者の負担割合（⑬÷⑪）※小数点以下第2位まで書きます。	⑭	%	%	%	% 100.00
連帯債務による借入金に係る各共有者の年末残高（⑫×⑭）	⑮	円	円	円	
各共有者の住宅借入金等の年末残高（⑩＋⑮）	⑯				

連帯債務の負担割合を記載する

図5-19 長期優良住宅の認定基準項目

性能項目	一戸建て住宅	マンション
劣化対策	○	○
耐震性	○	○
省エネルギー性	○	○
維持管理・更新の容易性	○	○
可変性	—	○
バリアフリー性	—	○
居住環境	○	○
住戸面積	○	○
維持保全計画	○	○
災害配慮	○	○

になります。長期優良住宅の認定を受けるには、**図5－19**の各性能についてそれぞれ公の指標をクリアすることが要件になります。

②低炭素住宅

2011（平成23）年3月11日に東日本大震災が発生し、日本のエネルギー環境は多きく変化せざるを得なくなりました。従来より環境意識の高まりがありましたが、より高いレベルに引き上げることが必要です。そこで、**省エネルギー性能に特化した住宅**に対し「低炭素住宅」という認定を与え、税制面での優遇を施すことにしました。低炭素住宅は、省エネルギー性能に特化した認定要件となっています。**長期優良住宅と比較すると認定する項目は少ない反面、省エネルギー性能に関しては厳しく判定**されることになります（**図5－20**）。

図5-20 低炭素住宅の認定基準

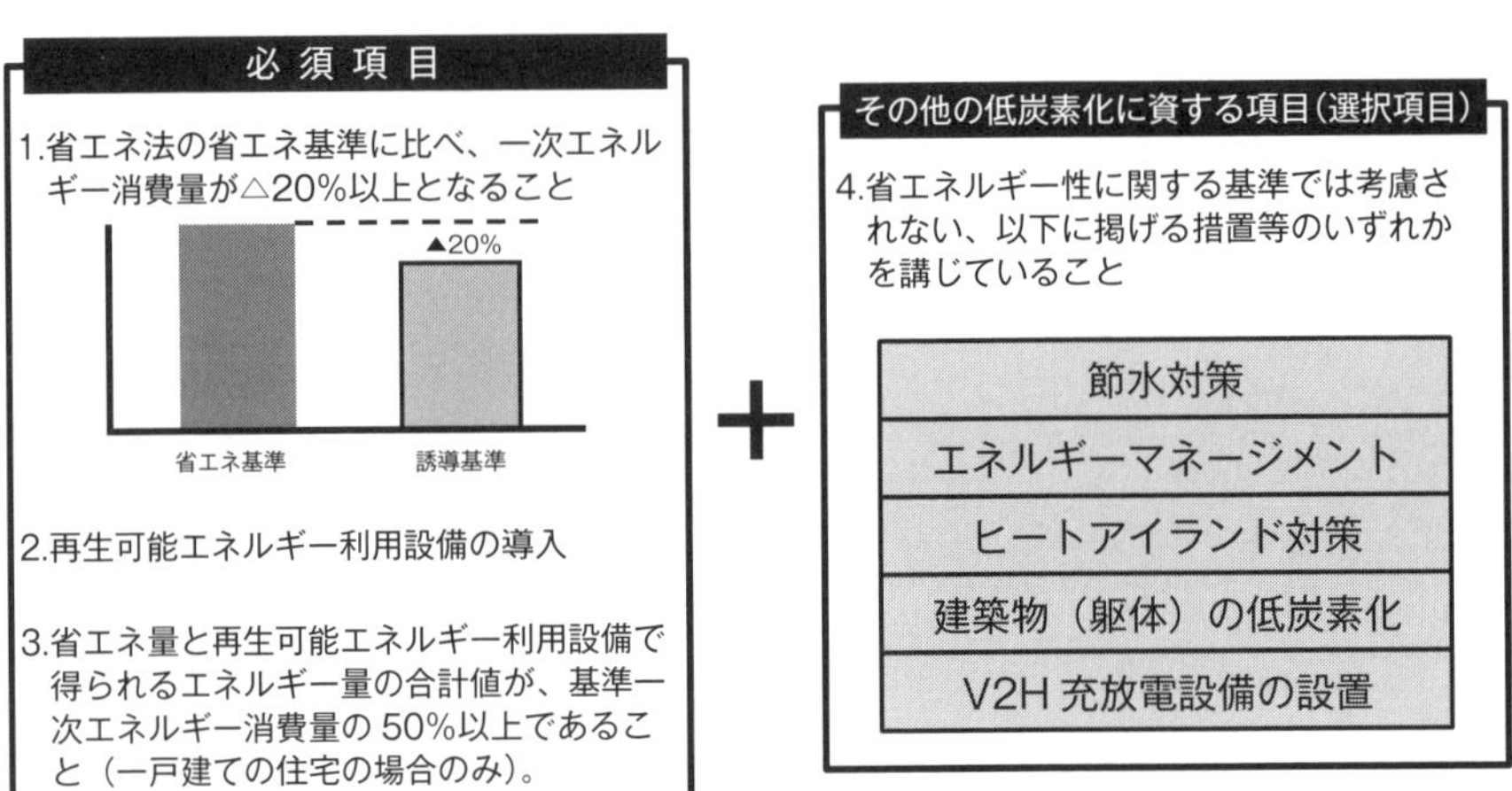

③ZEH水準省エネ住宅

２０１４（平成26）年４月に閣議決定された「エネルギー基本計画」において、「住宅については、２０２０（令和２）年までに標準的な新築住宅で、２０３０（令和12）年までに新築住宅の平均でZEHの実現を目指す」とする政策目標が設定されました。

「ZEH」（ゼッチ）とは、ゼロ・エネルギー・ハウスの頭文字をとって作られた言葉です（**図5-21**）。外皮、屋根、壁、窓、床、床下など）の断熱性能、気密性能などを大幅に向上させるとともに、高効率な設備システムの導入により、家庭での消費エネルギーを抑制する。その一方で、再生可能エネルギー等を導入することにより、年間の一次エネルギー消費量の収支をゼロとすることを目指した住宅のことをいいます。

④省エネ基準適合住宅

省エネ住宅は従来の住宅と比較して、断熱性、気密性に優れ、換気性能も高い住宅のことです。冬は暖かい室内の空気を逃がさず、夏は外の太陽の熱を遮り、快適で過ごしやすい住まいのことをいいます。室外の熱と室内の熱を遮るには、気密性の高さが重要となり、省エネ基準をクリアするには、**「外皮基準」**と**「一時消費エネルギー消費量」**の2つの基準をクリアする必要があります。

「外皮基準」とは、屋根、壁、窓、床、床下といった家全体を覆う部分の断熱性能と日射遮蔽性能の2つを評価するものです。なお、この基準は地域によって基準とされている値が異なります。

「一次エネルギー消費量基準」とは、「冷暖房」「換気」「照明」「給湯」の4つの機器が対象とな

図5-21 ZEH（ゼロエネルギーハウス）とは

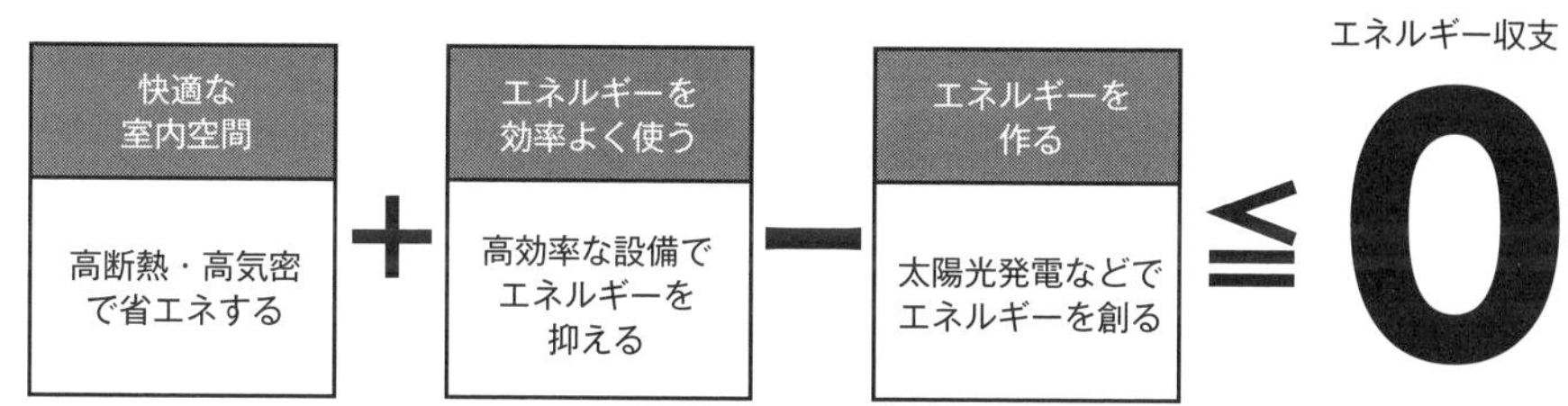

り、エネルギー量の削減率を評価します。太陽光発電などの自家発電設備を導入した場合は、エネルギー消費量から差し引くことができます。

2 固定資産税

固定資産税とは、毎年1月1日現在土地、建物を所有している人に対して、その土地、建物の評価額を基に課税される税金です。そのため、1月2日以降にその物件を売却したとしても、1月1日の所有者に納税義務が発生します。固定資産税は年4回に分けて納付しますが、その時期は居住地によって若干異なります。

土地や建物の評価は都道府県が行い、**税率は課税価格の1・4%**となっています。資産価値は厳密にいえば毎年変化していますが、膨大な量の土地、建物を毎年評価していくことは事実上不可能なので、**評価額は原則として3年間一定**とし、3年ごとに評価替えをします。評価替えは3年に一回のため、その3年間で均衡のとれた評価に適宜見直していきます。なお、2024(令和6)年が評価替えの基準年度にあたるので、**次回の評価替えは2027(令和9)年**になります。

固定資産税における建物の評価額は、物件の購入価格や建築工事費ではなく**固定資産評価基準によって算出**しています。具体的には建築や増改築した際、**家屋調査**というものが行われます。登記所からの通知などで新増改築をした物件を把握した後、その物件が所在する都道府県税事務所の家屋評価担当職員が、物件を所有している方にあらかじめ連絡をした上で、家屋調査を行います。

各種建築資料(建築確認申請書、見積書、請負

契約書、竣工図等）を参考にして、実際にどのような資材がどれだけ使用されて建築されているかといったことや、外観、内装および建築設備等の施工状況を確認し、一定の計算式に則って建物の評価額を算定します。その後は、建築物価の変動や経過年数に応じた減点補正率といった基準によって評価額の見直しが行われるため、その後増改築を行ったりしなければ、再度家屋調査が行われることはありません。

なお、土地の固定資産税の評価は**路線価**を基に、一定の評価方法に則って評価額を算定します。

3 不動産を売ったときの税金

(i) 譲渡所得の計算

不動産を売却したときは、「譲渡所得」として計算し、その後、給与所得などと合算してその年の所得税を計算します。なお、売却不動産の所有期間が売却した年の1月1日現在で**5年を超えるかどうか**により、適用する税率が異なります。所有期間が5年を超えていたら「**長期譲渡所得**」、5年以下であれば「**短期譲渡所得**」として扱い、所得税および住民税が**図5－22**の税率となります。2024（令和6）年中に売却した場合、その不動産の取得が2018（平成30）年12月31日以前であれば「長期譲渡所得」、2019（平成31・令和元）年1月1日以降であれば「短期譲渡所得」です。

譲渡所得には税額を軽減する特例が設けられており、特例を受けるには**確定申告が必要**です。

(ii) 特別控除

長期譲渡所得、短期譲渡所得どちらに該当する

図5-22 不動産の譲渡所得税率

区分	所有期間	所得税	住民税
長期譲渡所得	5年超	15%	5%
短期譲渡所得	5年以下	30%	9%

図5-23 譲渡所得金額の計算

譲渡価額 －（ 取得費 ＋ 譲渡費用 ）－ 特別控除額 ＝ 課税譲渡所得

取得費	売却不動産の購入代金（建物は減価償却費相当額を差し引きます）や仲介手数料などの合計。なお、購入金額が譲渡価額の5%に満たないときは5%相当額を取得費とできます。
譲渡費用	・仲介手数料　・測量費など売却に要した費用　・建物を取り壊して土地を売却した場合の取り壊し費用など。
特別控除額	自宅の場合：最高3,000万円

図5-24 長期譲渡所得の軽減税率

課税長期譲渡所得金額	所得税	住民税
6,000万円までの部分	10%	4%
6,000万円を超える部分	15%	5%

場合でも、課税譲渡所得の計算する際に**最高3000万円が控除されます**（**図5－23**）。なお、譲渡所得が3000万円に満たない場合、特別控除額には譲渡所得金額が控除額の限度額となります。

(iii)軽減税率の特例

売却した年の1月1日現在で、自宅の**所有期間が10年を超えている場合**は、3000万円の特別控除後の課税長期譲渡所得金額に対して、**図5－24**の**軽減税率**で税額を計算します。

(iv)買い替え(交換)の特例

自宅を買い替え（交換）した場合、譲渡価額が1・5億円以下、売却年の1月1日現在で所有期間10年超、居住期間10年以上など、一定の要件をクリアする場合は、その譲渡益の**課税を繰り延べる特例**が受けられます。しかし、（ii）3000万円特別控除、（iii）軽減税率を選択した場合はこの特例を使うことはできません。

(v)譲渡損失がある場合の特例

売却年の1月1日現在で所有期間5年超の自宅で譲渡損失が生じた場合、次の①または②により、**その年の他の所得からその損失を差し引く(損益通算)ことができます**。その年で通算しきれなかった譲渡損失は、**翌年以後も3年以内の各年分の所得から繰越控除が可能**です（合計所得が3000万円を超える年を除く）。

①新たにマイホームを買い替える場合の特例

売却した自宅の代わりに新たなマイホームを取得し、年末に**その新規物件の住宅ローンを借り入れている場合**、売却した自宅の譲渡損失額を損益通算および繰越控除が可能です。

図5-25 譲渡損失の特例の適用要件

		①の特例	②の特例
売却物件	所有期間	売却年の1月1日現在で5年超	
	住宅ローン残高	不要	要
新規物件	取得	要	不要
	住宅ローン残高	要	不要
繰越控除年の合計所得金額		3,000万円以下	

②新たにマイホームを買い替えない場合の特例

売却物件の**譲渡契約締結日の前日までに、その売却物件の住宅ローン残高がある場合**は、その自宅の譲渡損失（「住宅ローン残高－譲渡額」を限度）の金額について損益通算および繰越控除が可能です。

6時間目

団体信用生命保険

no.1 団体信用生命保険

必要がなく、金融機関の負担となっています。

この団体信用生命保険は、原則として住宅ローンの本申込時に一緒に手続をします。この際の手続は有効期限が6ヶ月となっているので、本申込から6ヶ月以上先に引渡しを受けるという場合は、金消契約時に再度団体信用生命保険の申込手続を行うこととなります。万一当初の申込み以降に健康状態が悪くなった場合は、それも告知が必要であり、その結果ローンが否決となってしまう

1 団体信用生命保険とは

民間金融機関の住宅ローンでは、返済期間中に借主が**死亡・高度障害**となってしまったときに、残債を清算する役割を持つ生命保険への加入が必須となっています。この生命保険のことを「**団体信用生命保険**」といいます（**図6－1**）。この団体信用生命保険の保険料ですが、民間金融機関を利用する場合の多くは、借主が保険料を負担する

図6-1 団体信用生命保険のしくみ

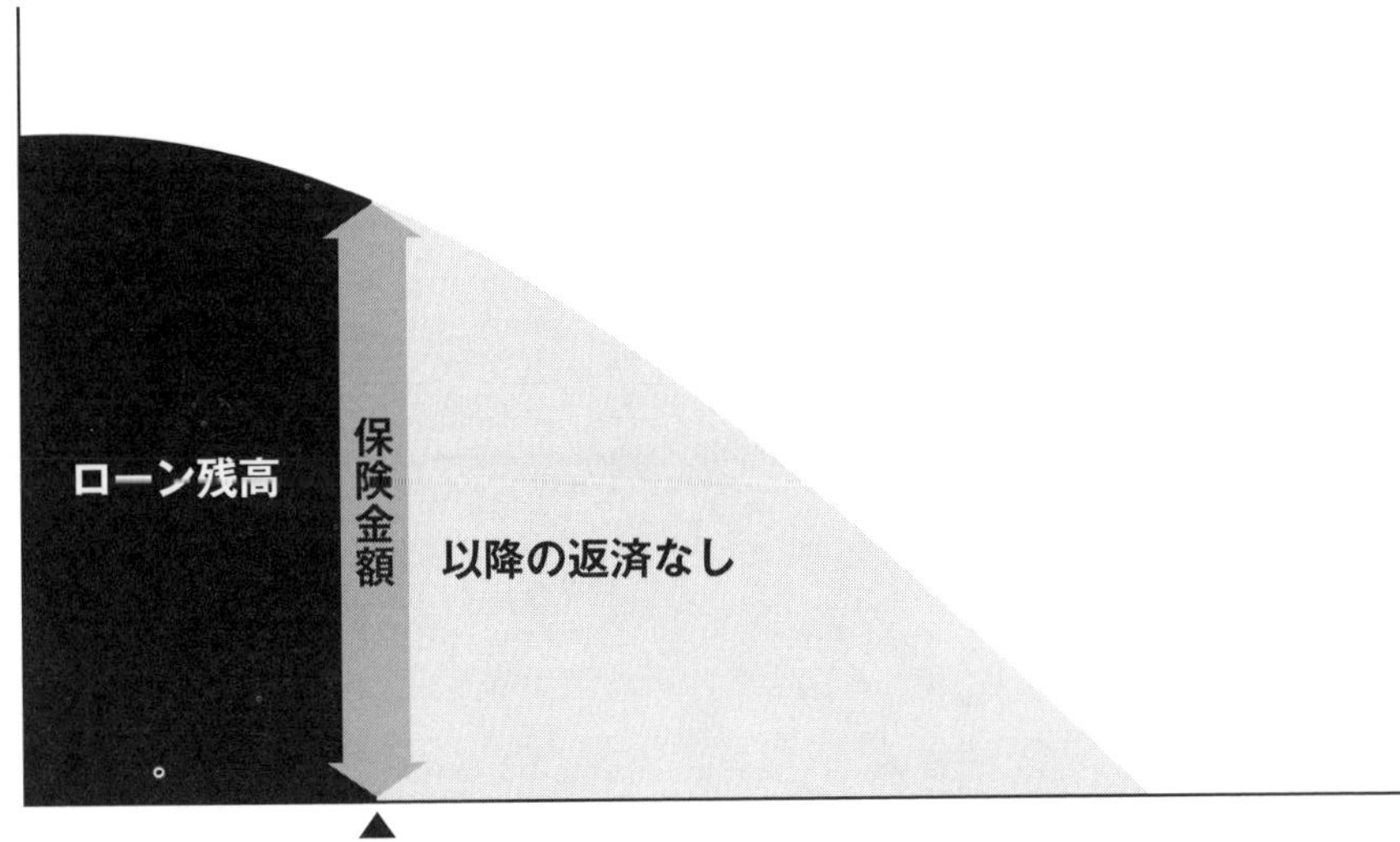

こともあるので、注意が必要です。

しかしマンションの場合は、申込みから引渡しまで1年以上といった物件もあるので、最近では、事前審査時に団体信用生命保険の告知内容をチェックするケースも徐々に増えてきました。せっかくマンションの申込みを受けても、その後の団体信用生命保険の否決によって売買契約を解除といった事態を防ぐ策といえ、具体的には、事前審査時に団体信用生命保険の告知書のサンプルを見せ、健康状態について告知するべき内容がある場合は、事前に団体信用生命保険の手続をします。この場合は、物件を販売する不動産会社と金融機関と相互に打ち合わせの上、手続することとなります。

■高度障害保険金の支払対象となる高度障害状態

①両眼の視力を全く永久に失ったもの

②言語またはそしゃくの機能を全く永久に失ったもの
③中枢神経系または精神に著しい障害を残し、終身常に介護を要するもの
④胸腹部臓器に著しい障害を残し、終身常に介護を要するもの
⑤両上肢とも、手関節以上で失ったかまたはその用を全く永久に失ったもの
⑥両下肢とも、足関節以上で失ったかまたはその用を全く永久に失ったもの
⑦一上肢を手関節以上で失い、かつ、一下肢を足関節以上で失ったかまたはその用を全く永久に失ったもの
⑧一上肢の用を全く永久に失い、かつ、一下肢を足関節以上で失ったもの

2 団体信用生命保険に加入できないときは

健康状態が万全でなく**団体信用生命保険**に加入できそうにないという場合、最近は加入条件を緩和した「引き受け**緩和型団体信用生命保険**（**ワイド団信**）」を採用した住宅ローンが発売されてきましたので、金利が若干上乗せされる（0・1%～1%）とはいえ、そちらの利用を検討してみてはいかがでしょうか。もしくは、団体信用生命保険への加入が融資の条件とはなっていないフラット35の利用が考えられます（**261ページ**）。しかし借主の万一の際は、遺された家族が住宅ローン債務を引き継ぐことになりますので、その面に対する理解が必要でしょう。

上記に該当しないと個別対応となりますが、現在加入済みの生命保険の保険金額が借入金額以上

であれば、法定相続人を連帯保証人として申し込むといった方法が考えられます（保険金受取人が連帯保証人かつ保険期間が借入期間を超えること）。もしくは、借主が死亡してしまったとしても、その他の不動産や預貯金、退職金といった資産で残債を返済できる見込みがあれば、それを証明した上で**法定相続人**を**連帯保証人**として申し込むことが考えられます。

3 団体信用生命保険の告知

団体信用生命保険では、通常の生命保険同様、健康状態の告知をします。告知内容については、**図6－2**を参照してください。この内容については正確に告知する必要があり、告知内容によっては、追加で医師の診断書等を提出することがあります。**告知書**にありのままを記載しなかったり、事実と異なる内容を記載した場合は「**告知義務違反**」として扱われ、最悪の場合は保険金が支払われないこととなります。団体信用生命保険の引受保険会社は金融機関ごとに異なるので、診査の査定方法も差異が出ます。Aという金融機関で否決となっても、Bという金融機関で承認される可能性もあるので、団体信用生命保険の引受保険会社が異なるのであれば、別途申し込んでみるのも次善の策といえるでしょう。

なお、この団体信用生命保険は一般の生命保険同様、保険金が支払われない場合があります。申込みの際は約款を読んで必ず確認してください。

4 保障範囲の拡大

近年の住宅ローンは金利競争だけでなく、保険

図6-2 団体信用生命保険の告知事項

以下の告知事項に該当する場合は、詳細（病名や入院期間、手術名称など）を記入します。

①最近3ヶ月以内に医師の治療（診察・検査・指示・指導を含みます）・投薬を受けたことがありますか。

②過去3年以内に下記の病気で、手術を受けたことまたは2週間以上にわたり医師の治療（診察・検査・指示・指導を含みます）・投薬を受けたことがありますか。

心臓・血圧	狭心症・心筋こうそく・心臓弁膜症・先天性心疾患 心筋症・高血圧症・不整脈・心不全
脳・精神・神経	脳卒中（脳出血・脳こうそく・くも膜下出血） 脳動脈硬化症・精神病・うつ病・認知症・神経症 自律神経失調症・てんかん・知的障害 アルコール依存症・薬物中毒
肺・気管支	ぜんそく・慢性気管支炎・肺結核・気管支拡張症 肺気腫・慢性へいそく性肺疾患・肺せんい症
胃・腸	胃かいよう・十二指腸かいよう かいよう性大腸炎・腸へいそく・クローン病
肝臓・胆嚢・すい臓	肝炎（肝炎ウイルス感染を含む）・肝硬変 肝機能障害・胆石・胆のう炎・すい炎
腎臓・尿管	腎炎・ネフローゼ・腎不全・のう胞腎・腎臓結石 尿路結石
目	白内障・緑内障・網膜の病気・角膜の病気
がん・しゅよう	がん・肉腫・白血病・しゅよう・ポリープ
右記にかかげる病気	糖尿病・リウマチ・こうげん病・貧血症 紫斑病・甲状腺の病気
女性のみに告知いただきたい病気	子宮筋腫・子宮内膜症・卵巣のう腫・乳腺症

③手・足の欠損または機能に障害がありますか。
または、背骨（脊柱）・視力・聴力・言語・そしゃく機能に障害がありますか。

■保険金が支払われない場合

- 告知内容が事実と相違していた場合
- 責任開始日（ローン実行日）から1年以内の自殺
- 代位弁済による完済もしくは被保険者（借主）が自己破産により債務の支払いの免責を受けたとき
- 実行日より前に受けたケガ・病気で高度障害となったとき
- 戦争、天災により保険金支払い事由に該当した場合
- 被保険者の詐欺、故意による保険金支払い事由に該当した場合

競争も激しくなっています。従来、保険金の支払事由は「**死亡・高度障害**」に限られていましたが、近年では「**がん**」「**三大疾病（がん・脳梗塞・心筋梗塞）**」「**三大疾病＋五大慢性疾患**」など、病気になった場合でも、保険金を支払うものが開発されています（**図６－３**）。どの商品も一般的には金利の上乗せを必要としますが、不安が解消でき負担する保険料を受け入れられるのであれば、加入を検討してもよろしいかと思います（保険料の負担のない金融機関もあります）。

これら保障を拡大した疾病保障付き住宅ローンを利用したいときは**申込み時に選択する必要があり**、同じ金融機関であっても途中で切り替えをすることはできません。あらかじめ疾病保障付き住宅ローンに申し込み、返済期間中はその保障内容を継続することとなります。「加入できるのは50

図6-3 団体信用生命保険・疾病保障型住宅ローンの保障範囲

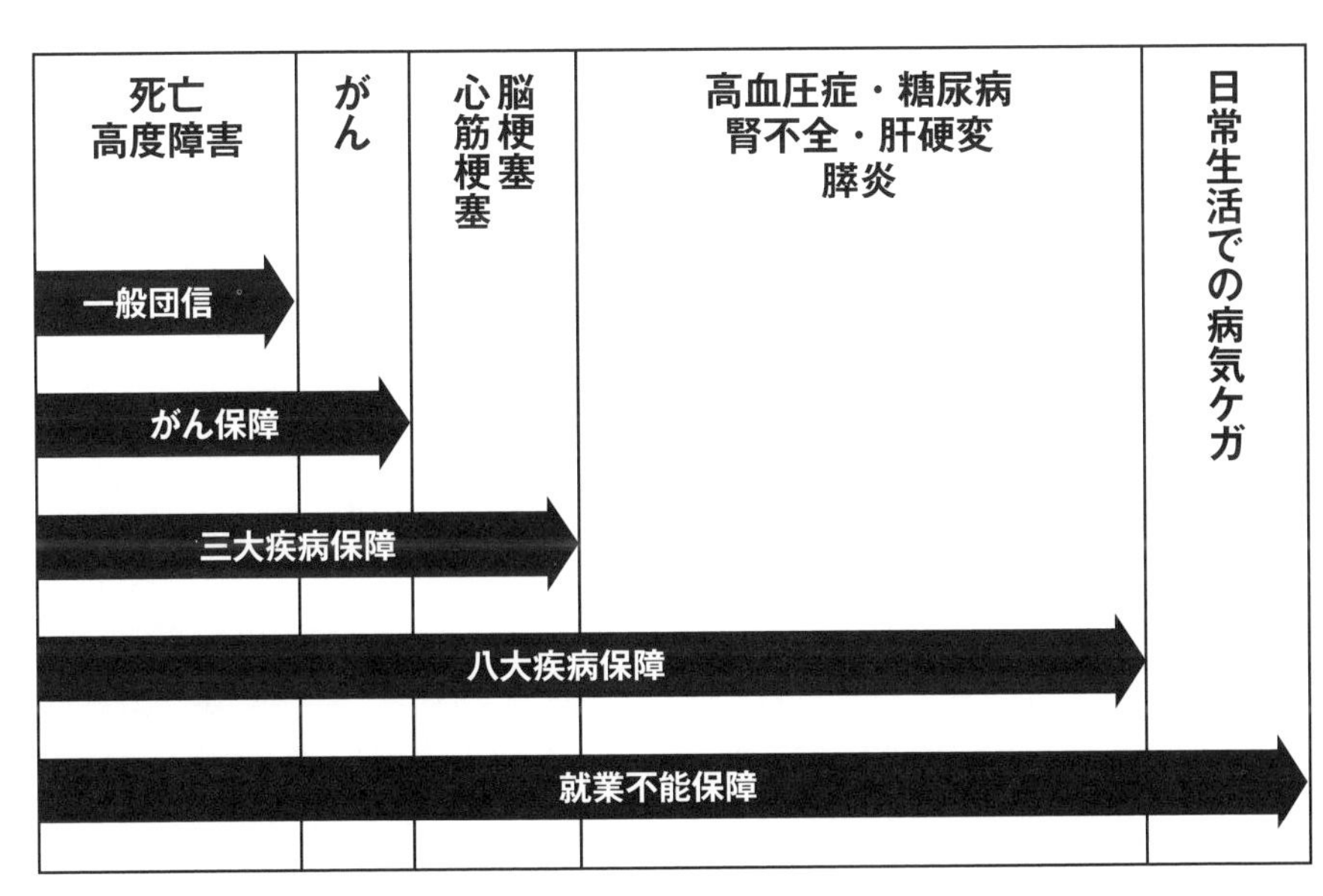

歳まで」と通常の住宅ローンよりも加入できる年齢の上限が低く設定されていることもあります。

その他の注意点としては、保障開始から3ヶ月間は不担保期間といって保障の対象外となることが多い、脳梗塞、心筋梗塞の場合は「60日以上日常生活に支障を来す状態と医師が診断確定した場合」といった給付条件になっているなどが挙げられます。必ず商品の内容を確認しましょう。

なお、加入の判断材料として本書では年齢別の死亡率のグラフも掲載しておきます（図6－4）。実際にさまざまな**病気に罹患する確率が高くなるころには、住宅ローン残高は少なくなっている**ということも踏まえてご検討ください。

図6-4 全国年齢階級別死亡率（対人口10万人）**、部位、性、死亡年別**

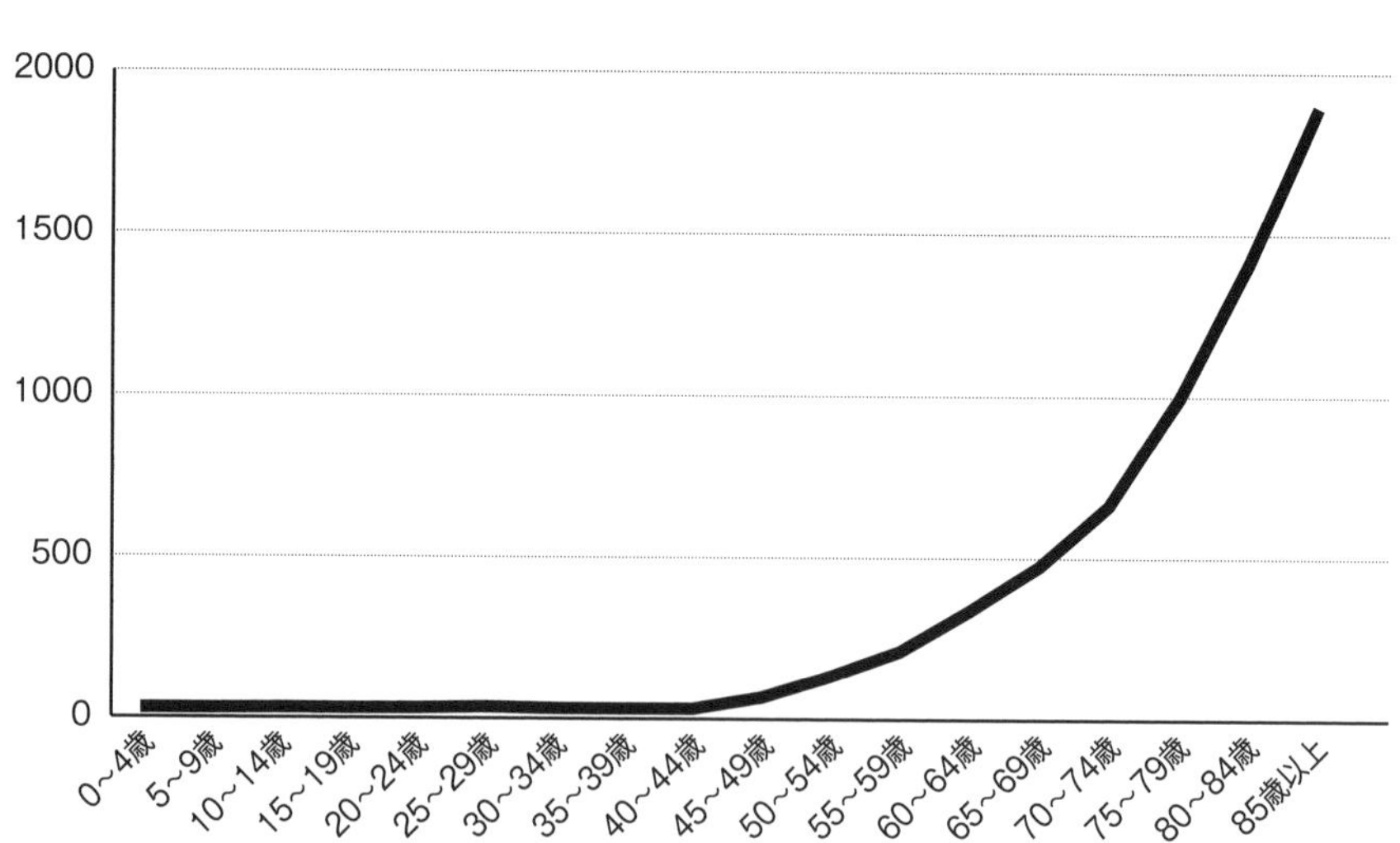

内容：人口動態統計によるがん死亡データ（2012（平成24）年）
データソース：人口動態統計（厚生労働省大臣官房統計情報部）
出典：和文国立がん研究センターがん対策情報センター

no.2 夫婦申込みの団体信用生命保険

近年では、ご夫婦による住宅ローンの申込みが増えています。その場合、団体信用生命保険がどのように適用されるかは、**138ページ（図3－23）**に記載のとおりです。連帯債務契約では、主債務者の身に万一があったときは、その時点の債務全額が保険金として支払われますが、連帯債務者の身に万一があった場合、住宅ローンは全額残ります。また、ペアローンでは、各々の契約した分のローンの残債だけが保険金として支払われます。

実際にそのような事態になった場合、家族は大きなダメージを受けることになりますので、その負担を軽減するために、ご夫婦どちらかの身に万一があったときに、ローン全額を保険金で清算する団体信用生命保険が一部金融機関で取り扱われています。それら団体信用生命保険の被保険者が二人という保険を「**連生保険**」といいます（**図6－5**）。

連生保険に加入していれば、ご夫婦の持ち分に関係なく、その時点のローン残高の全額が保険金

図6-5

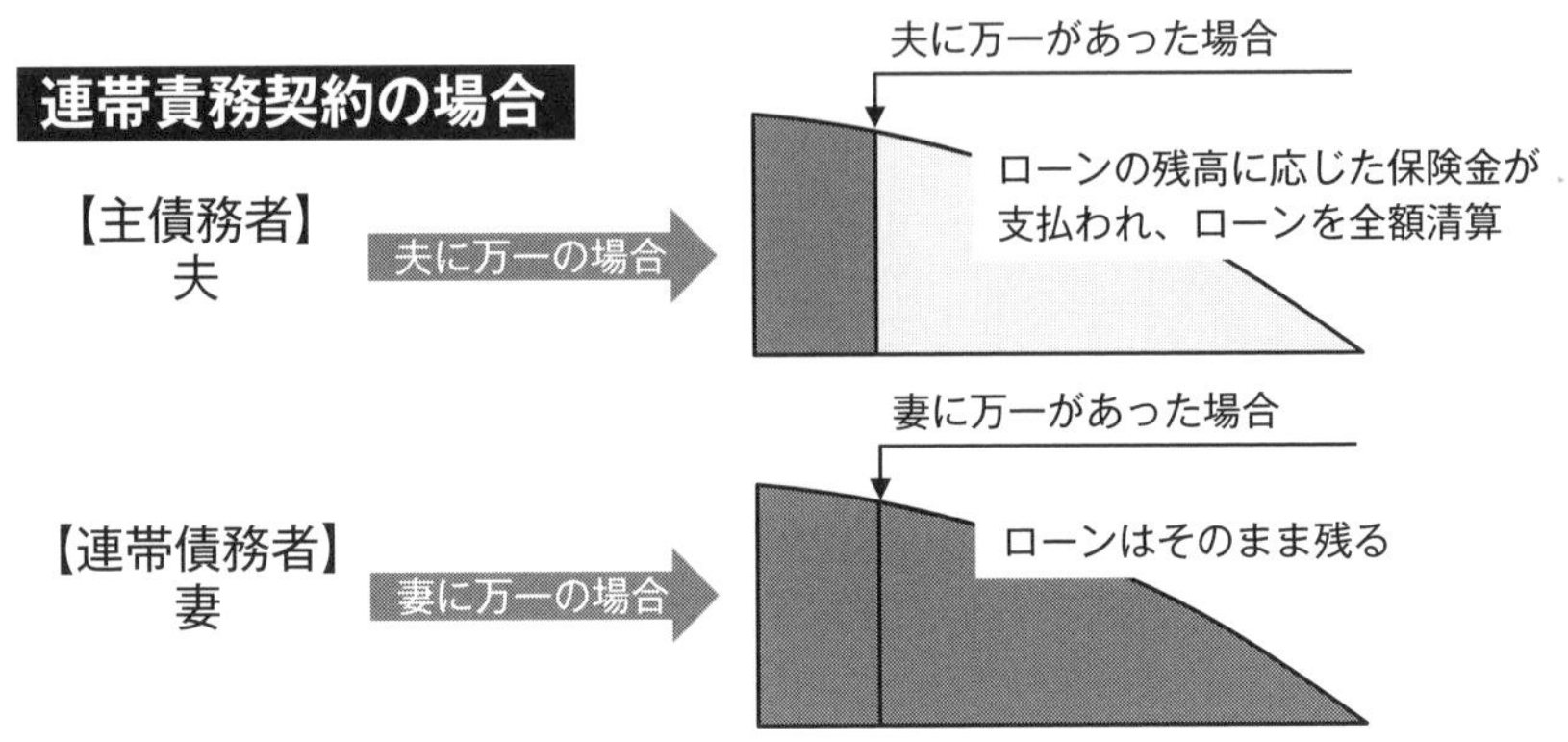
連帯責務契約の場合
【主債務者】
夫
夫に万一の場合
夫に万一があった場合
ローンの残高に応じた保険金が
支払われ、ローンを全額清算
【連帯債務者】
妻
妻に万一の場合
妻に万一があった場合
ローンはそのまま残る

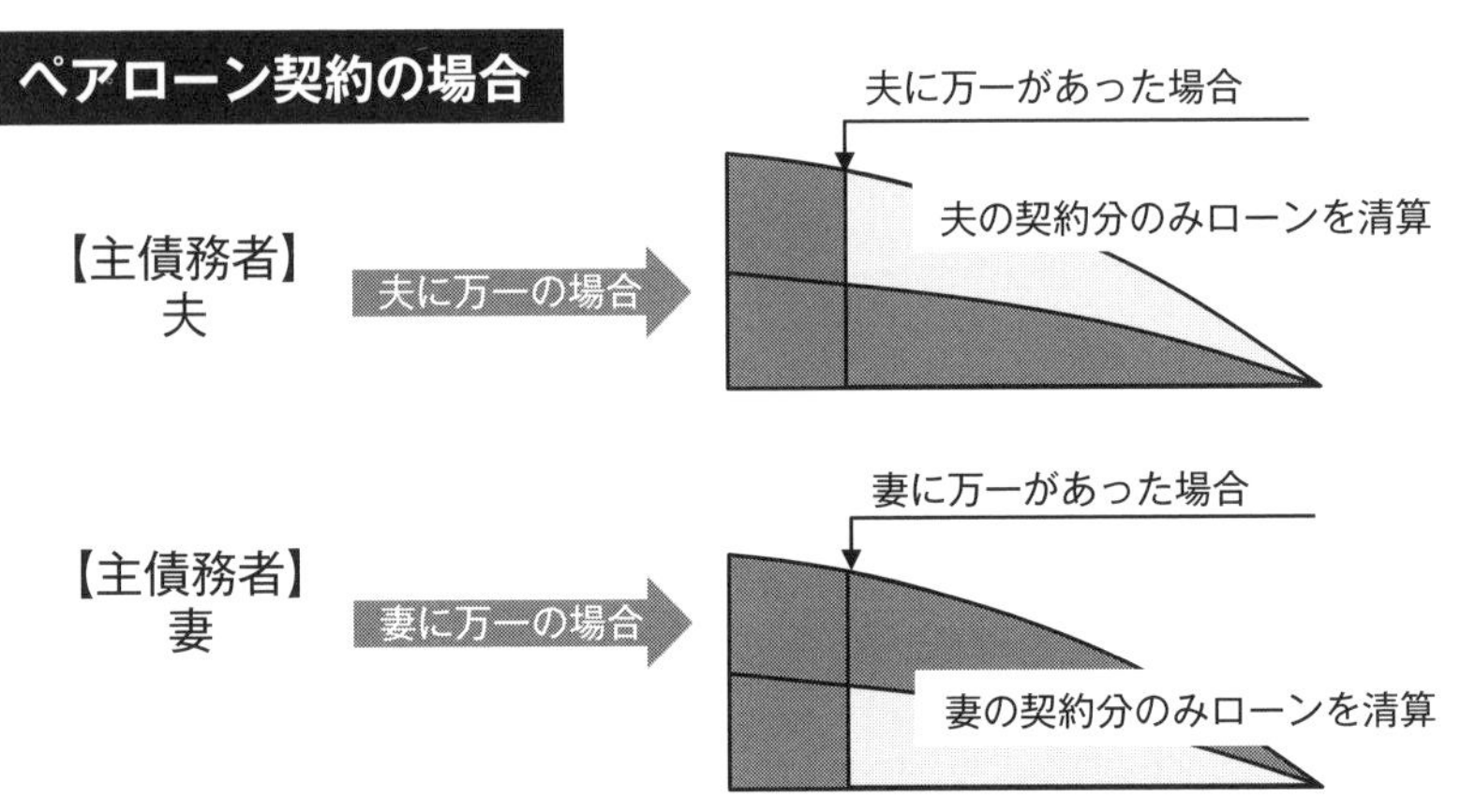
ペアローン契約の場合
【主債務者】
夫
夫に万一の場合
夫に万一があった場合
夫の契約分のみローンを清算
【主債務者】
妻
妻に万一の場合
妻に万一があった場合
妻の契約分のみローンを清算

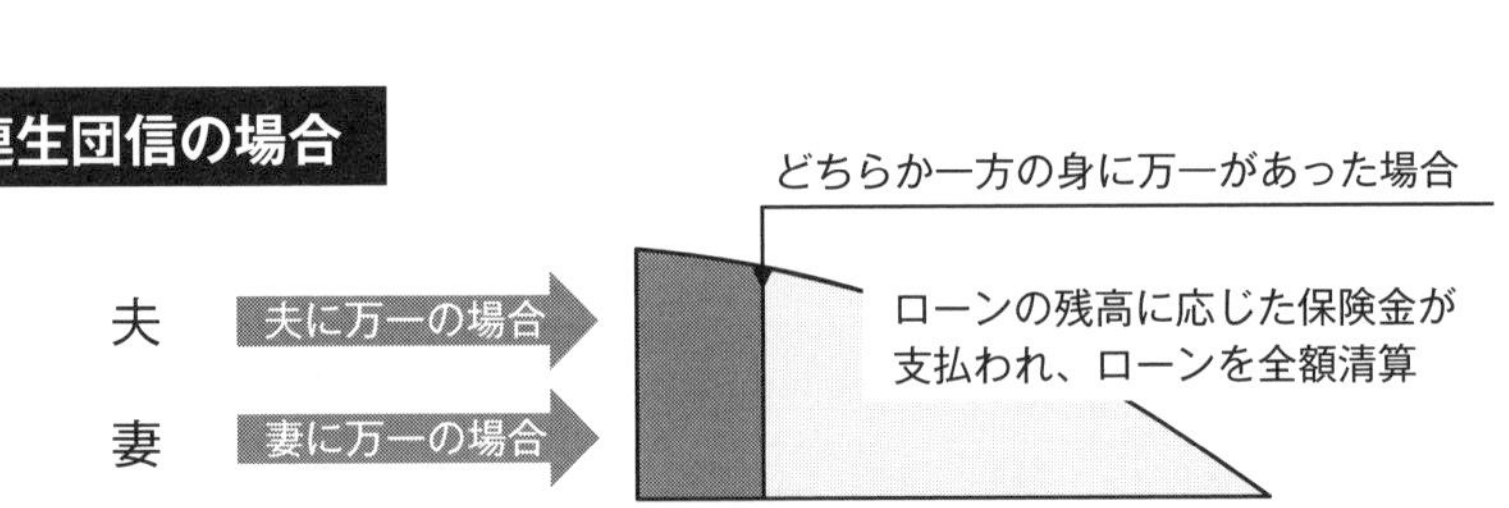
連生団信の場合
夫
夫に万一の場合
妻
妻に万一の場合
どちらか一方の身に万一があった場合
ローンの残高に応じた保険金が
支払われ、ローンを全額清算

として支払われます。通常の団体信用生命保険に金利を上乗せして（０・２％程度）加入することになりますが、上乗せ金利を確認して、安心が上回るのであれば、加入を検討してみてはいかがでしょうか。

7時間目

物件と金融機関の選び方

物件の選び方

1 どんな物件を選ぶか

自宅は一生の中で一番高い買い物で、高額の住宅ローンを利用するので、皆さん不安をお持ちです。たとえば両親が病気となり看護のため自宅を空けなくてはいけなくなったとか、転勤等で別に住居を構えることになったといった場合は、売却をするか誰かに貸すかといった選択をします。

(i) 売却

新しい住居を構えるにも、現在の住まいが売却できないと前に進みません。売却時に売却価格より借入残高のほうが多い場合は、別途現金を用意する必要があります。現金がなければ処分ができません。では、どうしたらいいでしょうか。一つは「**値下がりしにくい物件**」を購入しておくと、その事態を回避できます。言い方を変えれば、値下がりしにくい物件を購入しておけば、売却が有利になるということです。

(ii)賃貸

資産形成の観点から、資産運用の一環として、不動産を残したい場合は売却をせずに、誰かに貸すことになります。賃貸とした場合は、家賃収入が住宅ローン返済額を上回れば問題ありません。では、この場合はどうしたらいいでしょうか。やはり、売却のときと考え方は同じですが、「**高い家賃収入が得られる物件**」を選んでおくということになるでしょう。

なお金融機関によっては、賃貸にすると居住しなくなるので住宅ローンでの対応ができなくなり、金利引き下げがなくなる場合があるので注意が必要です。

(iii)結論

自宅を購入する場合、借主のライフプランによって売却や賃貸という選択肢を考慮する必要が出てくるようであれば、**値下がりしにくい（値下がりしない）物件**を購入しておけば、いざというとき自分にとって有利に働きます。資産性の高い物件は、自分の希望する値段で売却できる可能性が高まりますので、そのような物件選びをしてはいかがでしょうか。

2 売れない物件とは

(i)売れない理由

では、売れない物件というのはどういう物件でしょうか。中古物件をインターネットや情報誌で検索するとさまざまな物件があります。これらは「売れない物件」ではなく「売れていない物件」といえます。

インターネット等に出ている売却物件は、もともと誰かが住んでいたわけですから「悪い物件」とはいい難いでしょう。では、なぜ売却物件として長期間残っているのかというと、売主が希望する価格で売れないということに他なりません。不動産は買いたい人だけではなく、この瞬間にも売りたい人もいるのですが、売れる物件はインターネット上に出ることなく短期間で買い手がついてしまいます。

(ii) 売れる物件とは

では、新築物件購入時、将来売却が有利になる物件とはどんな物件でしょうか。ポイントを簡単に記述しておきます。

まずは物理的要因が挙げられます。たとえば駅に近い（徒歩圏）、急行停車駅、複数路線が通っていて交通の利便性がよく、商業性が高いという主要駅周辺、周辺環境（買い物・学校・公共施設など）が整っている、都心部といった観点が左右するでしょう。

もう一つの要因は、マンションの場合、「先着順で契約できる物件」と「抽選が行われる物件」がありますが、その違いです。先着順の場合、売主が売りにくい物件ほど早く契約にこぎつけたいと考えます。ですから、比較的売れ残っている物件、売却予定期限が迫っていて早く売ってしまいたい物件が、多い傾向にあります。抽選物件を考えてみると、抽選をしなくてはいけないということは、複数の人が申し込んでいるので人気の高い物件といえます。そのような物件は将来値下がりしにくい物件といえるでしょう。

マンションの場合は、管理体制や修繕積立金の運用なども確認しましょう。管理会社がしっかりしているということは、マンション購入時の安心につながるので評価が高くなる傾向があります。

(iii)値引き物件

値引きというのは購入時はうれしいことだらけですが、将来売却するときには不利になる可能性があります。たとえば、3500万円で数部屋売りに出ていて最後の一室となり「3150万円でいかがでしょうか?」となった場合、将来の売却時には直近の売買価格を参考とするという慣例があるため、3500万円で買った人たちも3150万円で購入したいとみなされてしまいます。他の物件が売れ残るか否かというのは、事前にはなかなかわかりにくいですが、注意しておきたいところです。

マンションの場合、多くの住居はすでに引き渡しがすんでいるにもかかわらず、売出し中の物件があります。これらは値引きをしている可能性がありますが、見方を変えれば多くの方たちから購入を見送られた物件といえます。評価が下がる要因がどこかにある可能性があります。

(iv)中古物件の売買

中古物件の売買では、売主と買主双方に手数料が発生します。売却を依頼された不動産会社は、買い手を自社で獲得しようと努力します。なぜならば、その結果、売主、買主両方から手数料収入を得る事ができるからです。これを「両手」という言い方をします。

不動産業界は売却情報については、お客様から売却の依頼を受けてから1週間を超えた場合、業界専用のネットワーク（レインズ）にその情報を提供するというしくみで運用されています。レインズに登録される前の物件のことを「未公開物件」といいますが、レインズに登録された後は、他社もその物件を購入するお客様を探すことが可能となります。他社が買い手を見つけた場合、買い手からの手数料は他社が受け取ることになりますので、売却を依頼された不動産会社がレインズに登録する前に自社で購入するお客様も見つけたいと考えるのは当然のことでしょう。

情報誌などを定期的に見ているとなかなか売れない物件を見つけることがありますが、結局のところ価格の折り合いがついていないということです。

(v)迷わないこと

物件検討時はたくさんのことを考えるので迷うでしょう。「今買っていいのか?」「この物件は値引きされるのかも?」「金利はもっと下がるかも?」「他にもっといい物件が出てくるかも」。考えれば考えるほど悩みが膨れますが、これらは考えたところで自分ではどうすることもできません。ですから、欠点ばかりをみるのではなく「この物件は自分たちの生活に合っているか」「どういう物件が欲しいか」を主体に考え、そのときできる最善の選択をするように心がけてください。

不動産は高額の取引であるため価格設定の妥当性が求められ、高いには高い理由が、安いには安い理由が必ず存在しています。まずは、エリア、予算、物件(一戸建て? マンション?)といった点の大まかな方針を立て、実際に行動に移してみてください。動かなければ物件にたどり着きませんし、動けばいい物件に巡り合う可能性が高まります。

不動産は男女の縁と同じ、という方もいて、「いいな」と思ったら、迷わずプロポーズしましょう。それが買い時です。それが早ければ早いほど快適な暮らしを早く始められ、住宅ローンを早く終わらせることができ、老後の準備をしやすくするのです。

一番避けて欲しいのは、悩み続けて無駄に時間だけが過ぎていくということ。このようなケースは往々にして「どんな物件が欲しいのか」が明確になっていません。決断を先送りする優柔不断な状況は周りに迷惑をかけますし、なにより本人にとってなんの得もありません。

(vi)結論

いろいろと物件の条件を挙げてきましたが、最終的には実際に住むご家族が住みたい物件を購入してください。価格が高い、安いというのは重要な判断基準ではありますが、自己資金と住宅ローンで資金調達が可能な範囲であれば、極論ですが「どれでもお好みのものを」ということになります。3時間目に記載したとおり、住宅ローンの審査に通るということは、普通の生活をしながら支払いができるということですので、物件の長所短所を理解した上で、短所が受け入れられるなら、ぜひ前向きに進んでいただきたいと思います。

no.2 金融機関選びの基準（住宅ローンの選び方）

1 金融機関選びはなにを基準にするか？

住宅ローンを利用する際、どの金融機関のどの商品を使うかを誰もが考えます。私たちも「どの金融機関がいいですか？」というご相談をたくさん受けてきました。それと同じくらい多い質問は、「どの金利タイプが得ですか？」です。確かに金利は、住宅ローンにとって大切な要素ですが、それがすべてではありません。住宅ローンを利用する際、不安や心配がたくさんありますから、その不安や心配を、住宅ローンでどう解消するかを最優先するべきではないでしょうか。

金利の低さで不安が解消するなら、金利最優先で考えていいでしょう。しかし、金利が低いだけで、心配が解消できないかもしれません。「老後にローンが残ったら嫌だなぁ」と思う場合、金利が0・1％低い金融機関を探すことも大切ですが、それよりも繰上返済の計画やその手数料のほうが大切です。金利が0・1％低くても、具体的に期間短縮型の繰上返済という行動を取らなければ、老後の不安は解消しません。金利は低いに越したことはありませんが、残念ながら、一定量の方はローンが支払えなくなっています。ですから、その理由を探りその対策を考えることも、住宅ローン選びの基準の一つにしてはいかがでしょうか。

2 普通銀行かネット銀行か

(i) 住宅ローン利用の現状

インターネットは生活に欠かせないものとなり、2000（平成12）年にネット銀行が誕生し、2001（平成13）年には住宅ローンの取扱も始まりました。その後、スマートフォンの普及とともに、今やネット銀行は市民権を得たといっていいでしょう。かつて、住宅ローンは**普通銀行**（都市銀行や地方銀行）が独壇場でしたが、**ネット銀行**の取扱は急速に増加しています。

相談現場において、「一般の（普通）銀行とネット銀行とどちらがいいですか」「ネット銀行の方が便利で金利低いですよね」「ネット銀行は保証料がなくていいですね」などと聞かれます。両者の特徴を整理し、「住宅ローンの選び方」を考えてみます。

(ii) 普通銀行とネット銀行の比較

普通銀行とネット銀行のどちらが良いですか？という問いの答えですが、それぞれに違いがあるので、「その人（状況）次第」ということになります。それでは、どのように考えれば良いかを一覧表（**図7－1**）を元に考えてみます。

①変動金利の標準金利

図7-1 普通銀行とネット銀行の比較

	項目	普通銀行	ネット銀行	普通銀行	ネット銀行
①	変動金利の基準金利	短期プライムレートに連動する店頭標準金利	独自に決める店頭標準金利	○	
②	5年ルール	あり	ないネット銀行あり（要注意！）	○	
	125%ルール	あり	ないネット銀行あり（要注意！）	○	
③	金利	ネット銀行より高め	普通銀行より低め		○
④	金利引き下げ	当初期間引き下げと全期間引き下げ	当初期間引き下げと全期間引き下げ		
⑤	保証料	あり	なし		○
	手数料	あるが少額	あり（借入金額の2.2%）	○	
	審査	融通が利く	厳しい	○	
	仮審査→本審査	条件変わらず	本審査で否決の場合あり	○	
	申込から実行まで	調整できる	多少時間掛かる	○	
	物件	特殊物件の対応可	特殊物件の対応難しい	○	
⑥	疾病保障保険料	利用者負担	ネット銀行負担多い		○
⑦	印紙代	必要	不要		○
⑧	店舗数（相談場所）	多い	少ない	○	
	契約時	要来店（面談）	ネット（面談無し来店不要）		○
	契約時説明	面談で説明	説明なし	○	
	個別相談	面談で個別相談可	ネットで相談	○	
	利用（取扱）時間	営業時間内	24時間		○
	サービス	きめ細かい	期待できない	○	
⑨	契約方法	署名捺印	ID・パスワード		○
	セキュリティ	安心	不安	○	
⑩	不動産会社提携ローン	多い	少ない	○	

○は優位

一番大切なポイントは、変動金利の変動要因が相違している点です。普通銀行は「**短期プライムレート**」を基準としています。ネット銀行は、「独自に決める店頭金利」が多くあります。普通銀行の変動金利の店頭標準金利は銀行の都合により変更になりにくく、ネット銀行の変動金利の店頭標準金利は銀行の都合により変更される可能性があります。変動金利については、普通銀行のほうが安心して利用できるといえるでしょう。

②変動金利の5%ルールと125%ルール

普通銀行や短期プライムレートに連動の変動金利には、5%ルールと125%ルールがあります。それらは「激変緩和措置」とも呼ばれますので、急激な金利上昇のリスクヘッジができます。ネット銀行の一部では5年ルールと125%ルールが採用されていないので、その点は注意が必要です。比較検討の際、重要度の高い項目です。

③金利についてはネット銀行のほうが普通銀行より低め

ネット銀行は店舗を持たないことから、さまざまなコストが削減でき、その恩恵で金利を低く設定できます。しかし、今では普通銀行もさまざまな手続、申込みがネット対応しており、住宅ローン金利はかなり低くなっています。

④金利引き下げ

金利引き下げについては、普通銀行、ネット銀行ともに、似た取扱をしています。

⑤保証料と手数料と審査の関係

ネット銀行では「ネット銀行は保証料がありま

せん」とPRしていますが、反面、事務手数料が高額です。それらについては、**85ページ、90ページ**に記載してあります。

普通銀行で利用する場合は保証料が必要です。保証料を保証会社に支払い、保証会社が審査を実施し、保証人となっているのです。もし、あなたが友人にお金を貸す場合、保証人がいない人と保証人がいる人。安心して貸せるのはどちらですが？　保証人がいるほうが安心でしょう。金融機関としては保証会社があるほうが安心ですので、一般的にはネット銀行より、保証会社を使う普通銀行のほうが審査に幅があり、柔軟です。ネット銀行では、借主の属性、自己資金の量や返済比率、担保評価などを厳しめに見ます。

⑥疾病保障付き住宅ローン

一般的にはネット銀行のほうが疾病保障保険料を金利に含んでいることが多いので、ネット銀行のほうが有利に見えますが、保障の範囲だけでなく、給付の要件なども金融機関によってかなりの差があるので、個別に調べることが大切です。

⑦印紙代

ネット銀行は、住宅ローン契約手続に書面は不要でネットで完了。収入印紙代も不要です。普通銀行は書面での契約となるので印紙代が必要となります。

⑧店舗数の多い普通銀行と店舗を持たないネット銀行の違い

普通銀行とネット銀行の決定的な違いは、店舗を持つか持たないかです。普通銀行はローンセンターを設置したり、定期的にローン相談会を実施していたりと、いわゆる相談対応については軍配が上がるでしょう。煩雑な手続も担当者が面倒をみてくれます。不備が出たときなども、担当者を頼ることができます。しかし、そういったことが不要という方にとっては、いつでも、どこからでも手続のできるネット銀行のほうが利用しやすいと感じるでしょう。お客様の状況によって変わってくる部分かと思います。

⑨契約方法はネットでID・パスワードでOK、しかしセキュリティに注意

ネット銀行の一番の特徴は、ネットですべて（申込みも相談も契約も）完結できる点です。その為にはID、パスワードが必要です。これについては、慣れている人にとっては何の心配もありませんが、慣れてない人にとっては、IDやパスワードを忘れたり、登録や変更が苦になります。セキュリティ周りについても、慣れている人にとっては不安がなくとも、慣れていない人にとっては不安要素となります。とはいえ、今は普通銀行でもネットバンキングが普及しているので、ID、パスワード、セキュリティなどはネット銀行特有の問題とはいえなくなっています。

⑩不動産会社提携ローン

あらかじめ、不動産会社と金融機関との間で提携し、住宅ローンを少しでも有利に利用できる提携住宅ローンは、ネット銀行はまだ少ないので、普通銀行のほうが便利です。ネット銀行利用の場合は、自分で調査して、自分で手続をしますが、提携住宅ローン利用であれば、不動産会社よりローン手続可能となり便利です。

(iii)今後の住宅ローンの考え方

「普通銀行かネット銀行か」といわれるのは、ど

ちらかわからないからです。どちらも一長一短があるということでしょう。各金融機関もそれは十分承知しており、日々住宅ローンの商品、手続についいて進化しています。普通銀行でもネット取引の利便性の高さは十分認識していて、ネット申込の場合は金利を下げるなど、取扱は拡大傾向にあります。その結果、今では普通銀行もネット銀行も大きな差はなくなってきています。

金利の低さは気になるところですが、借りられなければ意味がありません。いまだにネット銀行は審査が厳しめな傾向がありますので、金利以外にも目を向けて、自分に合った住宅ローンを見つけてください。

3 住宅ローン金利の意味するもの

マイホームを購入する際、物件価格だけでは判断しませんね。立地、間取り、構造などさまざまな要素を踏まえて購入を決めます。もちろん安い物件も見つかりますが、皆さんのご希望に合わなければ売れません。不動産というのは、人気があると値が上がります。つまり、売れる物件ほど値段が上がります。値段の高さは物件の質の高さといえ、満足度の高さといえます。高くてもいい物件は売れます。

同じ金利タイプで0・2%の違いがあれば、低いほうを選びたくなりますが、病気の備えをしっかりしておきたいという場合は、0・2%を負担してでも疾病保障付き住宅ローンを選ぶことになるかもしれません。このように、同じ0・2%でも借主の考えによってその価値は異なります。

繰上返済も同様です。「きちんと貯められる自信がないから頻繁に繰上返済がしたい」という考えであるならば、繰上返済の利便性は重要です

図7-2 住宅ローンで注目する点（各自で優先順位を考えて金融機関を比較してみましょう）

金融機関 ＼ 項目	候補① 銀行	候補② 銀行	候補③ 銀行
金利			
繰上返済や金利変更の利便性			
病気やケガへの備え			
相談しやすさ			
手続の利便性			
諸費用			

し、保証料返戻手数料まで考慮する必要がありま す。一方、「教育資金が掛かるから繰上返済はしばらくおやすみ」という考えならば、繰上返済の利便性の優先順位は下がります。

審査についても金融機関ごとに考え方は異なります。表に出ないことですが、１１３ページに記載したとおり、要綱審査なのかリスク計量化モデル審査を採用しているのかによって、融資額から融資の可否まで変わります。「借入額」を重視する金融機関もあれば、「勤務先」「勤続年数」を重視する金融機関もあり、その方針はさまざまです。一般的には審査の緩い金融機関がいいと思われますが、審査に厳しい金融機関で承認を得られるということは、大学受験では難関校に合格したということですので、とても優良な借入れといえます。借りる側の立場、考え方によって選べる金融機関も変わってくるでしょう。

つまり、いい住宅ローンとは、利用者の不安や心配を解消し、満足度を高めてくれる商品と言えるのではないでしょうか。金利を含め、繰上返済の利便性、手数料、返済方法、疾病保障団体信用生命保険など、検討事項は多々あります。金利についても変動金利、固定期間選択型、全期間固定金利といったタイプがありますが、変動金利が低いからといって、他の金利タイプも低いかというとそうではありません。金融機関ごとに「イチオシ金利タイプ」は異なり、変動金利を低くする金融機関もあれば、10年固定を主力とする金融機関、全期間固定金利だけを扱う金融機関などその特徴はさまざまです。

２０２４（令和６）年3月に日本銀行の金融政策の変更により、マイナス金利が解除され、「本格的金利上昇」と騒がれましたが、多くの金融機関は変動金利の基になる短期プライムレートを据え置いています。それどころか、4月に金利引き下げを拡大した銀行もあり、金利競争は収まっていません。

長い返済の間には、申込み時に有利であったAという金融機関より、途中でBという金融機関のほうが有利となることもあります。あまり窮屈に考えず、多少のゆとりをもって考えてはいかがでしょうか。まずはどんな返済をしたいかを考えれば、優先する項目はみえてくるので、それに見合う金融機関をリストアップしながら、金利タイプや団体信用生命保険（疾病保障型住宅ローン）を決定していくという流れであれば、ある程度絞り込みやすくなるのではないでしょうか。

図7-3 住宅ローンの種類

2024（令和6）年4月現在

	一般住宅ローン（非提携）	勤務先提携住宅ローン	不動産会社提携住宅ローン	インターネット系金融機関	フラット35
対象者	誰でも利用可	提携企業	提携不動産会社	誰でも利用可	誰でも利用可
申込先	金融機関	勤務先	不動産会社	金融機関	金融機関
取扱物件	全物件	全物件	不動産会社 取り扱い物件	全物件	フラット35 対象物件
事前審査申込	金融機関	勤務先	不動産会社	インターネット 経由	金融機関 不動産会社
本申込	金融機関	勤務先 金融機関	不動産会社 金融機関	インターネット 経由、店頭申込 可 （書類郵送もある）	金融機関 不動産会社
金消契約	金融機関	金融機関	金融機関	インターネット 経由、店頭 （指定の司法書士 立会）	金融機関
実行日	金融機関営業日 借主指定日	金融機関営業日 借主指定日	不動産会社指定日 引き渡し日	金融機関営業日 借主指定日	金融機関指定日
実行代金	借主の口座	借主の口座	不動産会社へ 直接振り込み	借主の口座	借主の口座
担保評価	金融機関の 個別評価	金融機関の 個別評価	売買価格	金融機関の 個別評価	売買価格
担保設定	金融機関 同時設定	金融機関 同時設定	不動産会社（売主） 入居後設定	金融機関指定の 司法書士手続き	原則担保設定後 実行
住所変更登記	あり	あり	なし	あり	あり
保証料	あり・なし選択	あり・なし選択	あり・なし選択	原則なし	なし
団体信用生命保険	あり （保険料金融機関負担）	あり （保険料金融機関負担）	あり （保険料金融機関負担）	あり （保険料金融機関負担）	団信なしも可
事務手数料	３万円～５万円 （税別）	３万円～５万円 （税別）	３万円～10万円（税別）	・定率型：融資実行金額の２．２％程度 ・定額型：３万円～３０万円 （税別）	定率型 定額型
その他		内容により 返済比率や金利 を優遇	内容により 返済比率や金利 を優遇		

図7-4 住宅ローン比較

		A銀行	B銀行	C銀行	D信託銀行	Eネット銀行	フラット35
返済日		2、7、12、17、22、27日	変動→末日 固定→6、11、16、21、26日	いつでも可	6日～27日の間	12、17、22、27日	金融機関による
元金均等返済		可	可	不可	可	可	可
固定特約年数		2、3、5、10年	1、2、3、5、7、10、15、20年	2、3、5、7、10、15、20年	2、3、5、10、15、20、30年	2、3、5、7、10、15、20、30、35年	無
超長期固定		10年超～35年	21年～35年	11年～35年	—	無	15年～35年
マンション最低面積		40㎡以上	40㎡以上	30㎡以上	25㎡以上	30㎡以上	30㎡以上
引受緩和型団信		+0.1%	+0.3%	+0.3%	無	無	無
固定金利特約当初設定		無料	無料	11,000円	11,000円	無料	—
固定金利特約変更	ネット手続き	無料	無料	無料	無料	無料	—
	店頭手続き	16,500円	11,000円	11,000円	11,000円	—	—
一部繰上返済手数料	ネット手続き	無料	無料	無料	無料	無料	無料
	店頭手続き	16,500円	16,500円	22,000円	16,500円	—	—
	保証会社会社手数料	なし	なし	11,000円	割戻し無し	なし	—

8時間目

住宅ローン計算方法

ここでは、実践的な住宅ローンの計算方法を考えていきます。住宅ローンを他人任せにしないで自分で納得する一つの手段は、頭で考えるより体を使う＝自分で試算をしてみることに尽きます。その方法として本書では「エクセル計算書」「ローン電卓」「ｉＰｈｏｎｅ（ｉＰａｄ）アプリ」の三つを紹介します。返済額を把握するのは金融機関のホームページでも可能ですが、「利息」「元金」「残高」となると難しくなります。しかし、本書の紹介する方法であれば、どれでも簡単です。

エクセルはシートをコピーできたり、数値がリンクできたりするので、皆さんの**アイデア次第で活用は無限大**です。見た目も自分用にアレンジしたりして、楽しんで作成してみましょう。**２００ページ**から借り換えプランを紹介していますが、この計算書を少し工夫するだけです。

ローン電卓はお金がかかりますが、利便性は非常に高く携帯性にも優れます。返済額を算出するだけでなく、利息、元金、残高、返済月数、繰上返済効果、借り換え効果など、**多くの機能を有しています**。住宅ローンで必要な数字は、パソコンの電源が立ち上がるよりも先に出てきます。画面も大きく視認性に優れています。

また、ｉＰｈｏｎｅ（ｉＰａｄ）のアプリは一番身近といえるのではないでしょうか。今後ますます普及するでしょう。ｉＰａｄをお持ちの方であれば、画面が大きくて快適です。本書で紹介するアプリは**すべて無料**ですが、住宅ローン相談、住宅販売の現場でも、十分活用できる優れものです。**１７８ページ**からの繰上返済効果の比較は、こちらで紹介するアプリを使用しています。

1 エクセル計算書

(i)ローン償還表の作成　PMT関数

図8-1 ローン償還表の作成　PMT関数

【基本情報】
借入額：3,000万円　　返済年数：35年　　金利：2%

①基本情報を入力

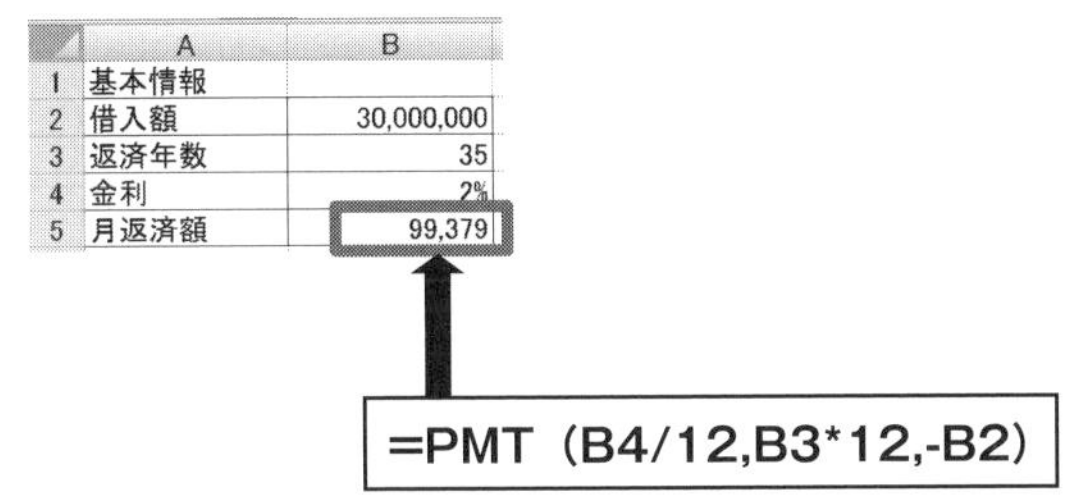

	A	B
1	基本情報	
2	借入額	30,000,000
3	返済年数	35
4	金利	2%
5	月返済額	99,379

②返済表の1回目を作成

それぞれ、次のような計算式を入れれば、数値が出てきます。

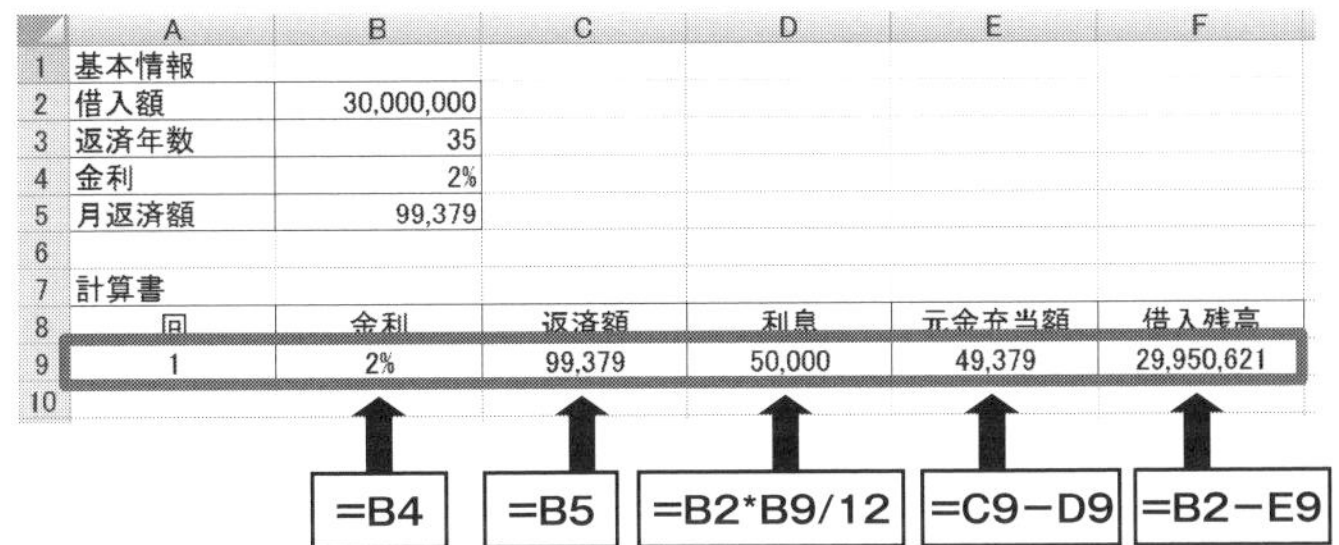

	A	B	C	D	E	F
1	基本情報					
2	借入額	30,000,000				
3	返済年数	35				
4	金利	2%				
5	月返済額	99,379				
6						
7	計算書					
8	回	金利	返済額	利息	元金充当額	借入残高
9	1	2%	99,379	50,000	49,379	29,950,621
10						

③2回目の計算式を入力

【計算結果】

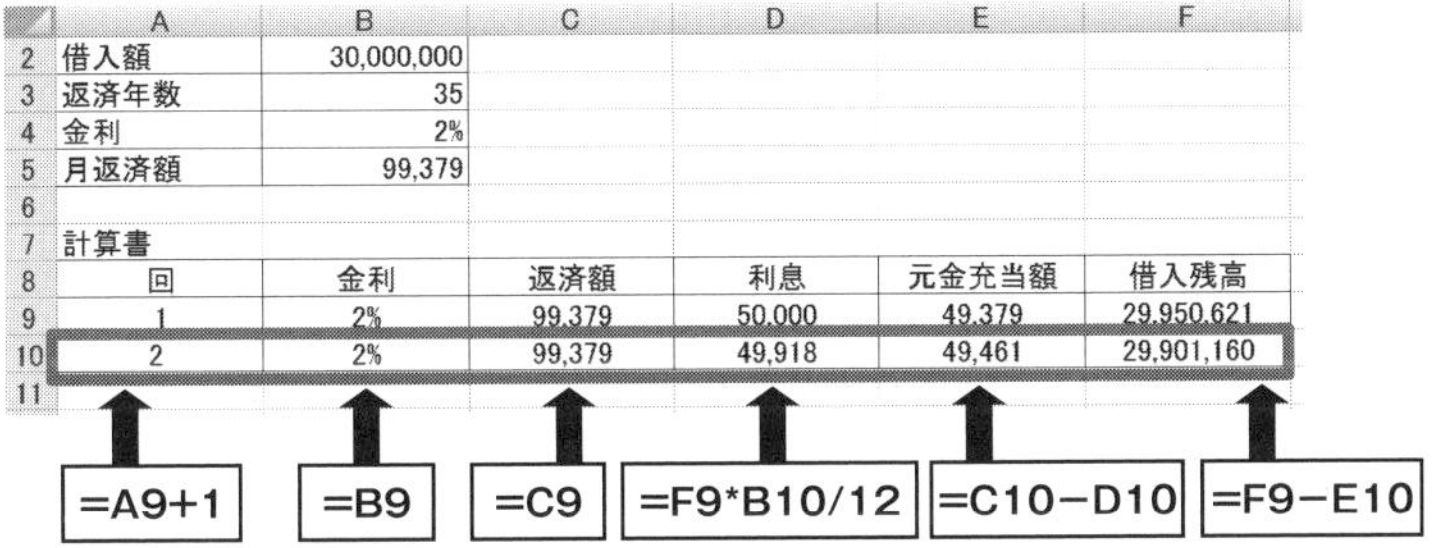

	A	B	C	D	E	F
2	借入額	30,000,000				
3	返済年数	35				
4	金利	2%				
5	月返済額	99,379				
6						
7	計算書					
8	回	金利	返済額	利息	元金充当額	借入残高
9	1	2%	99,379	50,000	49,379	29,950,621
10	2	2%	99,379	49,918	49,461	29,901,160
11						

④３回目以降は、２回目の計算式をコピーするだけ！

7	計算書					
8	回	金利	返済額	利息	元金充当額	借入残高
9	1	2%	99,379	50,000	49,379	29,950,621
10	2	2%	99,379	49,918	49,461	29,901,160
11	3	2%	99,379	49,835	49,544	29,851,616
12	4	2%	99,379	49,753	49,626	29,801,990
13	5	2%	99,379	49,670	49,709	29,752,281
14	6	2%	99,379	49,587	49,792	29,702,490
15	7	2%	99,379	49,504	49,875	29,652,615

420	412	2%	99,379	1,478	97,900	789,101
421	413	2%	99,379	1,315	98,064	691,037
422	414	2%	99,379	1,152	98,227	592,810
423	415	2%	99,379	988	98,391	494,419
424	416	2%	99,379	824	98,555	395,865
425	417	2%	99,379	660	98,719	297,145
426	418	2%	99,379	495	98,884	198,262
427	419	2%	99,379	330	99,048	99,213
428	420	2%	99,379	165	99,213	0

図8-2 便利なPMT関数

■便利なPMT関数

返済額を求めるには、PMT関数というものを使います。これを覚えておけば、固定期間明けの金利変更に伴う返済額や、繰上返済での返済軽減型を選んだときの返済額などが簡単に求められます。

関数の使い方

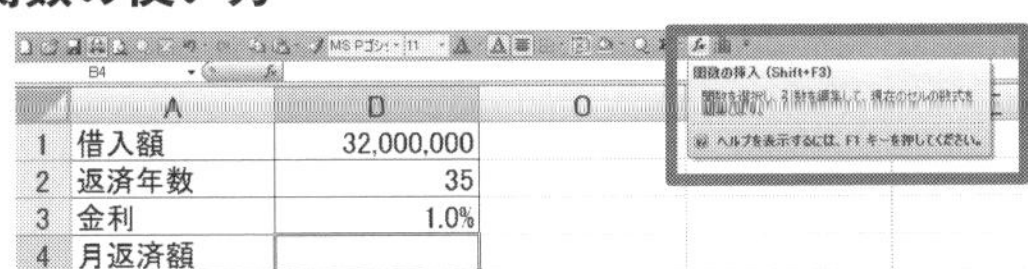

	A	D
1	借入額	32,000,000
2	返済年数	35
3	金利	1.0%
4	月返済額	

関数のダイアログが出てくる。各ボックスの意味は

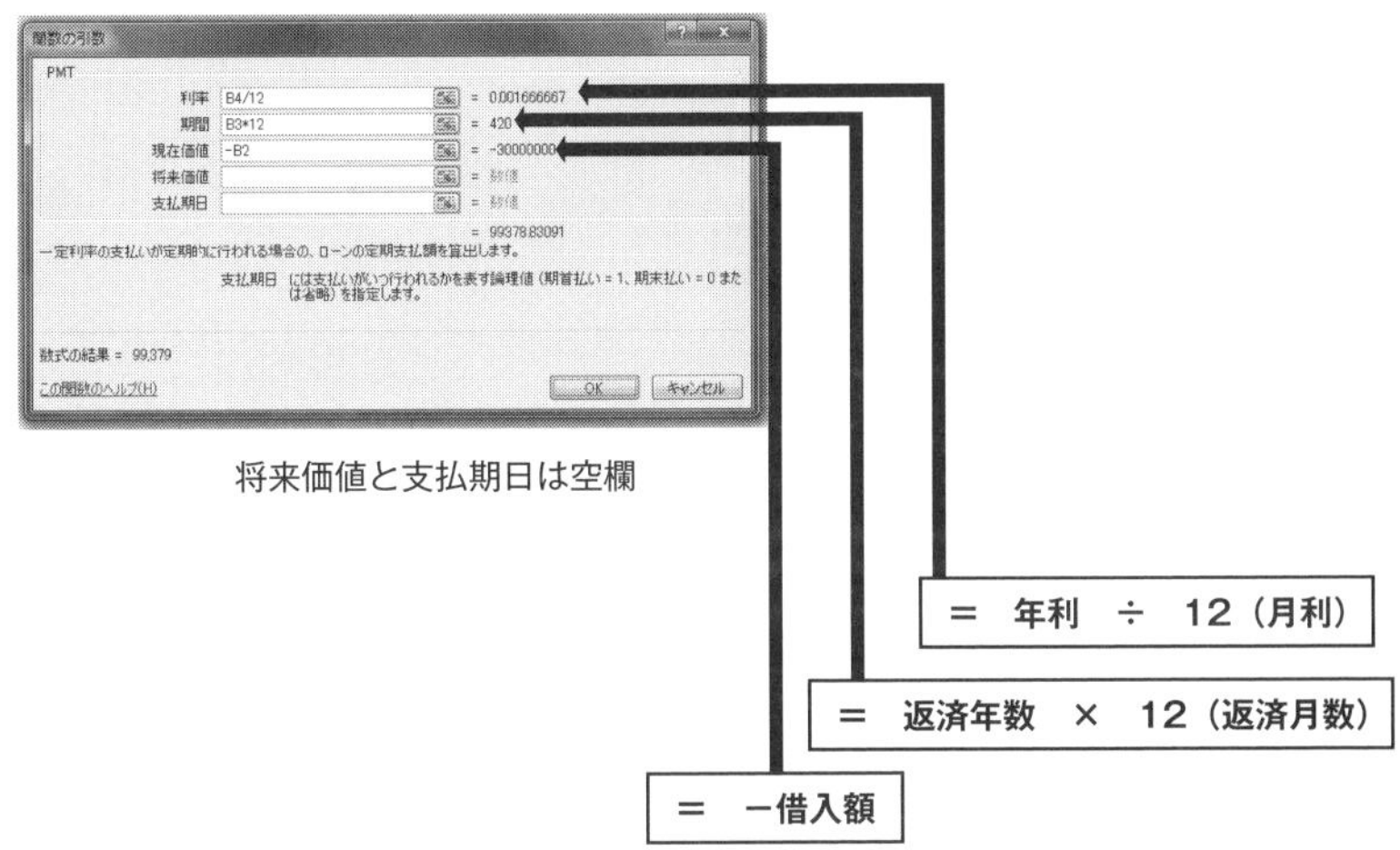

将来価値と支払期日は空欄

できあがり!

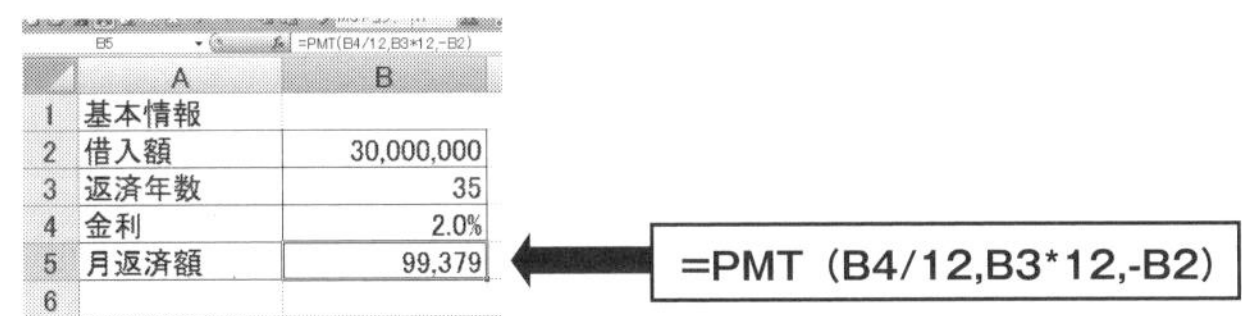

=PMT(B4/12,B3*12,-B2)

	A	B
1	基本情報	
2	借入額	30,000,000
3	返済年数	35
4	金利	2.0%
5	月返済額	99,379
6		

図8-3 PMT関数の応用

●固定期間明けの返済額を試算

借 入 額　⇒　固定期間終了時の借入残高
返済年数　⇒　固定期間終了時の残返済年数　を入力し、
適宜金利を入れると、固定期間終了後のその金利での返済額が算出できます。

●返済軽減型の繰上返済をしたときの、繰上後の返済額を試算

借 入 額　⇒　繰上返済後の借入残高
返済年数　⇒　繰上返済後の残返済年数
金　　利　⇒　繰上返済後の金利　を入力すると、
繰上返済後の返済額が算出できます。

図8-4 返済軽減型繰上返済実施後の返済額

【基本情報】
５年前に3,500万円を35年返済で借入れ（金利２%）。
当初返済額は９万9,379円
５年後（借入残高2,688万6,795円）に100万円の返済軽減型繰上返済を実施。

	A	B	C	D	E	F
1	基本情報					
2	借入残高	25,886,795		繰上返済		
3	返済年数	30		5年後残高	26,886,795	
4	金利	2.0%		繰上返済額	-1,000,000	
5	月返済額	95,683		繰返後残高	25,886,795	
6						
7	計算書					
8	回	金利	返済額	利息	元金充当額	借入残高
9	1	2.0%	95,683	43,145	52,538	25,834,257
10	2	2.0%	95,683	43,057	52,626	25,781,631
11	3	2.0%	95,683	42,969	52,713	25,728,918
12	4	2.0%	95,683	42,882	52,801	25,676,117
13	5	2.0%	95,683	42,794	52,889	25,623,228

繰上返済後の返済額

■現在ローン支払中の場合

もうすでに住宅ローンを支払っているという場合は、基本情報の

借入額　⇒　今現在の残りの借入残高
返済年数　⇒　今現在の残りの返済年数
月返済額　⇒　毎月の返済とボーナス返済を足して12で割った額

を入力すると、1回目の返済の欄には、来月からの返済が表示されます。

そこから、大まかな方向性をつかんでください。

■自立型の返済を考える

返済額を求めるのは、PMT関数を使うと便利ではありますが、皆さんは住宅ローンを考えるときに、「返済額と金利と返済年数で返済額が決まる」と考えています。確かにそれは間違いではありませんが、その場合の返済額は「金融機関の決

図8-5 自立型の返済を考える

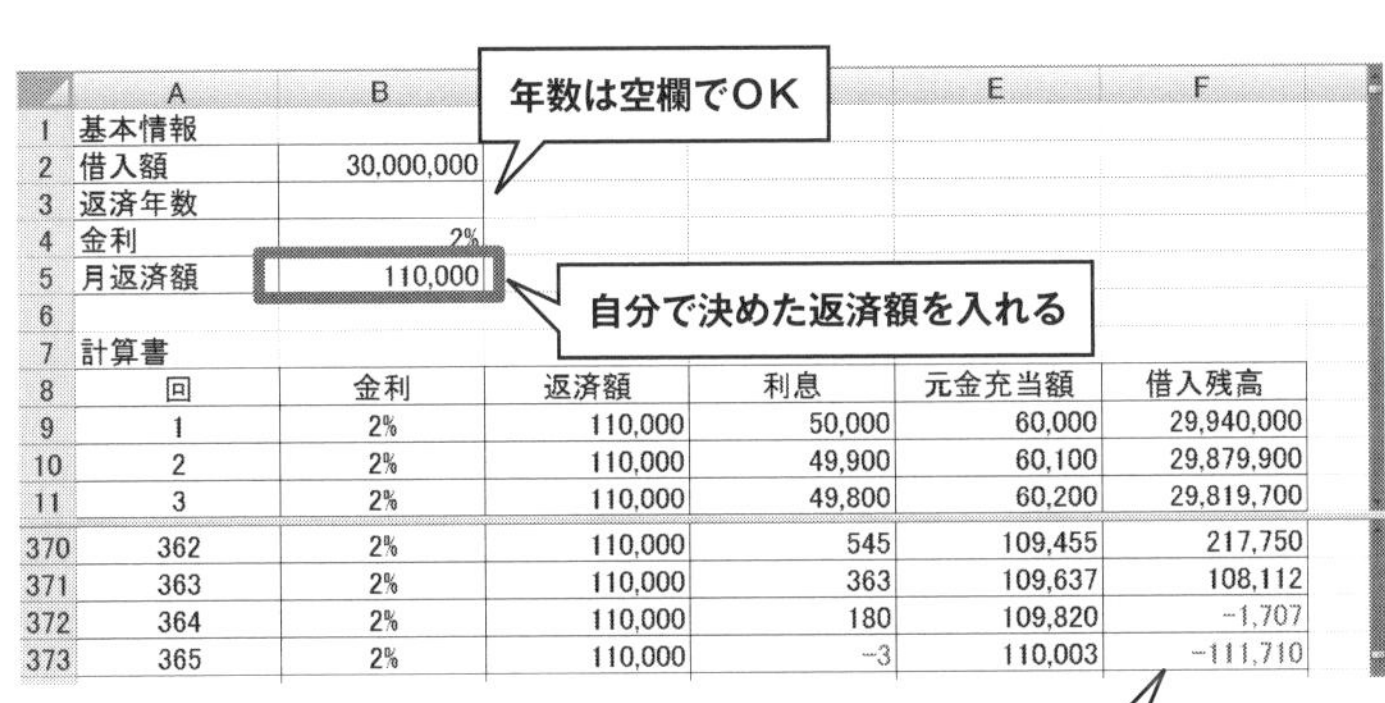

	A	B	C	D	E	F
1	基本情報					
2	借入額	30,000,000				
3	返済年数					
4	金利	2%				
5	月返済額	110,000				
6						
7	計算書					
8	回	金利	返済額	利息	元金充当額	借入残高
9	1	2%	110,000	50,000	60,000	29,940,000
10	2	2%	110,000	49,900	60,100	29,879,900
11	3	2%	110,000	49,800	60,200	29,819,700
370	362	2%	110,000	545	109,455	217,750
371	363	2%	110,000	363	109,637	108,112
372	364	2%	110,000	180	109,820	−1,707
373	365	2%	110,000	−3	110,003	−111,710

めた返済額」です。自立型の返済を考えるということは、この**返済額を自分で考える**ということです。これは、何も自分で関数を使ってエクセルで計算しましょうということではなく、「**わが家は月々いくら返済する**」という金額を家族会議で決めて、その金額を優先して資金計画を立てるということです。住宅ローンは「**借入額、金利、返済額が決まると、返済年数が決まる**」という考え方に転換してみましょう。

265ページの図8－1では、3000万円・2%・35年返済の返済額は9万9379円でした。これを、「わが家は3000万円、2%の住宅ローンを月々11万円で支払う」といった考え方に転換してみます。その11万円をローン計算シートに入力すると、残高がマイナスになる回数が把握できます。この場合、364ヶ月で残高がマイナスになっているので、完済までは30年4ヶ月必要と考えるのです（**図8－5**）。この月々払う金額を、何パターンか自分達でシミュレーションして、落とし所を見つける作業こそが、「自立型の返済」なのではないかと考えます。返済額は自分で決め、結果として、「その返済額で返済すると何年かかる」という逆算で考えてみるのです。420ヶ月以内に残高がマイナスになっていれば、35年で払い終えるということです。

皆さんにとって何より大切な毎月の返済額は、誰かが決めるのではなく、自分で決めればいいのです。返済年数は単なる結果でしかありません。

図8-6 返済月数を求める＝NPER関数

自立型の返済を立てるときに、ローン計算書の残高がマイナスになるところを探せば、「何ヶ月かかるか？」ということがわかりますが、それを一発で計算する関数がNPER関数です。

①返済月数と月返済額の欄を変更

	A	B	C	
1	基本情報			
2	借入額	30,000,000		
3	金利	2.0%		
4	月返済額	110,000		
5	返済月数			

②返済年数欄に、NPER関数を入力

入力対象の意味　　　　実際の入力

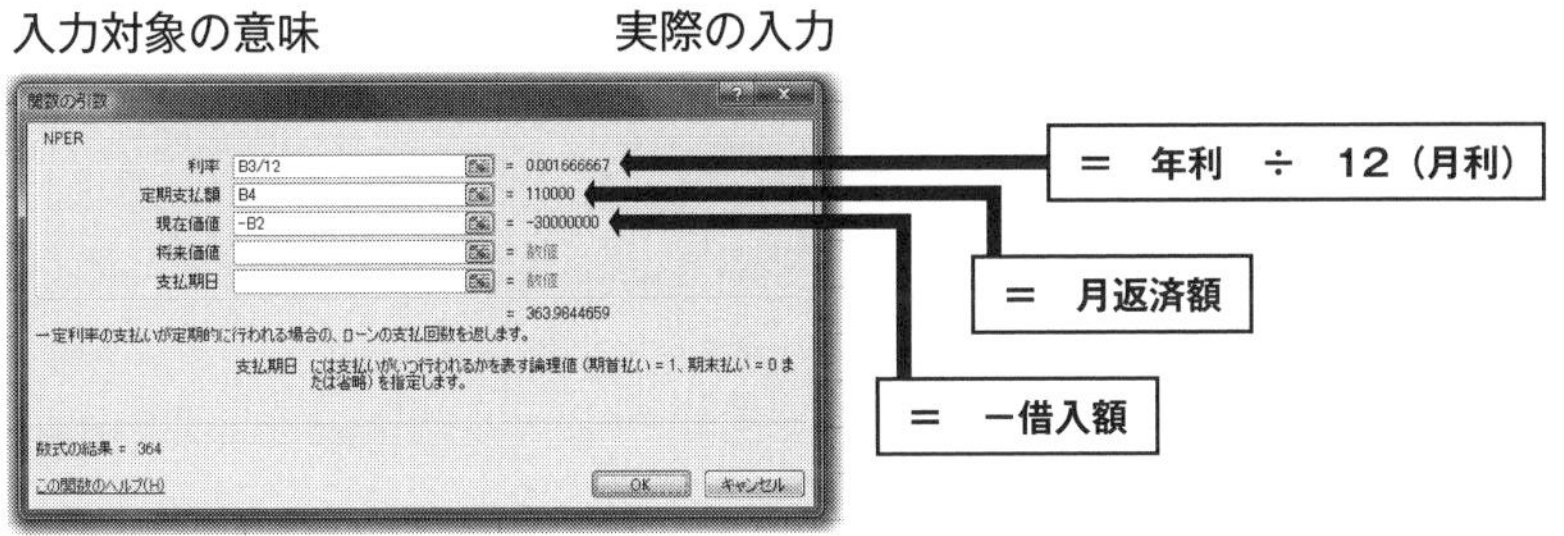

できあがり！

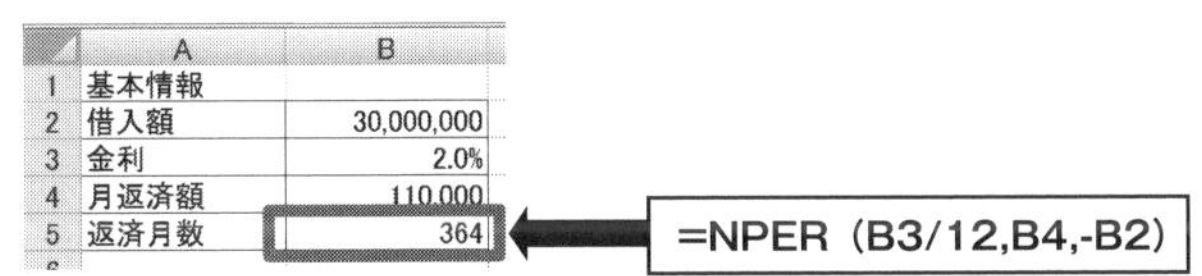

	A	B
1	基本情報	
2	借入額	30,000,000
3	金利	2.0%
4	月返済額	110,000
5	返済月数	364

図8-7 借入残高を求める=FV関数

固定期間明けの借入残高を求めたり、将来借り換えをするときの残高を知る方法がこのＦＶ関数です。これも知っていると何かと便利です。

①経過年数と借入残高の欄を追加
（例：５年後の残高を求める場合、経過年数に５と入力）

	A	B
1	基本情報	
2	借入額	30,000,000
3	返済年数	35
4	金利	2.0%
5	月返済額	99,379
6		
7	経過年数	5
8	借入残高	
9		

②借入残高にＦＶ関数を入力

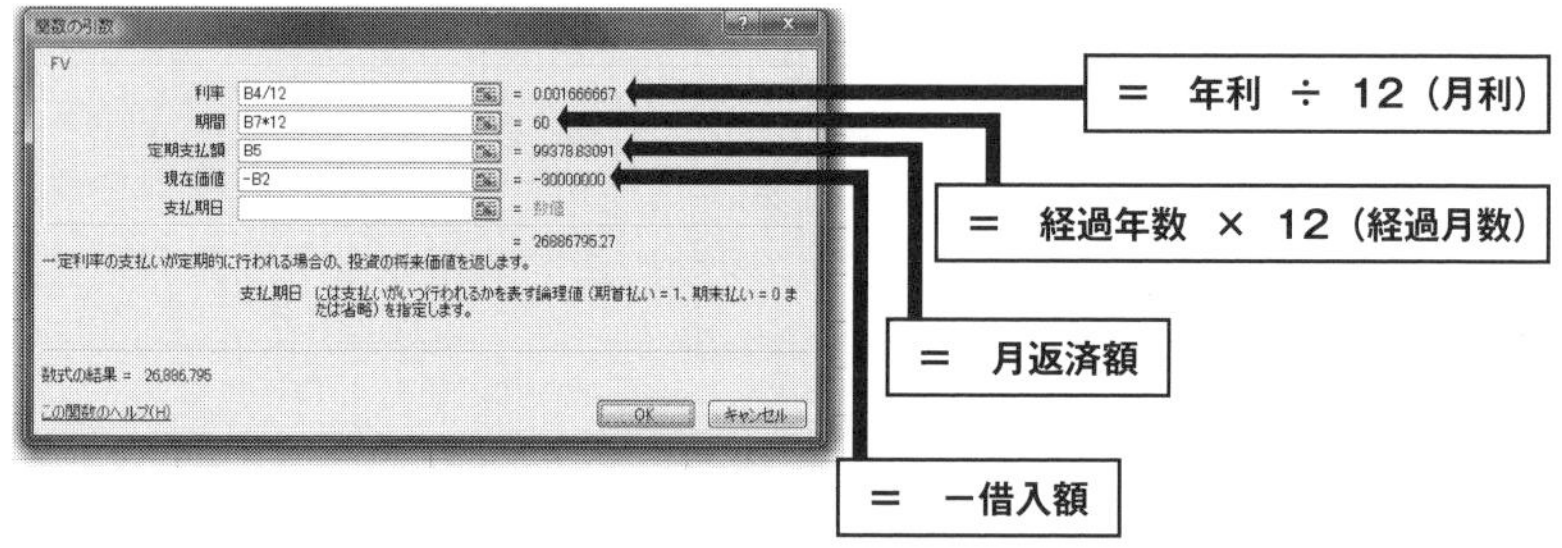

できあがり！

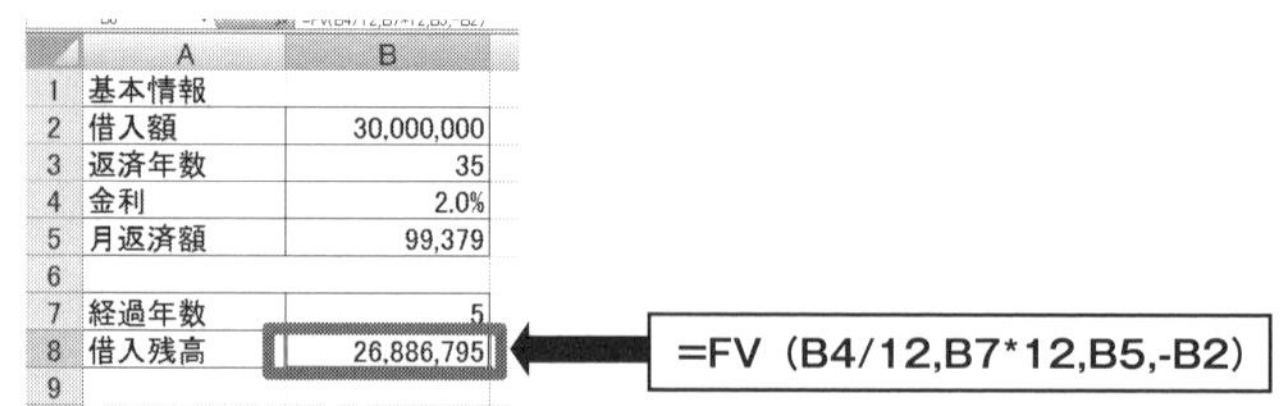

	A	B
1	基本情報	
2	借入額	30,000,000
3	返済年数	35
4	金利	2.0%
5	月返済額	99,379
6		
7	経過年数	5
8	借入残高	26,886,795
9		

2 ローン電卓

ローン電卓はいくつかの機種がありますが、本書ではカシオ計算機㈱の金融電卓（BF－750、BF－850）を使って試算する方法をご紹介します。

なお、本書で紹介する操作方法は、著者が考案・実践している活用法であり、製造元が推奨しているものではありません。本書の操作方法に関しては、下記への問い合わせはご遠慮ください。

なお、**274ページ**から記載の使用事例を実際に操作している場面を動画に収録しましたので、左QRコードからYou Tubeにアクセスしてご視聴ください。

図8-8 カシオ計算機㈱　金融電卓

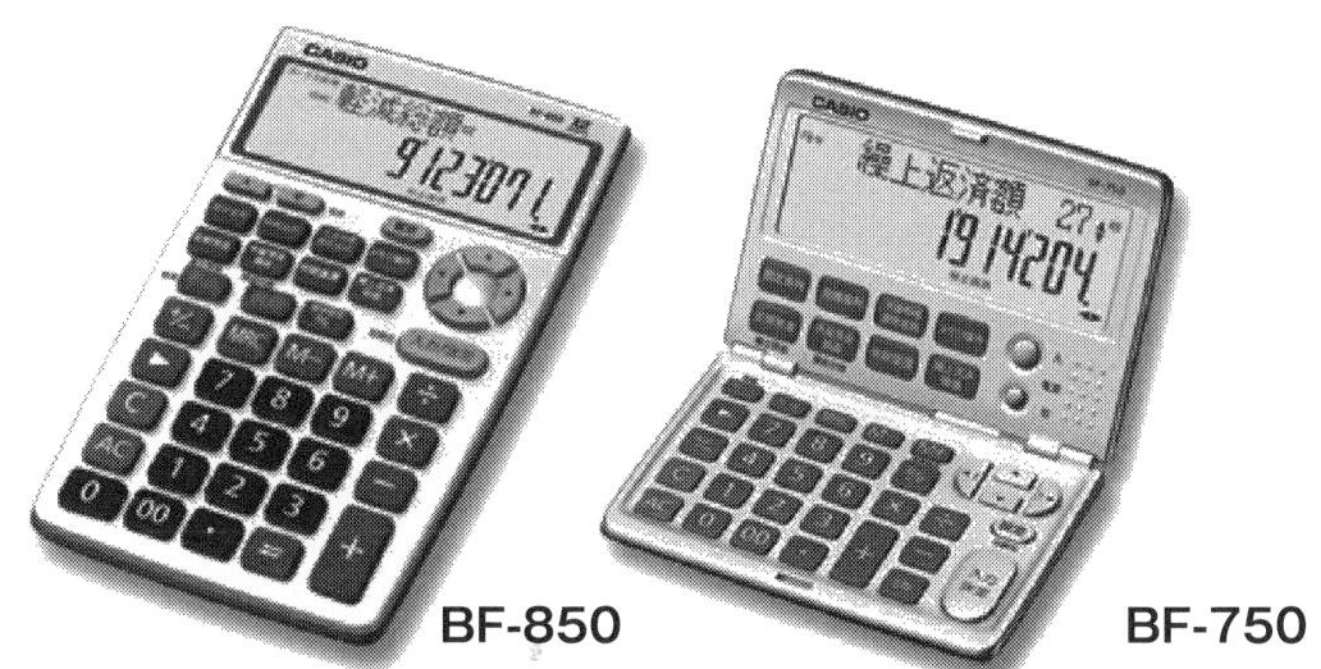

BF-750とBF-850の機能は同じです。
皆さんのお好みの形状をお選びください。

製品に関する問い合わせ先・カシオ計算機株式会社
0570-088906　月曜日～土曜日AM.9：00～PM.5：30
携帯電話・PHS・IP 電話等をご利用の場合
03-5334-4869

BF-750の活用場面

ポイントは「最初にどの青いボタンを押すか」です。
あとは画面の指示に従うだけなので簡単です。

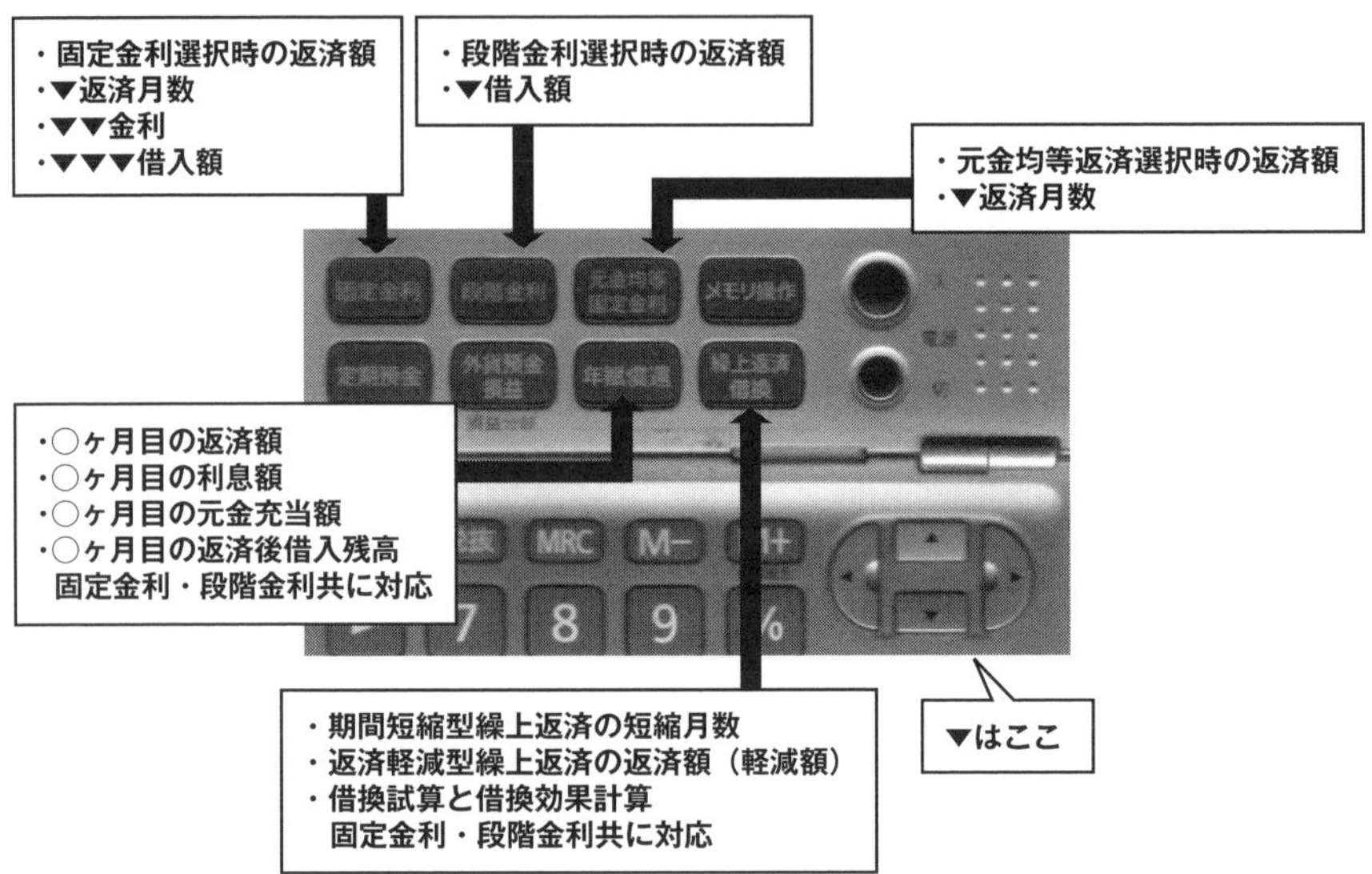

事例①
当初借入2,430万円、1.9%（10年固定)、35年返済の場合、11年目以降の金利を、4%、5%、6%としてそれぞれ返済額はいくらか？

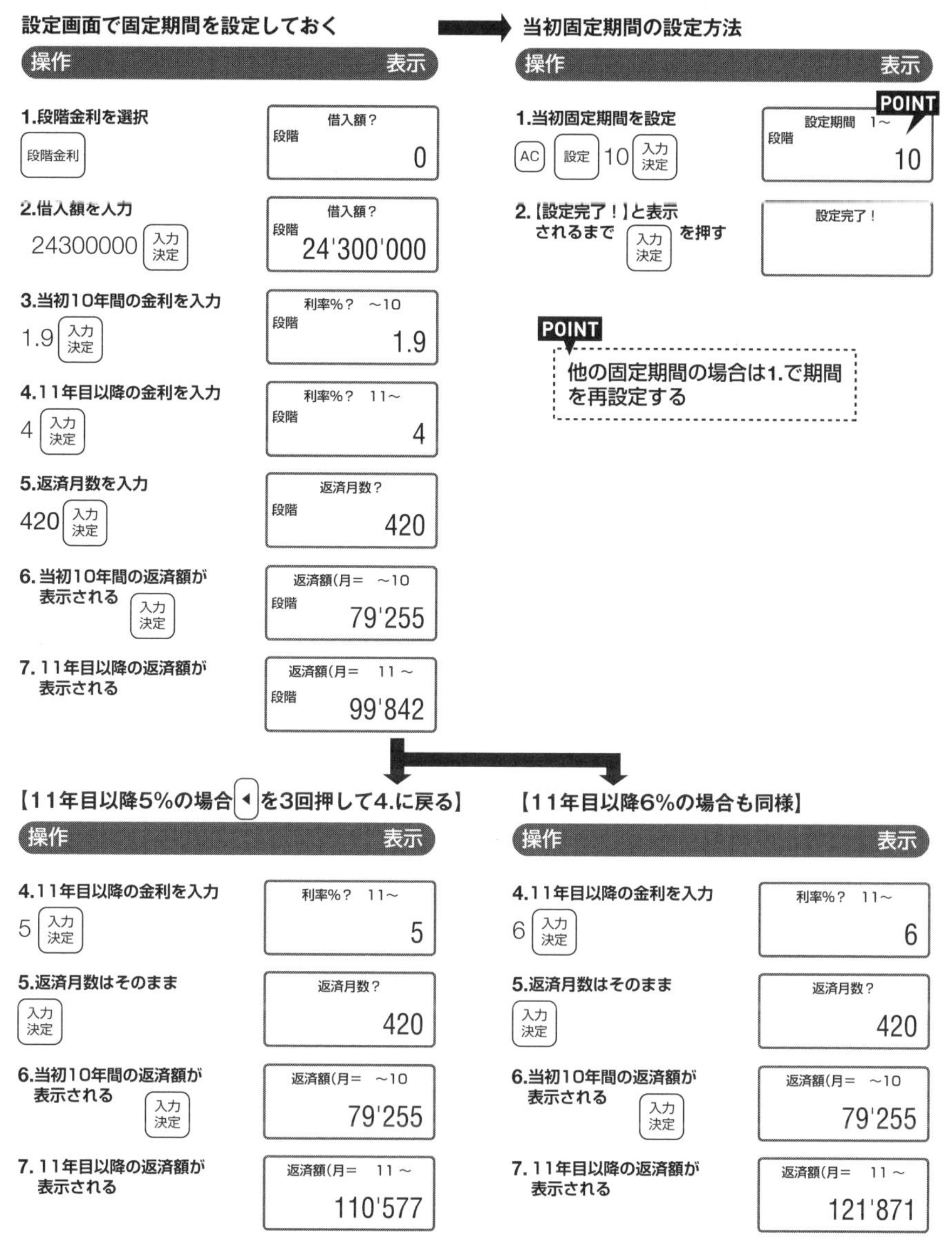

事例④
借入金額2,500万円、金利2.5%、月々 10万円（ボーナス返済なし）支払う場合、何ヶ月で返済が終わるか？

操作	表示
1.月数計算画面に移動 固定金利 ▼ ×1 入力決定	●月数計算(元利
2.借入額を入力 25000000 入力決定	借入額？ 25'000'000
3.金利を入力 2.5 入力決定	利率%？ 2.5
4.月の返済額を入力 100000 入力決定	返済額(月？ 100'000
5.返済月数が表示される	返済月数＝ 353.507
6.12で割ると年数がわかる ÷12=	29.4589166666

約29年半で返済終了

端数処理について

BF-750は、返済額の端数処理を「切り捨て」「切り上げ」「四捨五入」から選べます。

本書では「四捨五入」を選択しています。

操作	表示
1.端数処理の設定画面を表示 AC 設定 入力決定 ×6	捨→1 上→2 四→3 1
2.四捨五入を選択 3 入力決定	捨→1 上→2 四→3 3
3.【設定完了！】と表示されるまで 入力決定 **を押す**	設定完了！

事例②
融資実行年齢38歳、前年度税込年収600万円、返済比率35%のお客様への融資限度額の概算は？（審査金利を4%とする）

操作	表示
1.借入額計算画面に移動 固定金利 ▼ ×3 入力決定	●借入額計算
2.審査用の金利を入力 4 入力決定	利率%？ 4
3.返済月数を入力 420 入力決定	返済月数？ 420
4.1ヶ月の上限を入力 6000000×35%÷12= 入力決定	POINT 利率%？ 11～ 175'000
5.借入上限が表示される	借入額＝ 39'523'483

POINT
4.で税込年収から返済比率を確認し、月の上限額を算出する

事例③
事例②でマイカーローンを月18,000円支払っている場合の融資限度額の概算はいくらか？（その他条件は事例②と同じ）

操作	表示
4.ここまで事例②と同じ 6000000×35%÷12	返済額(月？ 175'000
5.マイカーローン分を引く −18000= 入力決定	POINT 返済額(月？ 157'000
6.借入上限が表示される	借入額＝ 35'458'211

POINT
5.【返済額(月？】でマイカーローンの返済額を差し引く

7.ボーナス分の借入元金が表示される 入力決定

ボーナス分借入額＝ 4'510'040

8.借入総額が表示される

借入総額＝ 31'661'490

事例⑦
借入金額2,920万円、30年返済、125,483円の返済をしている場合、金利は何%か？

操作	表示
1.金利計算画面に移動 固定金利 ▼ ×2 入力決定	●利率計算
2.借入額を入力 29200000 入力決定	借入額？ 29'200'000
3.返済月数を入力 360 入力決定	返済月数？ 360
4.月の返済額を入力 125483 入力決定	返済額(月？ 125'483
5.借入利率が表示される	利率%＝ 3.15

事例⑧のその前に!!

事例⑧以降は、「将来の返済月」における数値を求めます。その際、事前に以下のような設定をしておくと、操作がしやすくなります。

操作	表示
1.算出月の表示設定画面を表示 AC 設定 入力決定 ×4	年月→1　回数→2 1
2.回数表示にする 2 入力決定	年月→1　回数→2 2
3.【設定完了！】と表示されるまで 入力決定 **を押す**	設定完了！

事例⑤
金利2.7%、返済年数35年、毎月10万円の返済とすると、借入元金はいくらになるか？

操作	表示
1.借入額計算画面に移動 固定金利 ▼ ×3 入力決定	●借入額計算
2.金利を入力 2.7 入力決定	利率%？ 2.7
3.返済月数を入力 420 入力決定	返済月数？ 420
4.月の返済額を入力 100000 入力決定	返済額(月？ 100'000
5.借入元金が表示される	借入額＝ 27'151'450

事例⑥
事例⑤のケースで、ボーナス時に10万円／回の加算をすると、借入元金はいくらになるか？

操作	表示
1.借入額計算画面に移動 固定金利 ×2 ▼ 入力決定	●借入額計算
2.金利を入力 2.7 入力決定	利率%？ 2.7
3.返済月数を入力 420 入力決定	返済月数？ 420
4.月の返済額を入力 100000 入力決定	返済額(月？ 100'000
5.ボーナス加算額を入力 100000 入力決定	返済月数＝ 100'000
6.月払分の借入元金が表示される 入力決定	月払分借入額＝ 27'151'450

事例⑨
借入2,550万円、金利2.75%、35年、【元金均等返済】の初回返済額を求め、次に、その初回返済額で【元利均等返済】をした場合、返済月数は何ヶ月か?

操作	表示
1.元金均等を選択 元金均等固定金利	借入額? 0
2.借入額を入力 25500000 入力決定	借入額? 25'500'000
3.金利を入力 2.75 入力決定	利率%? 2.75
4.返済月数を入力 420 入力決定	返済額(月? 420
5.算出月を入力 1 入力決定	何回目支払い? 1
6.返済額が表示される	返済額(月? 119'152
7.返済額をメモリーする M+	POINT M 119'152
8.月数計算画面に移動 固定金利 ▼ ×1 入力決定	●月数計算(元利 M
9.借入額はそのまま 入力決定	借入額? M 25'500'000
10.金利もそのまま 入力決定	利率%? M 2.75
11.月の返済額を呼び出す MRC 入力決定	POINT 返済額(月? M 119'152
12.返済月数が表示される	POINT 返済月数= M 294.541
13. 12で割ると年数がわかる ÷12=	M 24.5450833333 約24年半で返済終了

事例⑧
借入2,200万円、金利2.8%、35年、【元金均等返済】の場合、120ヶ月目の返済額はいくらか?

操作	表示
1.元金均等を選択 元金均等固定金利	借入額? 0
2.借入額を入力 22000000 入力決定	借入額? 22'000'000
3.金利を入力 2.8 入力決定	利率%? 2.8
4.返済月数を入力 420 入力決定	返済月数? 420
5.算出月を入力 120 入力決定	何回目支払い? 120
6.返済額が表示される	返済額(月= 89'170

元金均等返済の簡易計算（事例⑧の場合）

【元金均等の初回返済額を利息額と元金充当額から算出】
①: 初回利息額 = 借入額 × 金利（年利）÷ 12
⇒ 22000000 × 2.8% ÷ 12 = 51'333
②: 元金充当額 = 借入額÷返済回数
⇒ 22000000÷420 = 52'381
③:【初回利息①】+【元金充当額②】= 103'714
初回返済額

【元金均等の減少する返済額（利息額）】
上記初回利息額を返済回数で割る
51'333 ÷ 420 = 122.2
毎月122円ずつ減少↑

POINT
元金均等返済の1回目の返済額で元利均等返済をすると、返済期間が大幅に短縮する

事例⑪
借入2,800万円、金利1～10年目2.5%、11年目以降4%、35年返済の場合、144ヶ月目の返済額、利息額、元金充当額、返済終了後残高はいくらか？

操作	表示
1.年賦償還画面に移動 [年賦償還] 2 [入力決定]	固定→1　段階→2 2
2.当初借入額を入力 28000000 [入力決定]	借入残高？ 段階 28'000'000
3.当初10年間の金利を入力 2.5 [入力決定]	利率%？　～10 段階 2.5
4.11年目以降の金利を入力 4 [入力決定]	利率%？　11～ 段階 4
5.返済月数を入力 420 [入力決定]	返済月数？ 段階 420
6.算出月数を入力 144 [入力決定]	何回目支払い？ 段階 144
7.144回目の返済額が表示される [入力決定]	返済額(月＝ 段階 117'775
8.利息額が表示される [入力決定]	利息部分＝ 段階 70'924
9.元金充当額が表示される [入力決定]	元金部分＝ 段階 46'851
10.144回目の返済後の借入残高が表示される	返済後残高＝　POINT 段階 21'230'237

事例⑩
借入2,450万円、1.5%、35年返済、60ヶ月目の返済額、利息額、元金充当額、返済終了後残高はそれぞれいくらか？

操作	表示
1.年賦償還画面に移動 [年賦償還] 1 [入力決定]	固定→1　段階→2 1
2.当初借入額を入力 24500000 [入力決定]	借入残高？ 24'500'000
3.金利を入力 1.5 [入力決定]	利率%？ 1.5
4.返済月数を入力 420 [入力決定]	返済月数？ 420
5.算出月数を入力 60 [入力決定]	何回目支払い？ 60
6.60回目の返済額が表示される [入力決定]	返済額(月＝ 75'015
7.利息額が表示される [入力決定]	利息部分＝ 27'230
8.元金充当額が表示される [入力決定]	元金部分＝ 47'786
9.60回目の返済後の借入残高が表示される	返済後残高＝　POINT 21'735'959

POINT

将来の残高が分かれば、様々な選択肢が考えられる。

その後の返済額は、その時点の残高と残返済回数を基に、金利を再設定すればいい。

金利再設定時に繰上返済をする場合は、その時点の残高から繰上返済額を差し引いてから、返済額を計算する

事例⑬
事例⑫の条件で返済軽減型の繰上返済を実施した場合、返済額はいくら軽減するか？後残高はいくらか？

操作	表示
1.繰上返済・借換画面に移動 [繰上返済 借換] 2 [入力 決定]	POINT 期間→1　金額→2 2
2.金利タイプを選択 1 [入力 決定]	固定→1　段階→2 1
3.当初借入額を入力 31000000 [入力 決定]	借入残高？ 31'000'000
4.金利を入力 1.2 [入力 決定]	利率%？ 1.2
5.当初の返済月数を入力 420 [入力 決定]	返済回数？ 420
6.算出月数を入力 37 [入力 決定]	何回目支払い？ 37
7.算出前の残高が表示される [入力 決定]	算出前の残高＝ 28'822'735
8.繰上返済を選択 1 [入力 決定]	繰上→1　借換→2 1
9.繰上返済額を入力 3000000 [入力 決定]	繰上返済額？ 3'000'000
10.繰上返済後の返済額が表示される [入力 決定]	返済額(月＝ 81'016
11.軽減額が表示される	月払軽減額＝ 9'412

事例⑫
借入3,100万円、1.2%、35年返済、3年経過時点（37回目支払）で、300万円の期間短縮型繰上返済を実施した場合、返済期間は何ヶ月短縮するか？

操作	表示
1.繰上返済・借換画面に移動 [繰上返済 借換] 1 [入力 決定]	POINT 期間→1　金額→2 1
2.金利タイプを選択 1 [入力 決定]	固定→1　段階→2 1
3.当初借入額を入力 31000000 [入力 決定]	借入残高？ 31'000'000
4.金利を入力 1.2 [入力 決定]	利率%？ 1.2
5.当初の返済月数を入力 420 [入力 決定]	返済回数？ 420
6.算出月数を入力 37 [入力 決定]	何回目支払い？ 37
7.算出前の残高が表示される [入力 決定]	算出前の残高＝ 28'822'735
8.繰上返済を選択 1 [入力 決定]	繰上→1　借換→2 1
9.繰上返済額を入力 3000000 [入力 決定]	繰上返済額？ 3'000'000
10.繰上返済額が調整され短縮回数が表示される	繰上返済額　47回 2'963'039

事例⑭
当初借入3,300万円、35年返済、当初3年間1%、4年目以降2.075%で借入れしているお客様が5年経過時点で0.875%に借り換えをすると、返済額はいくらか?(諸費用考慮せず)

※設定画面で固定期間を設定しておく

操作	表示
1.繰上返済・借換画面に移動 [繰上返済 借換] 1 [入力 決定]	期間→1 金額→2 1
2.金利タイプを選択 2 [入力 決定]	固定→1 段階→2 2
3.当初借入額を入力 33000000 [入力 決定]	段階 借入残高? 33'000'000
4.当初3年間の金利を入力 1 [入力 決定]	段階 利率%? ~3 1
5.4年目以降の金利を入力 2.075 [入力 決定]	段階 利率%? 4~ 2.075
6.当初の返済月数を入力 420 [入力 決定]	段階 返済回数? 420
7.算出月数を入力 61 [入力 決定]	段階 何回目支払い? 61
8.算出前の残高が表示される [入力 決定]	段階 算出前の残高= 29'225'508
9.借換を選択 2 [入力 決定]	繰上→1 借換→2 2
10.借換画面が起動 [入力 決定]	●借換計算

操作	表示
11.借換諸経費は入力せず [入力 決定]	借換諸経費? 0
12.残返済総額が表示される [入力 決定]	前)残返総額= 39'284'125
13.メモリ上書き可 1 [入力 決定]	メモリ上書き可→1 1
14.返済方法を選択 1 [入力 決定]	月々→1 ボーナス→2 1
15.借換ローンの金利タイプを選択 1 [入力 決定]	POINT 固定→1 段階→2 1
16.借換額が表示される [入力 決定]	借入額? 29'225'508
17.借換ローンの金利を入力 0.875 [入力 決定]	利率%? 0.875
18.残返済月数を入力 35－5×12＝ [入力 決定]	返済月数? 360
19.借換後の返済額が表示される	返済額(月= 92'332

POINT
15.で2を選ぶと、借換ローンの固定期間は当初のローンの固定期間と一緒になる

事例⑮
当初借入額2,700万円、金利3.2%、35年返済、3年経過時点で、0.775%に借り換えをする場合、返済額はいくらか？　なお、諸費用は借り換え残高に（事務手数料は32,400円、登記関連費用を10万円）、保証料は金利に上乗せ（0.2%）する。

＊計算前に MRC を２回押してメモリーを消去しておく

操作	表示
1.繰上返済・借換画面に移動 繰上返済 借換　1　入力 決定	期間→1　金額→2 1
2.金利タイプを選択 1　入力 決定	固定→1　段階→2 1
3.当初借入額を入力 27000000　入力 決定	借入残高？ 27'000'000
4.当初の金利を入力 3.2　入力 決定	利率%？ 3.2
5.当初の返済月数を入力 420　入力 決定	返済回数？ 420
6.算出月数を入力 37　入力 決定	何回目支払い？ 37
7.算出前の残高が表示される 入力 決定	算出前の残高＝ 25'681'400
8.借換を選択 2　入力 決定	繰上→1　借換→2 2
9.借換画面が起動 入力 決定	●借換計算
10.借換諸経費は入力せず 入力 決定	借換諸経費？ 0
11.残返済総額が表示される 入力 決定	前)残返総額＝ 41'067'477
12.メモリ上書き可 1　入力 決定	メモリ上書き可→1 1
13.返済方法を選択 1　入力 決定	月々→1　ボーナス→2 1
14.借換ローンの金利タイプを選択 1　入力 決定	固定→1　段階→2 1
15.借換額をメモリーする M+	POINT 借入額？ M　25'681'400
16.登録免許税を計算し上乗せ ×0.4 %　▶　M+ ↑端数処理	POINT 借入額？ M　102'725
17.事務手数料を上乗せ 32400　M+	POINT 借入額？ M　32'400
18.印紙代を上乗せ 20000　M+	POINT 借入額？ M　20'000
19.登記費用を上乗せ 100000　M+	POINT 借入額？ M　100'000
20.借入総額を表示 MRC　入力 決定	POINT 借入額？ M　25'936'525
21.借換ローンの金利に保証料を上乗せして入力 0.775 + 0.2 = 入力 決定	POINT 利率%？ M　0.975
22.残返済月数を入力 35 − 3 × 12 = 入力 決定	返済月数？ M　384
23.借換後の返済額が表示される	返済額(月＝ M　78'654

POINT
諸費用込みのほうが、借り換えの効果を実感しやすい

事例⑯
事例①の条件で、10年経過時点で200万円の返済軽減型繰上返済をした場合、その後の金利を4%、5%、6%としてそれぞれ返済額はいくらになるか？

＊計算前に(MRC)を２回押してメモリーを消去しておく

操作	表示
1.年賦償還画面に移動 [年賦償還] 1 [入力決定]	固定→1　段階→2 1
2.当初借入額を入力 24300000 [入力決定]	借入残高？ 24'300'000
3.金利を入力 1.9 [入力決定]	利率%？ 1.9
4.返済月数を入力 420 [入力決定]	返済月数？ 420
5.算出月を入力 120 [入力決定]	何回目支払い？ 120
6.120回目の返済額が表示される [入力決定]	返済額(月＝ 79'255
7.利息額が表示される [入力決定]	利息部分＝ 30'027
8.元金充当額が表示される [入力決定]	元金部分＝ 49'228
9.返済後の借入残高が表示されたらメモリーする (M＋)	返済後残高＝ M 18'915'239
10.返済額の算出画面で10年後の残高を呼び出す [固定金利] (MRC)	借入額？ M 18'915'239
11.繰上返済額を差し引く −2000000＝[入力決定]	借入額？ POINT M 16'915'239
12.11年目以降の金利を入力 4 [入力決定]	利率%？ M 4
13.残りの返済月数を入力 35−10×12＝[入力決定]	返済月数？ M 300
14.120回目以降の返済額が表示される	M 89'285

【11年目以降5%の場合[◀]を2回押して12)に戻る】

操作	表示
12.11年目以降の金利を入力 5 [入力決定]	利率%？ 5
13.返済月数はそのまま [入力決定]	返済月数？ 300
14.11年目以降の返済額が表示される	返済額(月＝ 98'885

【11年目以降6%の場合も左記同様】

操作	表示
12.11年目以降の金利を入力 6 [入力決定]	利率%？ 6
13.返済月数はそのまま [入力決定]	返済月数？ 300
14.11年目以降の返済額が表示される	返済額(月＝ 108'985

POINT
繰上返済の効果とは、「残高を減らす」こと。
金利上昇の影響を小さくできる

図8-9 ローン計算機＋

このアプリは段階金利に細かく対応し、さらに、償還表が確認できます。

① 借入金額を入力後、右上の【＋】をタップ

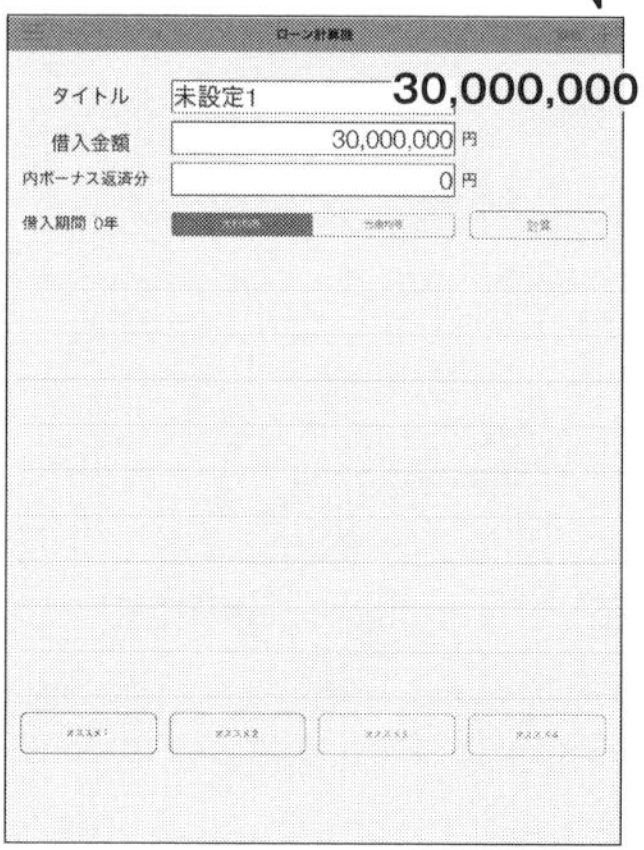

② 当初の金利を入力後（10年固定1.3%の場合）【決定】をタップ

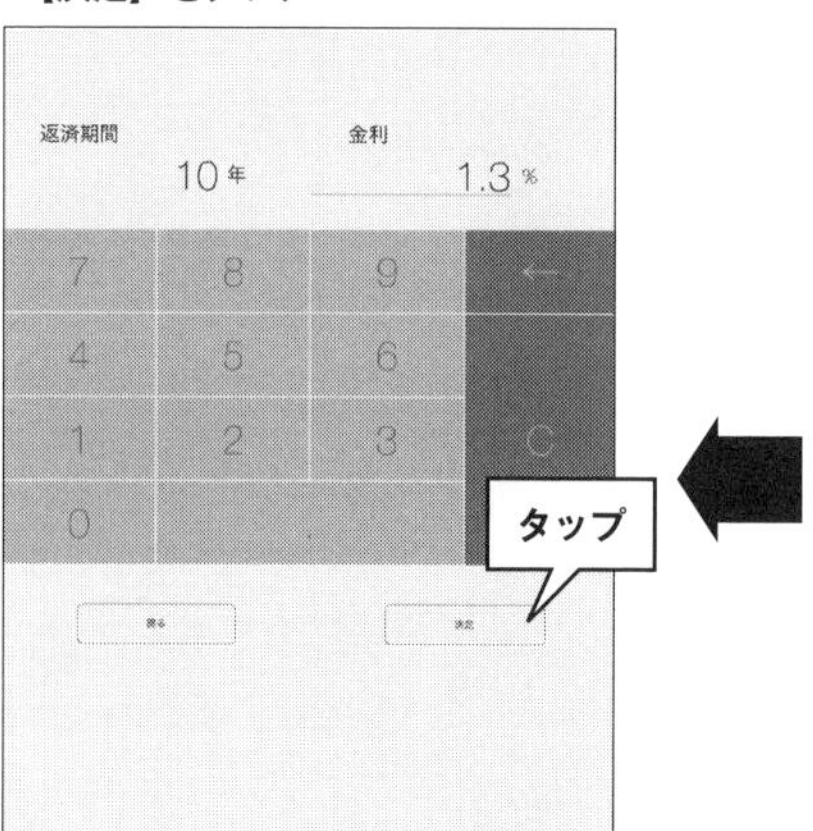

③ 右上の【＋】をタップして、11年目からの金利を入力

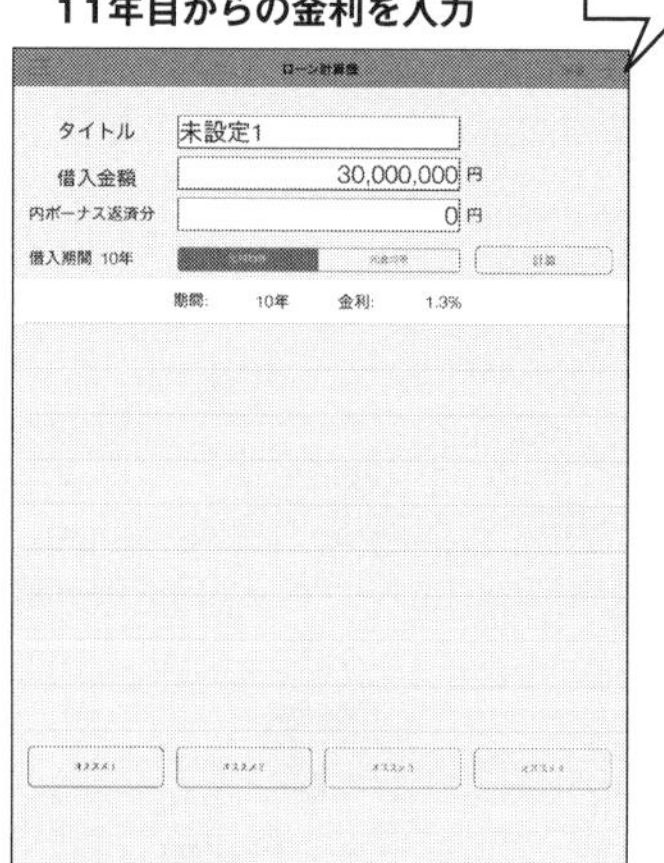

④ 期間と金利を入力後、【決定】をタップ（11年目以降25年間2.6%の場合）

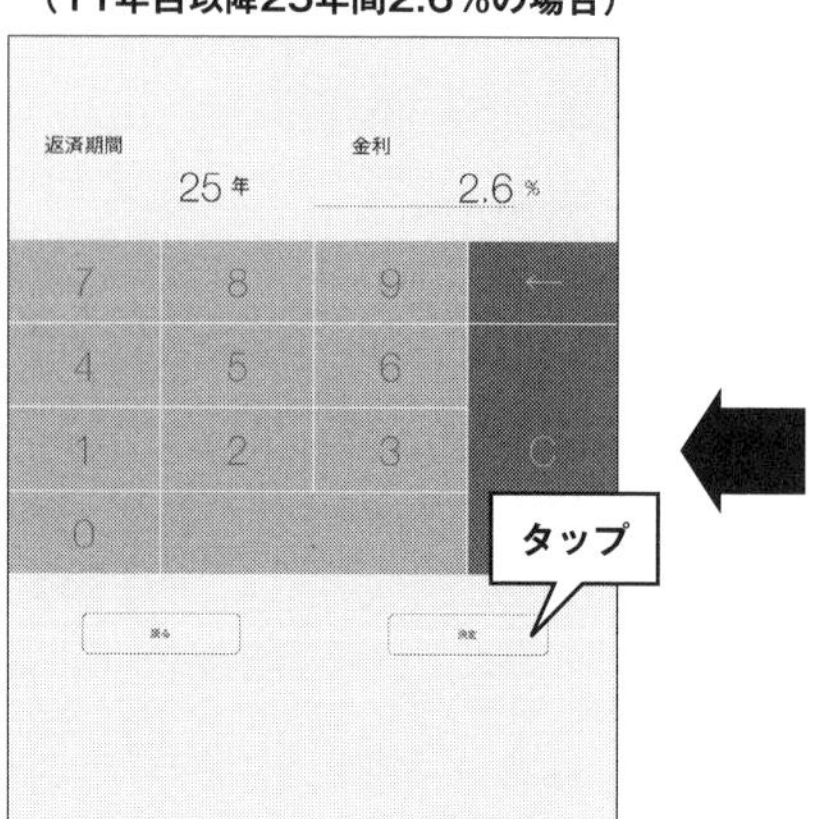

⑤ 右上の【編集】をタップ

タップ

ローン計算機

タイトル	未設定1
借入金額	30,000,000 円
内ボーナス返済分	0 円
借入期間 35年	計算

期間:	10年	金利:	1.3%
期間:	25年	金利:	2.6%

⑥ 返済額が提示される。
右上の【詳細】をタップ

タップ

返済額計算結果

借入金額	30,000,000 円
内ボーナス返済分	0 円
返済額合計	41,864,432 円
内利息分	11,864,432 円
利息割合	28.00 %
借入期間	35 年
1年目～10年目 金利	1.3 %
月々返済額	88,944 円
ボーナス月返済増額分	0 円
11年目～35年目 金利	2.6 %
月々返済額	103,304 円
ボーナス月返済増額分	0 円

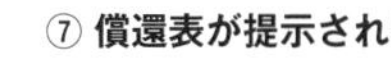

⑦ 償還表が提示される

返済額詳細

1年目	返済額	利息	元金	元金残高
1ヶ月目	88,944	32,500	56,444	29,943,556
2ヶ月目	88,944	32,438	56,506	29,887,050
3ヶ月目	88,944	32,377	56,567	29,830,483
4ヶ月目	88,944	32,316	56,628	29,773,855
5ヶ月目	88,944	32,255	56,689	29,717,166
6ヶ月目	88,944	32,193	56,751	29,660,415
7ヶ月目	88,944	32,132	56,812	29,603,603
8ヶ月目	88,944	32,070	56,874	29,546,729
9ヶ月目	88,944	32,008	56,936	29,489,793
10ヶ月目	88,944	31,947	56,997	29,432,796
11ヶ月目	88,944	31,885	57,059	29,375,737
12ヶ月目	88,944	31,823	57,121	29,318,616
2年目	返済額	利息	元金	元金残高
13ヶ月目	88,944	31,761	57,183	29,261,433
14ヶ月目	88,944	31,699	57,245	29,204,188
15ヶ月目	88,944	31,637	57,307	29,146,881
16ヶ月目	88,944	31,575	57,369	29,089,512
17ヶ月目	88,944	31,513	57,431	29,032,081
18ヶ月目	88,944	31,451	57,493	28,974,588
19ヶ月目	88,944	31,389	57,555	28,917,033
20ヶ月目	88,944	31,326	57,618	28,859,415
21ヶ月目	88,944	31,264	57,680	28,801,735

⑧ 下にスクロールして、
金利見直し時(121ヶ月目)の
変更点を確認

返済額詳細

9年目	返済額	利息	元金	元金残高
107ヶ月目	88,944	25,635	63,309	23,600,137
108ヶ月目	88,944	25,566	63,378	23,536,759
10年目	返済額	利息	元金	元金残高
109ヶ月目	88,944	25,498	63,446	23,473,313
110ヶ月目	88,944	25,429	63,515	23,409,798
111ヶ月目	88,944	25,360	63,584	23,346,214
112ヶ月目	88,944	25,291	63,653	23,282,561
113ヶ月目	88,944	25,222	63,722	23,218,839
114ヶ月目	88,944	25,153	63,791	23,155,048
115ヶ月目	88,944	25,084	63,860	23,091,188
116ヶ月目	88,944	25,015	63,929	23,027,259
117ヶ月目	88,944	24,946	63,998	22,963,261
118ヶ月目	88,944	24,876	64,068	22,899,193
119ヶ月目	88,944	24,807	64,137	22,835,056
120ヶ月目	88,944	24,737	64,207	22,770,849
11年目	返済額	利息	元金	元金残高
121ヶ月目	103,304	49,336	53,968	22,716,881
122ヶ月目	103,304	49,219	54,085	22,662,796
123ヶ月目	103,304	49,102	54,202	22,608,594
124ヶ月目	103,304	48,985	54,319	22,554,275
125ヶ月目	103,304	48,867	54,437	22,499,838
126ヶ月目	103,304	48,749	54,555	22,445,283

図8-10 住宅ローン計算シミュレーター

このアプリは当初返済額の比較に便利です

① 基本の情報を入力し、【計算結果】をタップすると、計算結果が表示される

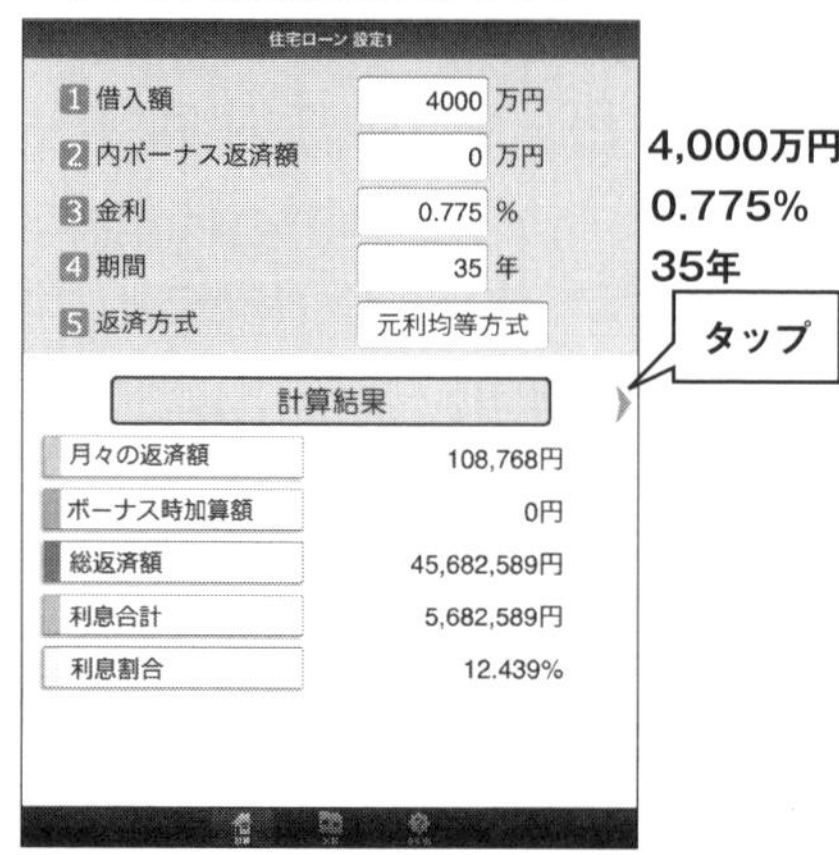

右中央のオレンジ色の矢印をタップすると他の設定で繰上返済試算ができる

② ①と異なる条件を入力

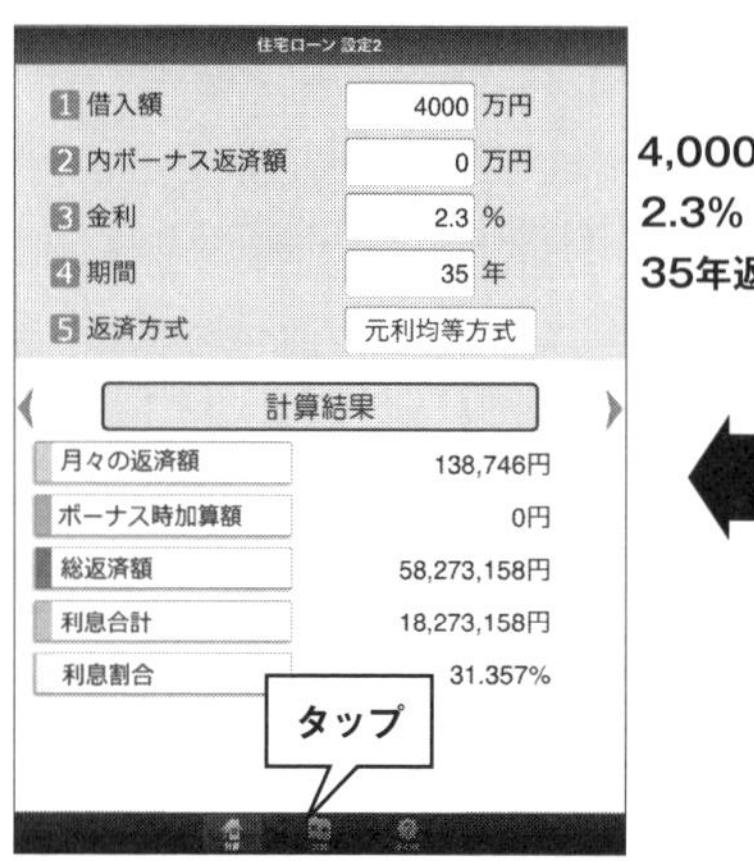

下の【比較】をタップする

③ 右上をタップして、下から比較する設定を選択

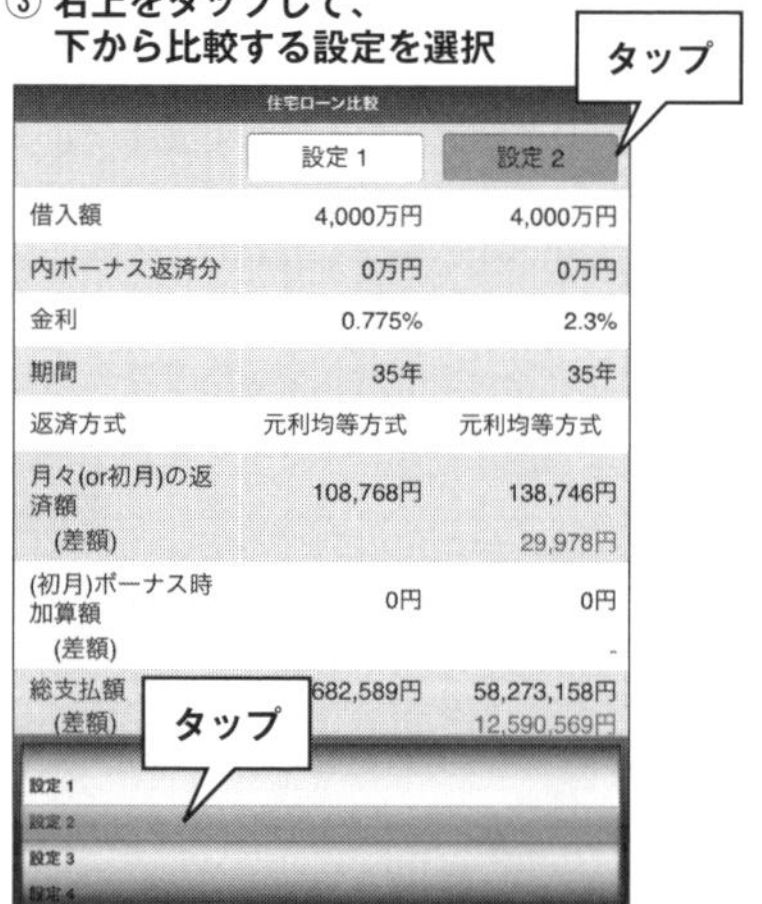

④ 2つの返済を比較

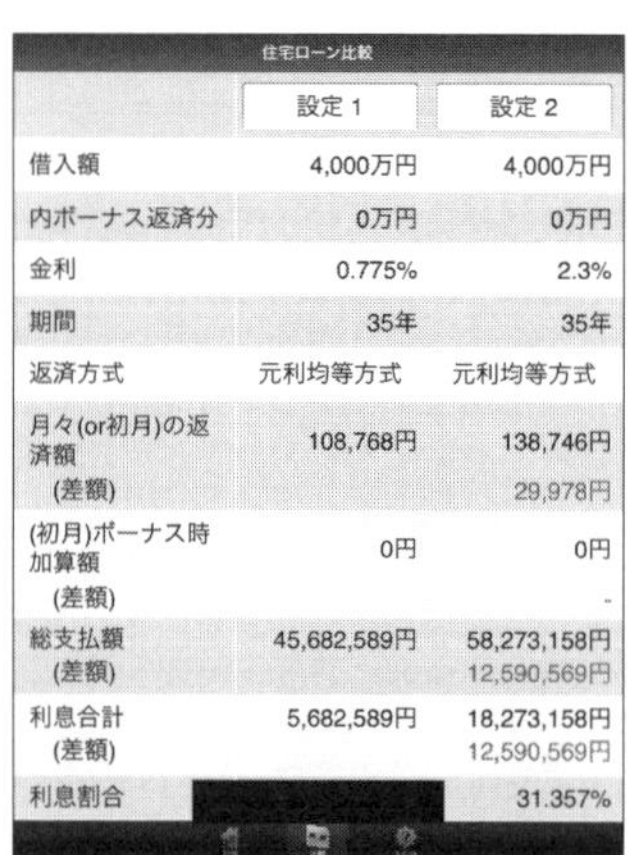

図8-11 住宅ローン繰上返済計算シミュレーター

このアプリは
繰上返済効果の比較が簡単にできます

① 基本の情報を入力すると
ローン概要が表示される

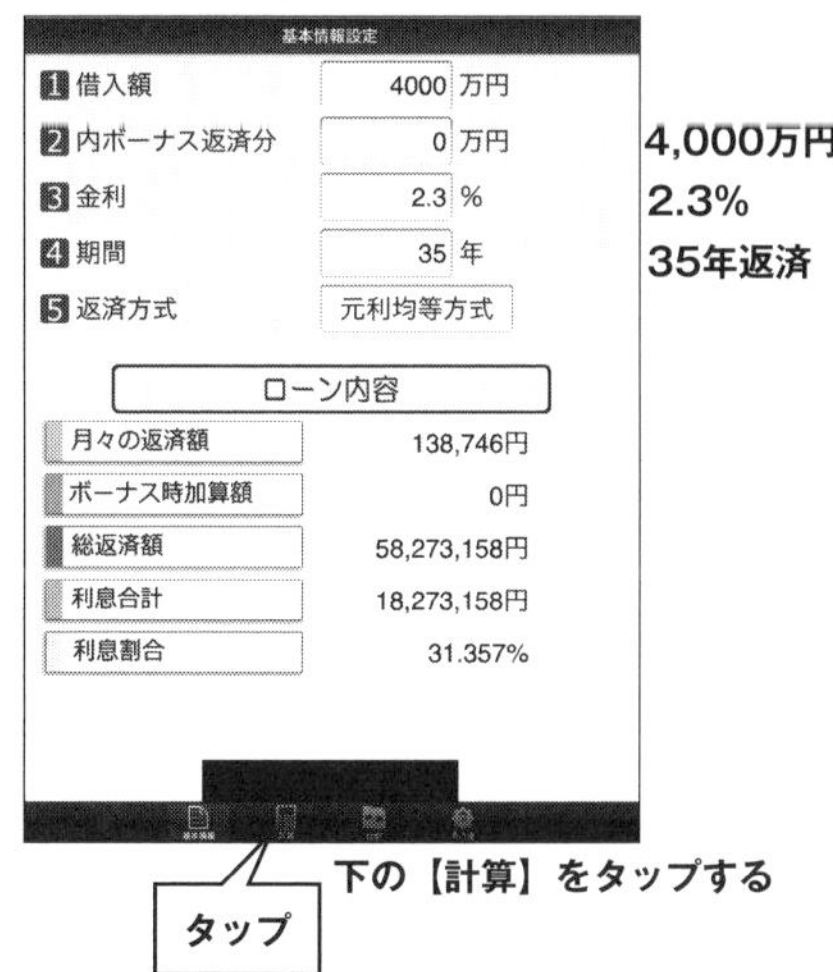

4,000万円
2.3%
35年返済

下の【計算】をタップする

タップ

② 繰上返済の内容を入力すると
軽減効果が表示される

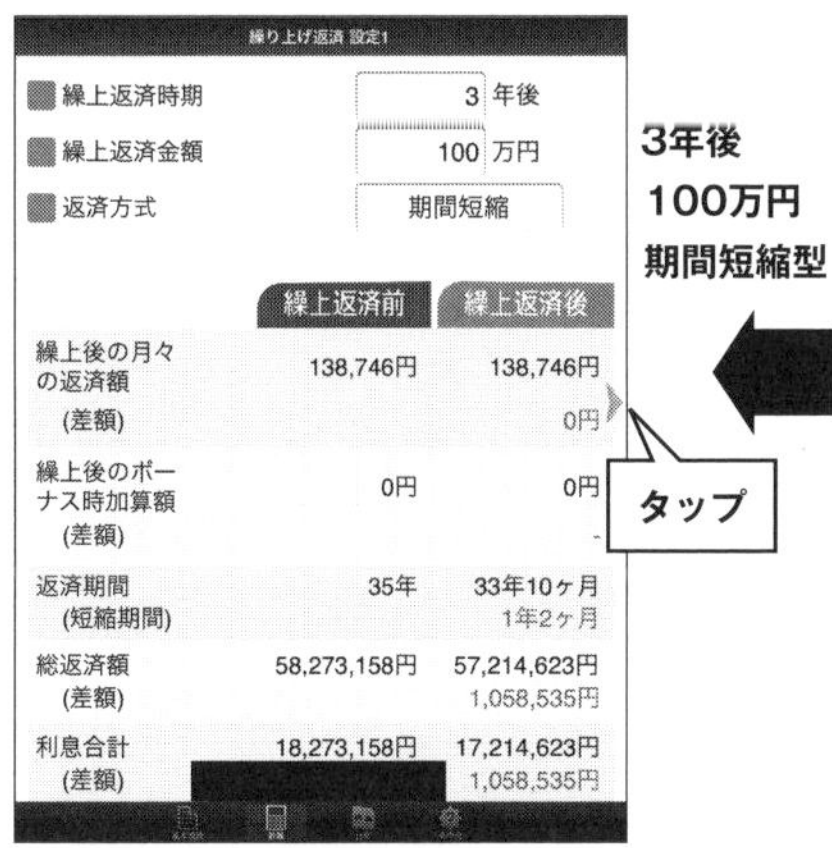

3年後
100万円
期間短縮型

タップ

右中央のオレンジ色の矢印をタップすると
他の設定で繰上返済試算ができる

③ ②と異なる条件を入力

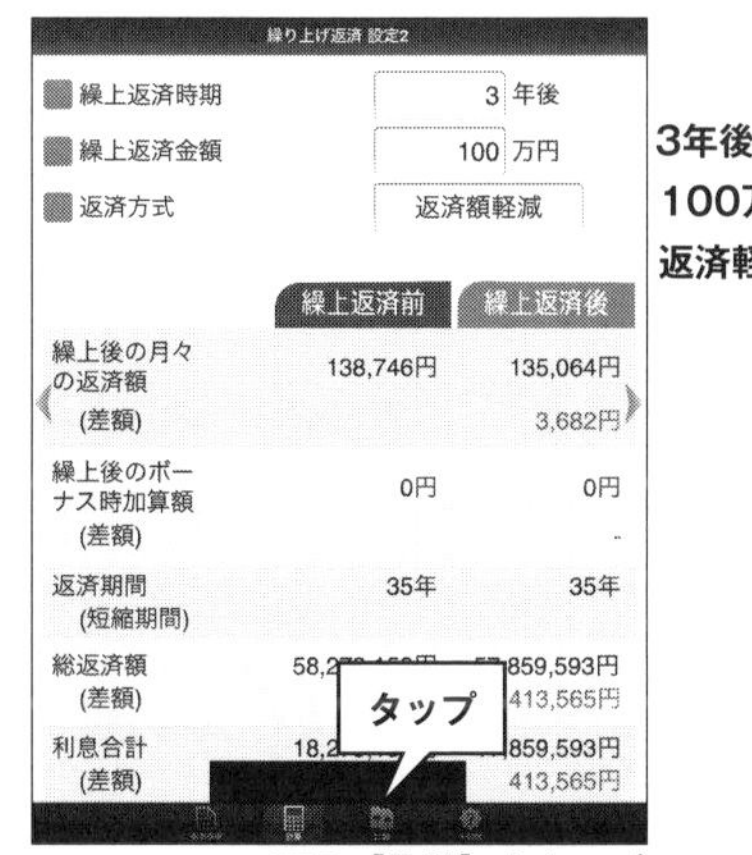

3年後
100万円
返済軽減型

下の【比較】をタップ

④ 繰上返済効果の比較ができる

繰り上げ返済比較

	設定 1	設定 2
繰上返済時期	3年	3年
繰上返済金額	100万円	100万円
返済方式	期間短縮	返済額軽減
繰上後の月々の返済額	138,746円	135,064円
(差額)		-3,682円
繰上後のボーナス時加算額	0円	0円
(差額)		-
返済期間	33年10ヶ月	35年
(短縮期間)		1年2ヶ月
総支払額	57,214,623円	57,859,593円
(差額)		644,970円
利息合計	17,214,623円	17,859,593円
(差額)		644,970円
利息割合		30.867%

あとがき

本書では住宅ローンの商品知識や審査の内容といった知識の部分から、住宅ローン商品選び、実際のシミュレーション方法という実践まで記載しました。そして、それらの前提となるライフプランニングの観点や、メディア発信の情報の精査といった部分についても触れました。

住宅ローンを借り入れるときに不安はつきものです。その不安を完璧に解消することは困難です。しかし、不安解消のためにいろいろと考えることによって、ご家族のことや自分の将来を見つめ直すこともできるでしょう。住宅ローンは、金融機関にとって安定収益といわれてきました。言い換えれば、融資という分野の商品の中では格段に安全ということです。日本の持ち家比率は8割を超えています。それはすなわち、多くの方がきちんと住宅ローンを支払っているということに他なりません。現在は史上空前の低金利が続いており、絶好のチャンスといえます。ぜひ、皆さんに前向きに考えていただければ幸いです。

住宅ローンに関する情報は、日々大量に放出されています。その情報に振り回されないようにするコツは、自分本位に考えるということです。「こっちが損でこっちがトク」という話は一見わかりやすいようにみえますが、そこに自分はいません。平均というものもよく使われますが、テストで考えてみましょう。現実は皆が平均点なのではなく、平均点以上や以下の人がいて平均はでき上がっています。平均点というものは、自分が選ぶべき指標にはなりません。私たちは日々多くのお客様にお会いしていますが、似た属性のお客様であったとしても、その考え方は異なります。むしろそれが当然であり、皆さんに与えられた「個性」です。「自分はどういう住まいが欲しいか」というビジョンを明確にし、そのビジョンに近い住まいを探す。「どういう返済をしたいか」という方針が確立できれば、その方針に沿って金利タイプや金融機関を選ぶことができます。なにを選んでも一長一短はあります。リスクのない選択はこの世に存在しません。であるならば、自分が納得する方法を自分で構築していくことが、満足度を高める最善の策ではないでしょうか。そのために、その道のプロを味方につけ、自分では気づかないリスクやより良い方法をアドバイスしてもらいましょう。

住宅購入の現場を考えると、たくさんの方たちが関与します。表面的にはお客様、不動産企業、金融機関ですが、実際の住まいは、多くの建築に携わる方たちの力がなくては建ちません。金融機関も同様です。保証会社、保険会社といった関連企業の力があってこそ、お客様に安心して住宅ローンを利用していただける環境ができ上がります。私たちは住宅ローン利用をアドバイスする立場として、お客様はもちろん、不動産企業、金融機関とも同じ方向を向いて、その三者のバックアップを追求しています。「三方よし」という言葉がありますが、「四方よし」の精神です。不動産企業の方たちは不動産のプロですが、融資のプロにはなれません。金融機関の方たちは、融資のプロであって不動産のプロではありません。私たちはアドバイザーという客観的な立場から、そのプロとプロをつなぎ、お客様によりよい住まいと住宅ローンを選んでいただく環境づくりに貢献したいと考えています。われわれが一心同体を目指すことによって、お客様の幸せが実現すると信じています。

日本経済は、いってみれば土地本位制で成長してきました。その骨格を成すものは住まいであり、それは生活の中心です。ただの建物ではなく、その中でどのような暮らしをされるのかその価値を見い出し、理解することが求められます。そのためには引き渡しをゴールと考えるのではなく引き渡しをスタートとして、住宅ローンが完済するまでしっかりとお客様のそばでお手伝いしていくことが、私たちの使命であると認識しています。これを完遂するためにも、さらなる研鑽に努める所存です。

本書は、今までの私たちの経験により作り上げることができました。その経験を積む機会を与えてくださった日ごろお世話になっている不動産企業の皆様、金融機関の皆様、そして、原稿作成にあたり、ご協力いただきました関係各位には厚く御礼申し上げます。なにより、今まで私たちを育ててくださったのは一人ひとりのお客様です。心より感謝しております。ありがとうございました。

２０２４（令和６）年6月

加藤　孝一
池上　秀司

索引

（50音順）

あ

か

さ

た

な

は

ま

や

ら

わ

(巻末からページが始まっています)

[著者紹介]

加藤孝一（かとう・こういち）

ファイナンシャルプランナー、モーゲージプランナー
1972（昭和47）年住友銀行（現三井住友銀行）入行後、グループ内証券会社へ出向。同金融法人課長、三井住友銀行融資課長、ローンプラザ副所長、住宅ローン開発センターを経て独立。現在、コンサルティング業を営みつつ、同行を通じて野村不動産、三井不動産レジデンシャル、住友不動産等のモデルハウスにて住宅ローンセミナーを年間130回、個人相談年間400件を受け持つ。不動産関連企業の営業社員教育も実施。

池上秀司（いけがみ・ひでじ）

ファイナンシャルプランナー、宅地建物取引士、貸金業務取扱主任者
1998（平成10）年アクサ生命保険会社入社後、2002（平成14）年より住宅展示場でのセミナー、相談会を実施。2006（平成18）年独立後、「住宅ローン（秘）新常識」「入っていい生命保険、いけない生命保険」「小心者のための投資入門」（以上、ソフトバンククリエイティブ）、「今こそ見直せ　住宅ローン」（週刊住宅新聞社）を執筆。個人相談対応で構築した教科書には載っていないノウハウが持ち味。金融機関の人材育成、販売戦略立案にも携わる。

この書籍は、週刊住宅新聞社が発刊していた書籍「住宅ローンの教科書」の内容に加筆・修正を加えたものです。

元銀行員と現役ファイナンシャルプランナーが書いた
新訂 住宅ローンの教科書【改訂版】

2014年５月29日　初版発行
2016年２月２日　第２版発行
2016年11月７日　第２版第２刷発行
2017年10月22日　改題初版発行
2024年７月11日　改題改訂版発行

著　者　加藤孝一
　　　　池上秀司
発行人　今井　修
印　刷　モリモト印刷株式会社
発行所　プラチナ出版株式会社
　　　　〒104-0031　東京都中央区京橋3丁目9−7　京橋鈴木ビル7F
　　　　TEL03-3561-0200　FAX03-6264-4644　http://www.platinum-pub.co.jp

---

落丁・乱丁はお取り替えいたします。
ISBN978-4-909357-95-3